Robin Norwood

WARUM GERADE ICH?

Ein Ratgeber für
die schwierigsten Situationen
des Lebens

Deutsch von
Roswitha Enright

Rowohlt

Die Originalausgabe erschien 1994 unter dem Titel
«Why Me, Why This, Why Now:
A Guide to Answering Life's Toughest Questions»
bei Crown (Carol Southern Books), New York
Umschlaggestaltung Johanna Borde

1. Auflage März 1995
Copyright © 1995 by Rowohlt Verlag GmbH,
Reinbek bei Hamburg
«Why Me, Why This, Why Now»
Copyright © 1994 by Robin Norwood
Alle deutschen Rechte vorbehalten
Satz Bembo (Linotronic 500)
Printed in Germany
ISBN 3 498 04668 3

*Dieses Buch ist allen meinen Lehrern
in Dankbarkeit gewidmet*

Dank

Den meisten Autoren geht es mit ihren Werken wie werdenden Müttern: Schwangerschaft und Geburt sind sehr viel einfacher, wenn wir uns auf zuverlässige Hilfe von außen verlassen können. Drei Frauen haben entscheidend Anteil am Zustandekommen von «Warum gerade ich?». Die Literaturagentin Susan Schulman glaubte an die Botschaft dieses Buches und fand in Carol Southern die ideale Lektorin, um die Aussagen ganz deutlich zu machen. Carol sorgte mit ihren außerordentlichen redaktionellen Fähigkeiten dafür, daß der Leser den Text als richtungsweisenden Führer verwenden kann und ihn nicht als verwirrendes Labyrinth empfinden muß. Robin Matthews verwandelte die vielen handgeschriebenen Seiten mit Fröhlichkeit und Können in ein sauber getipptes Manuskript und gab immer wieder anregende und ermutigende Kommentare.

Für eure unschätzbare «Geburtshilfe» danke ich euch von Herzen.

Inhalt

Jedes Problem ist eine Aufgabe,
die dir von deiner Seele gestellt wird

Einleitung

Warum gerade ich? Warum gerade das? Warum gerade jetzt? Es gibt wohl niemanden, der nicht in schwierigen Zeiten eine Antwort auf diese Fragen gesucht hätte. Wir befragen unser Herz. Wir verzweifeln an unserem Leben. Wir machen Gott Vorwürfe. Wir beschweren uns bei jedem, der uns nur einigermaßen willig zuhört. Warum? Und die Antworten, die wir bekommen, sind vage, allgemein gehaltene Beruhigungsfloskeln, die unsere Frustration und unseren persönlichen Schmerz nicht nur nicht lindern können, sondern uns in ihrer Pauschalität und Unpersönlichkeit noch ärgerlich machen.

«Die Zeit heilt alle Wunden.»

«Du bist jetzt völlig fertig, aber du wirst schon darüber hinwegkommen.»

«Es ist der Wille Gottes, und es steht uns nicht zu, ihn zu hinterfragen.»

«Es ist Schicksal.»

«So etwas passiert einfach.»

Und wenn wir in unseren Problemen unterzugehen drohen, dann gibt es keinen grausameren Ratschlag als: «Denk nicht so viel daran. Dauerndes Grübeln macht das Ganze nur noch schlimmer.» Ähnliche Worte von Freunden, die unserem Kummer und Schmerz hilflos gegenüberstehen, sind wohl gut gemeint, lassen uns aber nur um so verzweifelter nach der Ursache für unser Unglück suchen. Wir schleppen uns mühsam von einem Tag zum anderen, bis wir schließlich feststellen, daß die Zeit wirklich viele Wunden heilt, Sorge und Leid aber tiefe, unauslöschliche Narben in unserem Herzen hinterlassen haben.

Die eigentlichen Fragen jedoch, die wir uns einst leise und verzweifelt immer wieder stellten oder in unserer Not laut hinausschrien, bleiben ohne Antwort. Mit der Zeit wird unser Leben wieder glücklicher, und die Antworten werden unwichtig, bis zu dem Zeitpunkt, an dem wir uns erneut in Not befinden.

Warum gerade ich? Warum gerade das? Warum gerade jetzt? Diese Fragen habe ich als Therapeutin oft gehört, und ich fragte mich dann, warum ein bestimmtes Problem bei einem Patienten gerade an einem speziellen Zeitpunkt aufgetreten war. Mir selbst erging es in schwierigen Situationen wie meinen Klienten. Empfand ich ein Problem als besonders schwerwiegend, konnte ich mich wegen meiner vielschichtigen Gefühle nicht wirklich objektiv mit diesen wichtigen Fragen und ihren Implikationen beschäftigen. Und wenn es mir im Leben gutging, dann war ich viel zu zufrieden, als daß ich mich damit abgeben wollte.

Mein Leben schien wirklich besonders schön zu sein; ich hatte gerade mein erstes Buch «Wenn Frauen zu sehr lieben» veröffentlicht und war mit einem intelligenten, erfolgreichen Mann verheiratet, der mich in meiner Arbeit unterstützte. Ich hatte eine gutgehende Praxis als Psychotherapeutin, mein Buch war ein Bestseller, und ich war international als Expertin zum Thema Beziehungssucht bekannt. Jahrelang hatte ich schlechte Erfahrungen in meinen Liebesbeziehungen zu Männern gemacht und das immer als Versagen empfunden.

Mit Hilfe eines spirituellen Programms war aus Schmerz weise Gelassenheit geworden, die mir das Leben rettete. Und nun konnte ich Frauen auf der ganzen Welt helfen, für sich das gleiche zu tun. Es war eine Zeit der Dankbarkeit darüber, daß ich meine Schwierigkeiten überwunden hatte, und des Stolzes auf das, was ich in der Welt leistete. Aber dieser glückliche Zustand sollte nicht von Dauer sein.

Im Herbst 1986 befand ich mich nach einem Vortrag auf dem Rückflug nach Kalifornien und unterhielt mich mit der neben mir sitzenden Frau. Plötzlich sah sie mich aufmerksam an.

«Wie alt sind Sie?» fragte sie mit einer merkwürdig veränderten Stimme.

«Ich werde im Juli 42», antwortete ich.

Sie nickte bedächtig und blickte mich weiterhin eindringlich an. «Ihr ganzes Leben wird sich im nächsten Jahr ändern», sagte sie schließlich ernst.

Ich lächelte. «Nein, da irren Sie sich. Die Änderung ist bereits eingetreten. Ich habe immer große Schwierigkeiten in meinem Leben gehabt, aber jetzt läuft alles ganz wunderbar.» Ich berichtete ihr begeistert, wie weit ich es in wenigen Jahren gebracht hatte. «Ich habe einen wirklich netten Mann, und zum ersten Mal in meinem Leben bin ich beruflich ausgesprochen erfolgreich. Mein Leben könnte nicht besser sein.»

«Das wird sich alles ändern», antwortete sie traurig. «Sie werden alles verlieren.» Und dann fügte sie noch hinzu: «Ich habe eine besondere Gabe, müssen Sie wissen. Ich kann Dinge voraussehen.»

In diesem Augenblick kam die Stewardeß mit unserem Essen, und für den Rest des Fluges sprachen wir nicht mehr über meine Zukunft. Aber sie sollte in allem Recht behalten.

Im folgenden April ließ ich mich von meinem Mann scheiden, arbeitete nicht mehr als Therapeutin und war ernsthaft krank, auch wenn mir das zu dem Zeitpunkt noch nicht bewußt war.

Ich hatte die Scheidung gewollt, und als einzigen Grund konnte ich damals angeben, daß unsere Ehe mir zu unehrlich zu sein schien. Ich ertappte mich dauernd dabei, daß ich so tat, als sei ich der glückliche Mensch, der ich meiner Meinung nach zu sein hatte. Jeder Tag, an dem ich diese Komödie mitmachte, war ein verlogener Tag, und ich konnte das schließlich nicht mehr aushalten. Wenn ich aber aus diesem Leben ausbrach, würde ich dann nicht meine vielen Leserinnen enttäuschen, die glaubten, daß ich von meiner Beziehungssucht geheilt war und endlich ein glückliches Leben mit einem netten Mann führte? Es kam mir wie ein Verrat an diesen Frauen vor.

Ich gab meinen Beruf auf. Jahrelang hatte ich meine Arbeit geliebt, aber jetzt konnte ich keine Begeisterung mehr dafür aufbringen. Ich wußte, daß ich auch hier nicht mehr ehrlich war. Meine Sicht der Wirklichkeit begann sich radikal zu ändern. Es gab tiefere Wahrheiten, die ich jetzt ergründen wollte, Wahrheiten, die weit jenseits von praktischer Psychotherapie lagen.

Sterben, ja, vermutlich war auch das irgendwann und irgendwie mein Wunsch gewesen. Monatelang hatte mein Körper gegen eine grippale Infektion angekämpft, die zwar nicht schmerzhaft war, mich aber sehr schwächte. Einen Arztbesuch hielt ich von daher für überflüssig. Obgleich ich mich manchmal kaum durch das Zimmer schleppen konnte, wollte ich mir offensichtlich nicht eingestehen, wie krank ich wirklich war. Vielleicht hoffte ich im Unterbewußtsein, daß meine enttäuschten Leser mir vergeben könnten, wenn ich tot sei.

Nachdem ich mein zweites Buch, das letzte zum Thema Beziehungssucht, beendet hatte, glaubte ich, für meine Leser nicht mehr tun zu können. Ich hatte zu der Zeit so starke

Schmerzen, daß ich mich in ein Krankenhaus einweisen ließ. In meinem Umfeld gab es niemanden, der mich trösten konnte.

Meine beste Freundin hatte ich nahezu aus den Augen verloren, und auch meine Kinder lebten nicht mehr in meiner Nähe.

Daher verheimlichte ich meinen schlimmen Zustand. Ich hatte keine Angst vorm Sterben, sondern war nur sehr erschöpft, zu erschöpft, um weiterzumachen. Ich war allein, und ich wollte nicht mehr leben.

Als man mich am nächsten Morgen in den Operationssaal schob, versuchte ich mich auf die Menschen zu konzentrieren, gegen die ich noch Groll empfand. In diesen letzten Minuten bemühte ich mich sehr, auch ihnen endlich zu verzeihen, erkannte aber, daß ich nicht aufrichtig war. Ich fühlte mich zu schwach und zu erschöpft, um mir selbst etwas vorzumachen. Kurz bevor das Betäubungsmittel wirkte, empfand ich nur eine tiefe Enttäuschung über mich selbst und mein Leben.

Diese Enttäuschung brach mit größerer Wucht über mich herein, als ich nach der Operation aus der Narkose erwachte. Mein erster Gedanke war: «O nein! Ich bin immer noch da. Was soll ich nur die nächsten 42 Jahre tun?» Und als mir später der Anästhesist fröhlich erzählte, daß die Operationsschwestern, die alle mein Buch kannten, während der Operation für mich gebetet hatten, konnte ich nur denken: «Warum kümmern die sich nicht um ihre eigenen Angelegenheiten?» Mir war, als ob mein Leben zu Ende war. Warum hatte ich es denn dann nicht verlassen dürfen?

Am schwersten war das Gefühl der Einsamkeit zu ertragen. Um von meiner Beziehungssucht loszukommen, hatte ich mich während der vergangenen sieben Jahre nach einem Programm gerichtet, das ähnlich wie das der Anonymen Alkoholiker aufgebaut ist. Und immer wieder hatte ich dabei

den Zuspruch und die Führung einer Höheren Macht ge-
spürt. Doch diese Verbindung schien unterbrochen. Hilflos
war ich einem quälenden Drang nach Aufrichtigkeit ausgeliefert, der mich schon seit längerem an meiner Identität
zweifeln ließ. Ich fühlte mich wie ein Spielball des Schicksals,
gleichermaßen verlassen wie betrogen, und wußte noch
nicht, daß Gott ein ewiges Rätsel bleibt. Denn je mehr wir
uns ihm zu nähern versuchen, desto weiter entfernt er sich
von uns. Und wir werden dadurch immer weiter ange-
spornt, ihm zu folgen.

Nachdem ich mich von meiner Krankheit erholt hatte,
machte ich eine Zeit der Isolation und Reflexion durch, die
sieben Jahre dauerte. Anfangs versuchte ich verzweifelt, meinem Leben Inhalt und Sinn zu geben. Aber sämtliche Pläne,
die großangelegten wie die bescheidenen, liefen ins Leere.
Die Tage schleppten sich zähflüssig und ereignislos dahin.
Nichts geschah. Und ich war schuld daran.

Das einzige, was mich in dieser Zeit interessierte, waren
Bücher über Astrologie, Handlesekunst, Kartenlegen und
Wunderheilen, über esoterische Themen, mit denen ich mich
früher nie beschäftigt hatte. Zwar war ich schon immer von
der Reinkarnation überzeugt gewesen, doch nun wollte ich
die entsprechenden spirituellen Konzepte wirklich verstehen. Mein Haus füllte sich mit Büchern über die menschliche
Aura, die verschiedenen Schichten des menschlichen Energiefeldes, die subtilen Wesenheiten, die den physischen
Körper durchdringen, die Chakren oder Energiewirbel, die
diese feinstofflichen Wesenheiten erhalten, Gedankenwelten,
Wunderheiler, den Prozeß des Sterbens und anderes mehr.

Ich versenkte mich in die grundlegend esoterischen Werke
der Theosophin Alice Bailey, die von den frühen zwanziger
bis in die fünfziger Jahre hinein einem tibetanischen Meister
als Amanuensis, als Gehilfin und Medium, diente. Das erste
Buch, «Eine Abhandlung über kosmisches Feuer» (1982,

Verlag Lucis Genf) entdeckte ich in der Religionsabteilung der öffentlichen Bücherei. Obgleich ich es nahezu unverständlich fand, spürte ich doch ein tiefes Vertrauen in diesen Meister der Weisheit, der einfach der Tibetaner genannt wurde, und begann mich intensiv mit den mehr als zwanzig Bänden zu beschäftigen, die er Bailey diktiert hatte. Meine Tage waren nicht länger leer, sondern völlig ausgefüllt von diesen Werken.

In dieser Zeit hatte ich mehr denn je das Bedürfnis, mich von äußeren Einflüssen abzuschirmen. Alleinsein wurde so wichtig für mich wie die Luft zum Atmen. Schon seit zehn Jahren lebte ich ohne Fernsehen. Nun wollte ich auch von Radio, Zeitungen und Zeitschriften nichts mehr wissen, um mich so gut wie möglich vor den Verzerrungen und falschen Auffassungen zu schützen, die unsere sogenannte Realität wiedergeben. Ich vermied eisern alles, was mich ablenken könnte, Männer, Partys, gesellschaftliche Zusammenkünfte, Alkohol, Kaffee und Süßigkeiten.

Meine beiden erwachsenen Kinder zeigten Verständnis für mich und Interesse an den Themen, die mich so faszinierten. Und nach und nach begegnete ich auch ein paar Frauen, die auf einer ähnlichen Suche waren. Wir waren wie Flüchtlinge aus einem fernen Land, die eine gemeinsame Sprache und eine neue Lebenssicht entdeckten, und aus diesen Verbindungen entstanden einige tiefe Freundschaften.

Manche, mit denen ich über diese Jahre der Isolation und Reflexion spreche, reagieren fast neidisch, weil sie sich eine solche Zeit als friedliches Idyll der Besinnung vorstellen. Doch für mich bedeutete sie geradezu eine tägliche Folter. Ich war allein, vollkommen isoliert und hielt mich von sämtlichen Ablenkungen unserer modernen Zeit fern, weil ich einfach nicht anders konnte. Zusammensein mit Freunden, künstlerische und leibliche Genüsse konnten mir überhaupt nichts mehr geben. Der «Kater», der unweigerlich darauf folgte, war mir unerträglich geworden. Und doch war ich besonders in den ersten Jahren ruhelos, unglücklich und wollte unbedingt endlich mein Ziel, sofern ich eins hatte, und den Sinn meines Lebens, falls es so etwas gab, erkennen. Zuerst war mir überhaupt nicht klar, daß ich endlich die Zeit, die innere Distanz, die Vorurteilslosigkeit und die Motivation hatte, Beschaffenheit, zeitliche Zusammenhänge und den Sinn von Leiden zu untersuchen. Doch tatsächlich war ich nun in der Lage, mich mit dem zu befassen, was ich schließlich als das WARUM hinter dem «warum» bezeichnete.

Heute weiß ich, daß mein Interesse an der Esoterik unmittelbar mit meiner Arbeit auf dem Gebiet des Suchtverhaltens zusammenhängt. Viele Jahre lang hatte ich mich gründlich mit Beziehungssucht und ihrer Heilung beschäftigt und die Ursache der Sucht auf ungesunde Beziehungsmuster zurückführen können, die gewöhnlich als Kind in einer funktionsgestörten Familie erlernt werden. Diese Muster nimmt das Kind dann in das Erwachsenendasein mit hinüber und wendet es unbewußt bei späteren Partnern an. Dafür sucht es ganz instinktiv Partner, mit denen es seine Kindheitsdramen immer wieder durchspielen kann.

Doch nun wollte ich ergründen, warum diese Frauen (und Männer) überhaupt in funktionsgestörte Familien hineingeboren werden. Warum kommt das eine Baby in einer optimalen, gesunden Umgebung zur Welt, und ein anderes ist von Anfang an traumatischen Einflüssen ausgesetzt? Warum ist das, was das Leben des einzelnen entscheidend prägt wie zum Beispiel die Qualität von Eltern, ihr sozialer Stand, aber auch persönliche Gesundheit und Intelligenz so ungleich verteilt? Sind wir willkürliche Opfer eines unberechenbaren Universums? Oder fügt sich unser individuelles Schicksal in irgendeinen übergeordneten Plan sinnvoll ein? Und falls uns ein Schicksal bestimmt ist, wie können wir rechtzeitig erahnen, wo es hinführt, um dieses Wissen in unser Leben einbauen zu können?

Und schließlich begann ich mich ernsthaft damit zu beschäftigen, was ich schon immer für das Wichtigste an der Psychologie gehalten hatte: die Lehre (-logie) von der Seele (Psyche). Ich verstand allmählich, daß jeder von uns mit einem spezifischen «Energiepotential» geboren wird, das in den Linien der Handfläche abzulesen ist und sich im Horoskop ausdrückt, eine grundlegende Energiestruktur, die für bestimmte Begegnungen und Erfahrungen zu bestimmten Zeiten unseres Lebens verantwortlich ist.

Ich war von dieser Vorstellung fasziniert und wandte mich an Menschen mit übernatürlichen Fähigkeiten und an Wunderheiler, mit deren Hilfe ich die subtilen Energien empfinden und anzuwenden lernte. Ich erprobte zusammen mit anderen Interessierten, wie unsere Energiefelder sich gegenseitig beeinflussen konnten, um verschiedene Heilungen möglich zu machen. Gemeinsam mit Menschen, die sich wie ich niemals für medial begabt gehalten hatten, gelang mir Erstaunliches, was wiederum zu Erkenntnissen führte, die mich in meinem Verstehen immer weiter voranbrachten.

Als meine Sicht der Welt diese tiefgreifende paradigmatische Veränderung erfuhr, ergaben allmählich auch die vielen unterschiedlichen Erfahrungen meines Lebens nicht nur Muster, sondern nahmen auch eine besondere Bedeutung an. Ich betrachtete mich und meine Mitmenschen nicht mehr als Passanten auf einer endlosen, unbekannten Straße, die mit der Geburt beginnt und mit dem Tod endet und auf der sich dann nacheinander die Lebensereignisse abspielen, schöne und traurige, ersehnte und gefürchtete. Statt dessen wurde mir langsam bewußt, daß in jedem individuellen Leben eine große Anzahl von Themen behandelt und weiterentwickelt werden. Zu dieser Erkenntnis gelangte ich über objektive Beobachtungen und subjektive Erfahrungen. Ich hatte so oft mit Menschen gearbeitet, die sich verloren und einsam fühlten, hatte selbst über lange Perioden meines Lebens so empfunden, und jetzt hatte ich plötzlich eine «Landkarte» gefunden, die nicht nur die mich umgebenden Bereiche darstellte, sondern gleichzeitig wie mit einem dicken roten Pfeil aufzeigte, wo ich mich gerade befand. Ich erkannte meinen Platz und meinen Lebenssinn im Universum, verstand, daß meine Fehler, Versagen und Frustrationen notwendig waren, ja, sah sie sogar als Geschenk. Dieses tiefe Begreifen des allumfassenden Plans und meines Platzes darin verschaffte mir, was ich in den langen Jahren als Psychologin mit dem Ziel, «das Problem zu lösen», nicht hatte erreichen können. Es gab mich mir selbst zurück. Und es ließ mich den Sinn des Leidens erkennen.

In diesem Buch habe ich für Sie zusammengestellt, was ich in jahrelangem intensivem Studium, Reflektieren und unter sorgfältiger Beachtung der subtilen Energien in bezug auf «das Geschenk» des Leidens erfahren habe. Daß Sie gerade jetzt dieses Buch zur Hand genommen haben, mag bedeuten, daß Sie gerade dabei sind, die gleiche paradigmatische Veränderung durchzumachen wie ich seinerzeit. Wie Kolumbus, der immer mehr Beweise dafür erhielt, daß die Erde nicht flach, sondern rund war, machen Sie vielleicht auch gerade Erfahrungen und haben Erkenntnisse, die eine ebenso einschneidende Revision Ihrer Weltsicht zur Folge haben können. Ihr sich entwickelndes Verständnis von neuen Dimensionen erfordert vielleicht eine neue Art von «Landkarte», die diese veränderte Perspektive berücksichtigt.

Viele der folgenden Berichte von Männern und Frauen über die verschiedensten Probleme schließen absichtlich übersinnliche Erlebnisse und Wahrnehmungen ein. Einerseits ist die gesellschaftliche Akzeptanz heute größer, andererseits haben auch immer mehr Menschen den Mut, von ihren eigenen Erlebnissen mit dem Übersinnlichen zu sprechen, wenn sie sich gegenüber den subtileren Dimensionen der Realität öffnen. Mir ist es zumindest so ergangen. Wem übersinnliche Vorkommnisse vertraut sind, der wird beim Lesen nicht überrascht sein. Wer damit noch nicht in Berührung gekommen ist, wird hoffentlich die notwendige Toleranz aufbringen. Es ist gut möglich, daß Sie darüber die subtileren Dimensionen selbst kennenlernen können, denn mit dem Eintreten in das New Age-Zeitalter vergrößert jeder von uns seine Fähigkeiten der Wahrnehmung. Und wer diese Dimensionen und übersinnlichen Ereignisse akzeptiert, kann vielleicht auch das ihm bis dahin Unerklärliche und Ungerechte begreifen lernen.

Manche der hier vorgestellten Gedankengänge sind Ihnen wahrscheinlich fremd. Haben Sie bitte Geduld mit sich und Ihren Verständnismöglichkeiten. Vielleicht hilft es Ihnen, das Buch nach einiger Zeit ein zweites Mal zu lesen, und vielleicht wird Ihnen dann vieles eher einleuchten. Dieses Buch kann Ihrem ganzen Leben eine neue Orientierung geben, indem es Ihre Einstellungen und Wahrnehmungsweisen verändert. Verwenden Sie es wie einen Reiseführer, mit dessen Hilfe Sie Ihren Platz und Ihren einmaligen Lebenssinn finden und schätzenlernen. Es enthält auch Ihre ganz persönliche Orientierungskarte, die Ihnen immer wieder unmißverständlich zeigt, wo Sie sich gerade befinden.

Möglicherweise jedoch fragen Sie sich, wie eine umfassendere Sichtweise Ihnen bei den Problemen helfen könnte, die Sie gerade jetzt dieses Buch zur Hand nehmen ließen. Warum müssen Sie erst Ihre gesamte Weltsicht verändern, wenn Sie Hilfe und Trost bei ganz bestimmten Schwierigkeiten suchen? Die Antwort ist ganz einfach. Erst vor diesem neuen Hintergrund können Sie Ihre Schmerzen und Ihre seelischen Wunden verstehen und heilen.

Das wahre Überwinden jeder Krise geschieht in einzelnen

Schritten. Wer in tiefen Schwierigkeiten steckt, tröstet sich mit Geschichten anderer, die ähnliches durchgemacht haben, und fühlt sich dann in seinem Elend nicht mehr so allein. Diese Reaktion auf die Krise ist ganz normal. Auch in meinen Fallbeispielen finden Sie nicht nur Ihnen bekannte Umstände, sondern auch vertraute Reaktionen darauf.

Nach einer akuten emotionalen Krise folgt das Bedürfnis zu verstehen, was das Durchlittene wohl mit dem Gewebe des eigenen Lebens zu tun haben mag. Wer an den großen Meisterweber glaubt, fragt sich, ob des Meisters Hand einfach ausgerutscht ist, ob einige Fäden seines Lebens unwiederbringlich verlorengegangen sind, so daß der Teppich seines Daseins nun für immer fehlerhaft bleiben muß. Oder hat das Gewebe durch die unerwarteten Ereignisse, durch dieses neue Muster, sogar an Qualität und Schönheit gewonnen? Es ist niemals das Ereignis selbst, das letztendlich eine positive oder negative Wirkung auf den Betroffenen hat, sondern die Weise, in der er es interpretiert und mit ihm umgeht. Dieses Buch kann Ihnen helfen, Ihre größten Schwierigkeiten in einem neuen Licht zu sehen, so daß das Gute, das aus ihnen erwächst und Ihnen vielleicht bisher noch verborgen war, jetzt für Sie sichtbar wird.

Führen die durchlittenen Schwierigkeiten dann noch zu einer Hilfsbereitschaft anderen gegenüber, dann werden Leiden und Bemühungen erhöht und erhalten Sinn und Würde über die eigene Person hinaus, haben sich also im umfassenden Sinne gelohnt. Dieses Buch kann Ihnen auch dabei helfen, das esoterische Prinzip des Opfers zu verstehen, das Sie bisher unbewußt in einer wichtigen Dimension Ihres Lebens angewandt haben. Das Prinzip des Opfers läßt andere durch Ihr Leiden einen besseren Weg finden, wodurch auch Sie genesen. Spirituelle Entwicklung und spirituelles Gesunden sind grundsätzlich identisch. Durch sein Leiden und Gesunden trägt jeder einzelne zur Erleuchtung der Menschheit bei.

Von dieser Perspektive aus betrachtet führt persönliches Leiden zu einem tieferen Verständnis für die wahre Bedeutung und den Sinn des individuellen Daseins: Die individuelle Gesundung des einzelnen ist eng mit der Heilung des gesamten Planeten verbunden.

Was muß der einzelne für diese Heilung tun? In erster Linie muß er bereit sein, sich einer Sichtweise der Realität zu öffnen, die die subjektiven und bisher wissenschaftlich nicht nachweisbaren Wahrheiten des Herzens und der Seele einschließt. Heilung geschieht durch eine Veränderung des Bewußtseins, eine Veränderung des Herzens, und setzt voraus, daß er anderen und sich selbst vergibt, nicht mehr mit dem Leben und mit Gott hadert. Heilung ist für den möglich, der sein Leben nicht mehr nach seinen Vorstellungen erzwingen will, sondern es statt dessen einfach so akzeptiert und schließlich sogar schätzt, wie es ist.

Nur wer sich der Einstellung öffnet, daß Not und Leiden ein Weg zur Heilung sind, den wird auch in Zeiten der Verzweiflung die Zuversicht nicht verlassen. Vertrauen Sie nicht nur darauf, daß Ihr Schmerz vorübergehen wird, sondern gehen Sie davon aus, daß Ihr Leiden Bedeutung, Sinn und Würde besitzt. Und weil ich in Ihre Heilung, in meine Heilung und in die Heilung der gesamten Menschheit Vertrauen setze, will ich Ihnen hier ein paar mögliche Antworten auf jene unmöglichen Fragen geben: Warum gerade ich? Warum gerade das? Warum gerade jetzt?

1

Warum passiert mir das?

Joanna lag verkrampft auf dem Behandlungstisch der Chiropraktikerin und starrte auf das Mobile, das sich langsam in der leichten Brise drehte, die durch das geöffnete Fenster drang. Ich hatte erfahren, daß die junge Frau, die auf Krücken in die Praxis gehumpelt war, sich Sorgen machte, weil ihr verstauchter Knöchel nicht abschwellen wollte. Ich saß jetzt zu ihren Füßen und hatte die Mittelfinger beider Hände sanft an beide Seiten des blau angelaufenen Gelenks gelegt.

Ich assistierte der Chiropraktikerin im Austausch dafür, daß sie mein Knie behandelte, nachdem die traditionelle Medizin versagt hatte. Meine Bekannte war in der Gegend für ihre außergewöhnlichen Heilerfolge bekannt und verwandte außer Chiropraktik noch andere Methoden: energetische Behandlung, Edelsteintherapie und Visualisierungen. Ich hatte so die Möglichkeit, mehr über nichttraditionelle Heilmethoden zu lernen. Die Chiropraktikerin hatte mich angewiesen, Joanna energetisch zu behandeln.

Sie hatte mit einem Filzstift Joannas Knöchel und Fuß paarweise mit Punkten auf beiden Seiten markiert. Ich sollte jetzt mit beiden Mittelfingern auf beiden Seiten jeweils den Puls fühlen und so lange den Finger darauf halten, bis beide Pulsfrequenzen in Rhythmus und Stärke übereinstimmten. Mit dieser Methode lassen sich Muskelkrämpfe lockern, aber auch Staus von Blut und Gewebewasser lösen und Inflammationen nach Verletzungen zum Abklingen bringen. Manchmal schlagen beide Pulse schnell synchron, manchmal erst nach längerer Zeit. Wie schnell die Synchronisierung hergestellt ist, hängt meist mit dem psychischen Zustand des Patienten zusammen, wie Joannas Fall deutlich macht. Die Pulse schlugen auch nach längerer Zeit immer noch nicht synchron. So begann ich, mich mit ihr über ihre Verletzung zu unterhalten.

«Wie ist das denn passiert?»

Sie schüttelte den Kopf und seufzte. «Oh, es war so dämlich! Ich hatte Tennisschuhe an und ging durch die Küche. Mein Fuß schien einfach am Boden festzukleben, während mein übriger Körper sich weiter vorwärtsbewegte. Und nun werde ich noch acht weitere Wochen lang nur mit Krücken gehen können.» Sie schwieg und fuhr dann fort: «Ich kann überhaupt nichts machen.»

«Ja, es ist schlimm, wenn man plötzlich an seinen normalen Aktivitäten gehindert wird», sagte ich und mußte daran denken, wie mich meine Knieverletzung gelehrt hatte, alles langsamer anzugehen. Die Pulsschläge unter beiden Fingern kamen immer noch unkoordiniert.

«Was würden Sie denn jetzt gerade tun, wenn das nicht geschehen wäre?» fragte ich.

«Ach, normalerweise nichts besonderes. Es paßt nur im Moment überhaupt nicht.» Wieder stockte ihre Stimme.

«Ist es denn jetzt besonders ungünstig?»

Joanna schwieg. Dann hob sie die Hand, um ein paar Tränen fortzuwischen. «Ja, es ist die schlimmste Zeit, die ich mir vorstellen kann.»

Ich wartete ab, gab ihr ein Papiertaschentuch und übte weiterhin einen ganz leichten Druck auf beide Seiten ihres Knöchels aus. Nach einer Weile sagte Joanna leise: «Meine

Mutter ist unheilbar krebskrank. Sie wollte gern zu Hause sterben. Sie und ich hatten gehofft, daß wir es mit Hilfe eines Pflegedienstes schaffen könnten, und jetzt das...»

Ich legte die Finger auf ein anderes Punktpaar und fragte: «Gibt es sonst noch jemanden, der helfen könnte?»

«Mein Vater lebt natürlich auch im Haus, aber sie haben sich nie besonders gut verstanden.»

«Streiten sie sich?» fragte ich direkt. Joanna zögerte nur einen Augenblick.

«Nein, eigentlich nicht. Sie führen eher eine dieser altmodischen Ehen. Der Mann geht aus dem Haus und verdient das Geld, während die Frau alles tut, damit er sich zu Hause wohl fühlt. Und er merkt es nicht einmal. Ich glaube, meine Mutter hatte es schließlich so satt, daß alles immer selbstverständlich war, was sie tat, daß ihr Gefühl für ihn abstarb. Es ist, als ob beide in verschiedenen Welten leben und nie miteinander in Berührung kommen, weder körperlich noch emotional.»

Wieder bewegte ich die Finger. «Und was macht er jetzt, wo sie so krank ist?»

Joanna schwieg lange. Dann sagte sie beinahe zögernd. «Er hilft. Ich meine, er sorgt richtig für sie, fragt sie dauernd, was sie braucht und was er für sie tun kann, und versucht, es ihr so angenehm wie möglich zu machen.»

«Und wie reagiert Ihre Mutter darauf?»

«Es dauerte ganz lange, bis sie ihn um etwas bitten konnte. Wissen Sie, meine Eltern gehörten zu den Paaren, die nie direkt miteinander sprechen. Er sagte: ‹Sag deiner Mutter...›, und sie sagte: ‹Sag deinem Vater...›, obgleich der andere im Zimmer war. Es war ganz schrecklich.» Aber Joannas Stimme klang jetzt ruhiger. «Als meine Mutter erfuhr, daß sie Krebs hat, sprach sie ihn zum ersten Mal wieder direkt an. Es war im Krankenhaus, und ich stand direkt daneben. Sie sah ihm gerade in die Augen und sagte: ‹Ray, ich muß sterben›. Er begann zu weinen und bat: ‹Laß mich dir helfen.› Aber sie sagte: ‹Nein, Joanna wird für mich sorgen.› Und das habe ich auch getan, und jetzt...», sie wies auf ihren geschwollenen Knöchel und weinte wieder, «und jetzt kann ich es nicht mehr.»

«Nein», sagte ich, «aber Ihr Vater kann es. Vielleicht ist das ein entscheidender Faktor. Schauen Sie mal», ich berührte das Mobile, das sich über ihrem Kopf drehte, «stellen Sie sich vor, daß dieses Mobile Ihre Familie repräsentiert. Jedes Familienmitglied nimmt eine bestimmte Position ein und hält so das Ganze im Gleichgewicht. Die Krankheit Ihrer Mutter ist wie ein Windstoß, der alles durcheinandergebracht hat.» Ich blies kräftig auf das Mobile, das daraufhin durcheinanderwirbelte und sich dann langsam wieder einpendelte. «Und doch wäre das Gleichgewicht in der Familie bestehengeblieben, wenn nicht...» Ich entfernte eine der Figuren aus dem Mobile, das sich daraufhin schräg stellte, um den Verlust des Gewichtes zu kompensieren. «...so etwas in Ihrer Familie geschehen wäre. Ihre Verletzung entfernte Sie aus Ihrer normalen Position zwischen den Eltern und zwang diese beiden Dickköpfe dazu, sich miteinander auseinanderzusetzen. Vielleicht war das ein Segen.»

Das Mobile hatte sich in seiner neuen Schräglage eingependelt und hing nahezu still. Joanna seufzte tief und sagte: «Ich glaube, ich war all die Jahre von der Schuld meines Vaters überzeugt und habe eigentlich immer mehr auf der Seite meiner Mutter gestanden. Aber dann habe ich gesehen, wie sie ihn eigentlich dafür bestrafte, als er ihr helfen wollte, erst im Krankenhaus und dann zu Hause. An allem, was er tat, hatte sie etwas auszusetzen. Aber zu meiner Überraschung gab er einfach nicht auf, und schließlich wurde sie weich. Wenn ich jetzt hingehe, werden wir beide von meinem Vater bedient. Er macht Witze und bringt meine Mutter sogar zum Lachen. Und wenn ich mit ihm allein bin, sagt er: ‹Ich liebe deine

Mutter wirklich, ich habe sie immer geliebt.› Und ich sage dann: ‹Sag es ihr.› Und er darauf: ‹Ich versuche es ja.›»

Während unseres Gesprächs hatten sich die Pulsschläge einander angeglichen, und die Schwellung war sichtbar zurückgegangen. Energien und Kreislauf hatten sich wieder gekräftigt, aber Joanna schien das kaum zu merken.

«Ich muß also kein schlechtes Gewissen haben, daß ich nichts für sie tun kann? Wissen Sie, eigentlich wußte ich immer, daß es besser ist, wenn Vater alles für sie tut, und ich nur hin und wieder reinschaue. Aber ich hatte immer so ein schlechtes Gewissen.»

«Sie waren es gewöhnt, eine ganz bestimmte Rolle in dieser Familie zu spielen, und es fiel Ihnen schwer, sie aufzugeben. Nur so etwas wie Ihre Verletzung konnte Sie dazu zwingen, sich nicht mehr einzumischen.» Wir lächelten beide, als ich Joanna ihre Krücken reichte.

Wenn Joanna nicht schließlich ihre über viele Jahre eingenommene Rolle der Vermittlerin zwischen den Eltern begriffen hätte, wäre ihr wahrscheinlich die Auflösung der entsetzlichen Schuldgefühle gegenüber ihrer Mutter nicht gelungen. Sie konnte gesund werden, als sie die Beziehung ihrer Eltern zueinander besser verstand und erkannte, daß sie in ihrer Rolle als Stütze und Trösterin der Mutter den Eltern die Fortsetzung ihres stillen Krieges erst ermöglicht hatte. Als die Eltern sich wieder ausgesöhnt hatten, fühlte sich auch Joanna nicht mehr allein für das Glück der Mutter verantwortlich. Was sie sonst möglicherweise noch lange nach dem Tod ihrer Mutter gequält hätte.

Auch ihr Vater machte eine Heilung durch. Ich vermute, daß Joannas Mutter vor dem Ausbruch der Krankheit ihren Mann täglich wegen irgendeiner uralten Untreue gestraft hatte. Im Laufe der Jahre war ihr Verhaltensmuster völlig starr, unflexibel und ausweglos geworden. Erst als Joanna wegen ihrer Verletzung der kranken Mutter nicht mehr helfen konnte und die Mutter sah, wie sehr sich ihr Mann bemühte, ihr zu helfen und ihr seine Liebe zu zeigen, konnte sie schließlich seine Fürsorge akzeptieren. Auf diese Weise erfuhr nicht nur Joannas Vater eine seelische Heilung, sondern es bestand endlich die Möglichkeit einer positiven Beziehung zwischen beiden.

Als Joanna zwei Monate später zur Abschlußuntersuchung in der Praxis erschien, nahm sie mich einen Augenblick zur Seite, um mir mitzuteilen, daß ihre Mutter vor zwei Wochen zu Hause gestorben war.

«Es war wirklich wunderbar. Wir waren alle um ihr Bett versammelt, auch mein Mann und meine Söhne. Aber zum Ende hin wollte sie nur mit Vater allein sein. Können Sie sich das vorstellen? Sie wollte mit dem Mann allein sein, mit dem sie all die langen Jahre kein Wort gewechselt hatte! Wir warteten im Wohnzimmer, bis Vater schließlich aus ihrem Zimmer trat. Er sagte: ‹Sie ist von uns gegangen. Aber sie wußte am Ende, daß ich sie liebte.›»

Joanna weinte jetzt und konnte nicht mehr sprechen. Sie drückte mir nur die Hand, wandte sich um und ging schnell aus der Tür.

Gesundung auch über das Körperliche hinaus

Was bedeutet Gesundung? Die rein körperliche Heilung eines erkrankten Menschen. Könnte es nicht auch so sein, daß nicht nur Joanna und ihr Vater einen Heilungsprozeß durchgemacht haben, sondern auch die schwerkranke Mutter? Könnte man die Frau, die ihrem Mann verziehen und ihr Herz der Liebe geöffnet hatte, nicht auch als geheilt bezeichnen, obgleich sie körperlich starb? Im Verlauf dieses Buches werden Sie verstehen lernen, wie unser gesamtes Sein, das körperliche und das nichtkörperliche, durch jede positive Veränderung des Bewußtseins beeinflußt wird. Es handelt sich hier um die esoterische Sicht der menschlichen Evolution. Betrachtet man den Fall von Joannas Mutter aus dieser Perspektive, dann ist ein weitaus umfassenderes Verständnis ihres Todes möglich. Joanna schien dazu intuitiv in der Lage zu sein. Für sie war die Gesundung, die ihre Mutter auf Grund ihrer wiedererfahrenen Liebe erlebt hatte, von größerer Bedeutung als der körperliche Tod, sosehr sie auch darunter litt. Die Transformation der Sterbenden hatte auch eine Bewußtseinserweiterung bei ihrem Mann und ihrer Tochter bewirkt.

Aus esoterischer Sicht lassen sich viele Schwierigkeiten im Leben als Möglichkeiten für die Art der tiefen Gesundung erkennen, die in dem obigen Beispiel geschildert wurde. Vielleicht sollte ich zu diesem Zeitpunkt deutlich machen, daß es eine radikal andere Definition von Gesundung gibt, bei der es um subtilere und gleichzeitig grundlegendere und wichtigere Aspekte geht als um das rein Körperliche. Diese neue Definition beruht auf sechs Grundsätzen:

- Eine tiefgreifende Gesundung geht immer mit einer Wandlung des Herzens und mit einer Erweiterung des Bewußtseins konform.
- Die Heilung von einer körperlichen Schwäche oder einer Krankheit bedeutet nicht notwendigerweise, daß eine wirkliche Gesundung stattgefunden hat.
- Eine anhaltende körperliche Schwäche oder Krankheit bedeutet nicht notwendigerweise, daß eine wirkliche Gesundung *nicht* stattgefunden hat, selbst wenn der Mensch letzten Endes stirbt.
- Für den emotionalen Bereich gilt: Je größer das Trauma, desto größer ist auch das Potential für eine wirkliche Gesundung.

- Für den mentalen Bereich gilt: Bei falschen oder verzerrten Vorstellungen und Ansichten ist die Gesundung durch Korrektur um so bedeutungsvoller, je schwerwiegender diese Verfälschungen anfangs waren.
- Die Gesundung des individuellen Menschen hat Einfluß auf die Gesundung der gesamten Menschheit; die Gesundung der gesamten Menschheit hat Einfluß auf die Gesundung des Planeten.

Diese sechsteilige Neudefinition von Gesundung stellt «persönliche Schicksalsschläge» in einen umfassenderen Zusammenhang, der nicht nur die Vergangenheit, Gegenwart und Zukunft einschließt, auch sämtliche Familienmitglieder und Freunde, die Gesellschaft und letzten Endes die gesamte Menschheit. Außerdem weist sie darauf hin, daß die Genesung der nichtkörperlichen Seiten des Menschen, also die der Emotionen und Gedanken, vielleicht weitaus notwendiger ist als die des Körpers.

Eine esoterische Sicht von der menschlichen Existenz

Im Folgenden werden subtile Wesenheiten, Tod und Seele erörtert. Diese Themen sind so umfassend und komplex, daß sie sich eigentlich nicht ohne Mißverständnisse und völlige Verwirrung so kurz abhandeln lassen. Auch auf diese Gefahr hin, möchte ich an dieser Stelle auf eine kurze Einführung in diese anderen Bereiche der Materie nicht verzichten, etwa wie sie mit der rein physischen Existenz interagieren, damit Sie Leiden und Gesunden, die Themen dieses Buches, besser verstehen können. Wenn Ihnen die folgenden Konzepte fremd und schwer verständlich erscheinen, dann machen Sie sich nicht allzuviel daraus. Sie werden Ihnen dennoch dabei helfen, Ihre Position im Universum und Ihre Beziehung zur Seele besser zu verstehen.

Als erstes ist die Erkenntnis wichtig, daß der Mensch nicht nur aus einem physischen Körper besteht. Die menschliche Aura, die «energetische Struktur», in der er sich während seines Erdenlebens bewegt, enthält Dimensionen einer Realität, die über das hinausgehen, was er mit seinen fünf Sinnen erfassen kann.

Der grobstoffliche, physische Körper ist durchdrungen von rein feinstofflichen Wesenheiten. Sie wiederum setzen sich zusammen aus dem spirituellen Körper, der die Physis wie ein energetischer Bauplan prägt und formt und der aus schwingenden Lichtlinien besteht. Hinzu kommt der Astral- oder Emotionalkörper, der über die astralen Ebenen vom universellen Energiefeld gespeist wird und sich in Form einer höchst flüchtigen Substanz fließender Farben und Lichtblitze entsprechend der wechselnden Emotionen manifestiert. Des weiteren gehört der Mentalkörper dazu, der zwei Ebenen in sich vereint: Die niedrigere mentale Ebene wird durch das Anreichern von Wissen geformt, aber vom Gefühl beeinflußt, und die höhere mentale Ebene, das Reich des reinen Gedankens, der Weisheit und der Erkenntnis, der Bereich der Seele. Die Seele hat ihren Sitz innerhalb der menschlichen Aura im Bereich des Manubriums oder der Thymusdrüse, in der extrem feinstofflichen Konsistenz der höheren Mentalebene im Rahmen des menschlichen Energiefeldes. Die Seele dient als Bewußtseinsbrücke zwischen unserer physischen Existenz und dem kreativen Geist oder der Schöpferkraft.

Im Laufe der Entwicklung gewinnt der Mensch zuerst Kontrolle über seinen physischen Körper. Dann lernt er seine Gefühle zu beherrschen. Schließlich gelangt er über die emotional konditionierte niedere Ebene des Mentalkörpers allmählich in die höhere mentale Ebene, die sich wiederum durch seine Konzentration weiterentwickelt. Damit vergrößert sich die Fähigkeit des Menschen, bewußten Kontakt mit der Seele und seinem Lebensplan aufzunehmen.

Wenn das eintritt, was wir Tod nennen, dann wird die energetische Verbindung zwischen der Seele und dem physischen Körper unterbrochen. Wenn die Seele ihre Beziehung zu dem physischen Körper löst, ihrem bisherigen Außenposten grobstofflicher Natur, dann nimmt sie damit auch die verbindende Kraft zurück, die die Auflösung des physischen Körpers und die Trennung der feinstofflichen Wesenheiten vom Physischen verhinderte. Der ätherische Teil des physischen Körpers beginnt sich von dem eigentlichen «Körpergefährt» zu lösen, die feinere ätherische Materie hebt sich allmählich ab. Trauernde haben häufig von dem durchscheinend wirkenden Gesicht des Verstorbenen gesprochen, ebenso von einem Licht, das den Körper umgab, und sie empfanden ein Gefühl des Friedens, das den Raum durchdrang, spürbar durch die feinstofflicheren Energien, die sich von der Dichte des physischen Körpers befreien. Diese ätherische Komponente löst sich im allgemeinen ein bis drei Tage, nachdem die energetische Verbindung, «der Silberfaden», unterbrochen ist, auf.

Genauso wie die Materie des physischen Körpers im Laufe der Zeit von der Erde, der physischen Ebene, absorbiert wird, so wird auch die Materie des emotionalen und mentalen Körpers, der Feinstoff-Körper des lebenden Menschen also, wieder von den entsprechenden Ebenen des universellen Energiefeldes nach dem physischen Tod aufgenommen. Alles, was durch Erfahrung während des gerade abgeschlossenen Lebens gewonnen wurde, wird entsprechend absorbiert. Emotionales von der Astralebene, Wissen und Weisheit von den niederen und höheren Mentalebenen. Was wir also in einem Leben dazugewonnen haben, wird von der Seele am Ende eines jeden Erdenlebens sozusagen geerntet.

Die Höherentwicklung, Verfeinerung und Läuterung der feinstofflichen Wesenheiten ist einer der wichtigsten Gründe für unsere vergängliche menschliche Existenz auf der Erde. *Es ist der Beitrag des Menschen zur Evolution des Universums.* Hellseher, die feinere Stadien der Materie wahrnehmen können, sehen, wie die Energiestrukturen eines Menschen gereinigt, intensiviert und ausgedehnt werden, wenn er ein größeres Verständnis entwickelt, Verzeihen lernt und sich von selbstsüchtigen Illusionen und Begierden freimachen kann. Dieser Prozeß wird im wesentlichen durch die Auseinandersetzung mit den eigenen Begrenzungen als physisches Wesen während des Erdendaseins möglich.

Auf einige dieser Kämpfe und ihre Wirkung auf die feinstofflichen Wesenheiten und damit auf das höhere Selbst werde ich in diesem Buch immer wieder eingehen. Dabei wird deutlich werden, wie gerade schwierige Situationen dazu beitragen, eine vollkommene Beziehung zu der ständig fließenden Quelle, zur Seele, aufzubauen. Diese Vorgänge wiederum erweitern und bereichern die Seele, so daß sie an ihren ureigensten Beginn, den GEIST, zurückkehren kann.

Leiden als Katalysator für Veränderung

Darren war Produktionsassistent beim Fernsehen gewesen und hatte in jeder Hinsicht das Leben in vollen Zügen genossen. Mit 21 wurde er als HIV-positiv diagnostiziert, und seine Geschichte illustriert, wie sehr persönliches Leid eine Gesundung der nichtphysischen Dimensionen des Seins und eine engere Beziehung zum höheren Selbst, der Seele, zur Folge haben kann.

Die Diagnose wurde mir vor zwei Jahren gestellt, als ich sehr abgenommen hatte und unter Soor litt. Obgleich die Symptome eigentlich ziemlich typisch waren, war ich doch vollkommen schockiert. Keiner meiner Bekannten war erkrankt, und wir alle glaubten einfach, daß uns das nicht passieren könnte. Ich war der erste.

Ich wurde auf AZT gesetzt, und seitdem geht es mir meistens ganz gut. Ich ermüde leicht, und ich war auch zweimal im Krankenhaus, doch im Augenblick kann ich ganz gut für mich selbst sorgen. Allerdings hat sich meine gesamte Lebensweise vollkommen verändert. Früher ging es mir nur darum, wo etwas los war. Ich wollte nichts verpassen. Dabei spielten auch Alkohol und andere Drogen eine große Rolle. Alles, was gerade in Mode war, mußte exzessiv ausgetestet werden.

Als ich das erste Mal im Krankenhaus lag, besuchte mich Roger, ein Mann, den ich gar nicht kannte. Er war seit vier Jahren HIV-positiv. Er sagte mir, daß er mir nach Kräften helfen würde. Und wenn er es nicht mehr könnte, gäbe es andere, die an seine Stelle treten würden.

Und dann merkte ich, wie eine große Veränderung in mir vorging. Das AZT begann zu wirken. Ich fühlte mich besser, nahm aber dennoch mein altes Leben nicht wieder auf. Statt dessen lernte ich durch Roger andere HIV-Träger kennen und verbrachte viel Zeit mit ihnen. Wir redeten offen und ehrlich miteinander, fragten, wie es uns ginge, und waren auch aufrichtig an der Antwort interessiert. Und ich merkte plötzlich, daß mir die Partys und anderen Vergnügungen meiner wilden Zeit nichts mehr bedeuteten. Ich wollte nur noch mit meinen neuen Freunden zusammensein, denen es genauso erging. Manche von ihnen sind sehr krank, ihre Familien haben den Kontakt zu ihnen abgebrochen, sie besitzen kein Geld mehr oder haben einfach Angst. Aber alle wissen, daß jeder dem anderen das gibt, was er kann, und daß niemand in seiner Not allein ist.

Wir haben ein Heim für AIDS-Kranke eröffnet, die nicht wissen, wohin sie gehen können, und haben alles aus Spenden finanziert. Und immer noch kommen Menschen und wollen helfen.

Es klingt wahrscheinlich merkwürdig, aber ich bin für diese Krankheit beinahe dankbar. Sie hat mich gelehrt, worauf es im Leben ankommt. Und meine Familie hat auch daraus gelernt. Meine Großmutter ist reich und hat in der Familie das Sagen. Sie hatte meine Art zu leben und meine Freunde immer kritisiert. Sie hatte mich sogar beschuldigt, daß ich es geradezu darauf anlegte, AIDS zu bekommen. Als sie von der Diagnose erfuhr, war sie zuerst außer sich und konnte nur daran denken, was wohl die Leute sagen würden. Aber als ich das letzte Mal im Krankenhaus lag, besuchte sie mich und schlug mir vor, in ihrem Gästehaus zu wohnen. Sie würde für mich kochen. Und so ist es auch gekommen. Und sie nimmt auch meine Freunde auf, wenn sie krank sind und das Heim für AIDS-Kranke keinen Platz mehr hat. Sie hat sich sehr verändert. Manchmal glaube ich, daß das überhaupt der Grund für diese Krankheit ist. Jeder wird davon beeinflußt. Alle, die damit in Berührung kommen, lieben mehr, geben mehr und werden toleranter.

Darren war von seiner Großmutter beschuldigt worden, durch seinen Lebensstil die Krankheit direkt herauszufordern. Als er sich dann angesteckt hatte, fiel es diesem ehemals leichtsinnigen und hedonistischen jungen Mann nicht schwer, sein Leben in den Dienst anderer zu stellen. Als ich mit ihm sprach, spürte ich kein Bedauern, daß er sein früheres Leben aufgegeben hatte, sondern eher so etwas wie Erleichterung, als ob er jetzt endlich Zugang zu seinem höheren Selbst und seinem eigentlichen Lebenssinn fände. Nicht alle AIDS-Patienten reagieren so, aber für viele scheint die Krankheit ein Weg zur Erkenntnis und ein Katalysator zugleich zu sein. Endlich ist es ihnen möglich, anderen zu helfen und beizustehen und die Öffentlichkeit aufzuklären. Vielleicht ist für viele AIDS-Kranke diese große Aufgabe der eigentliche Grund, warum sie während dieses Lebens in diesem Körper auf der Erde sind.

Was AIDS uns lehrt

Das Leid der AIDS-Epidemie läßt keinen von uns vollkommen unberührt. Und doch ist die Krankheit trotz oder gerade wegen ihrer tragischen Auswirkungen auch für eine Gesundung verantwortlich, wie Darren so weise meinte. In der Geschichte der Menschheit hat keine andere Krankheit die Begleitumstände von AIDS in sich vereinigt: die lange Dauer der Krankheit, die Tatsache, daß die meisten Opfer jung und lebenslustig sind, die Assoziation der Öffentlichkeit von AIDS mit männlichen Homosexuellen, die Übertragung durch sexuelle Aktivität. Diese Faktoren zusammen haben eine radikale Veränderung der persönlichen und gesellschaftlichen Einstellungen, der Verhaltensweisen und Wertvorstellungen bewirkt. Letzten Endes gibt es verschiedene Möglichkeiten, die Menschheit als Ganzes zu verändern.

Es ist wie bei der Entstehung eines Diamanten aus Kohle: Die Transformation eines Menschen dauert im allgemeinen eine gewisse Zeit und geschieht nur unter ausreichendem Druck. Durch die Krankheit werden für viele der Betroffenen beide Bedingungen geschaffen, so daß sie ihre persönlichen Werte wie Darren neu ausrichten können. Sein Leben, das bisher im wesentlichen selbstsüchtigen Genuß und immer neue sensationelle Empfindungen kannte und suchte, transformierte sich unter dem Druck der Krankheit und dem Einfluß von Roger als Vorbild dahingehend, daß für Darren der Dienst am Nächsten in den Vordergrund trat. Sein Leben wurde wie das Rogers beispielhaft dafür, daß höhere Prinzipien am Werk waren.

Wer kann sagen, wo die Wirkung dieses sich fortsetzenden Prozesses enden wird? Diese Krankheit befällt schließlich selten alte einsame Menschen. Die meistene HIV-Positiven sind in der Blüte ihrer Jahre, wenn ihre Eltern noch am Leben sind und sie einen großen Freundes- und Bekanntenkreis besitzen. Der Zustand eines jeden Patienten, die Transformation eines jeden Patienten hat deshalb auf viele andere Menschen Einfluß. Viele, die einen AIDS-Kranken kennen und lieben, sehen sich wie Darrens Großmutter mit dem Stigma des homosexuellen Verwandten und seiner Krankheit konfrontiert. Die Voreingenommenheit der Öffentlichkeit stellt nicht selten Werte, Prioritäten und Mut der Betroffenen auf eine harte Probe. Daß diese herrische Matrone ihren Enkel liebte und ihm und anderen helfen wollte, statt ihn aus Stolz und Angst vor dem Urteil der Öffentlichkeit seiner Not preiszugeben, ist eine wundersame Wandlung, die der von Darren in nichts nachsteht.

Außerdem wird die Situation gerade dadurch noch verschärft, daß AIDS von der Öffentlichkeit mit männlichen Homosexuellen in Zusammenhang gebracht wird, einer Bevölkerungsminderheit, die in weiten Kreisen verhöhnt und verunglimpft wird. Wir sollten uns statt dessen lieber vor Augen halten, wie groß das Ausmaß an Liebe und Mitgefühl ist, das die Homosexuellen ihren Kranken und Sterbenden entgegenbringen, und das schließt auch heterosexuelle AIDS-Kranke und ihre Familien ein. Sie haben sich trotz des Drucks, der auf ihnen lastet, verpflichtet, dafür zu sorgen, daß niemand einsam sterben muß. Ihre unterstützenden Einrichtungen, ihr selbstloser Einsatz für Kranke und deren Freunde und Verwandte, die Würde und der Mut, den sie angesichts von Krankheit und Tod zeigen, ihre erstaunliche

Fähigkeit, weiterhin liebevoll und offen für andere da zu sein, all das ist Vorbild und Inspiration nicht nur für die behandelnden Ärzte, für Familien und Freunde, sondern auch für die Gesellschaft im allgemeinen.

Unabhängig davon, ob wir persönlich jemanden mit AIDS kennen, hat diese Krankheit Einfluß auf unsere Einstellung zur Sexualität und häufig auch auf unsere sexuelle Aktivität selbst. Wer die fünfziger, sechziger oder siebziger Jahre erlebt hat, konnte feststellen, wie drastisch sich Sexualverhalten und Sittenkodex innerhalb einer einzigen Generation ändern können. Das Ideal eines lebenslangen Sexualpartners galt nichts mehr. Statt dessen ging es, begünstigt durch neue Verhütungsmittel wie die Pille, um möglichst vielfältige sexuelle Experimente. Diese Entwicklung wurde durch die gleichzeitig stattfindenden sozialen Veränderungen noch erleichtert. Spontansex ohne irgendwelche Verpflichtungen oder ungewollte Folgen war plötzlich möglich. Der sogenannte freie Sex war mehr als nur eine Alternative, er war der Beweis dafür, daß wir unsere sexuelle Verklemmtheit abgelegt hatten. Nach nur einigen verführerischen Blicken gingen Fremde zusammen ins Bett. Erlernte Hemmungen und Schuldgefühle waren nicht selten durch Alkohol oder andere Drogen ausgeschaltet worden.

Wir bemühten uns zwar redlich, aber für viele von uns, Männer wie Frauen, war so unverbindlicher Sex nie wirklich befriedigend. Und vielleicht lehrt uns jetzt AIDS, daß es auch nicht so sein sollte.

Wenn zwei Menschen freiwillig Sex haben, dann werden ihre Körper eins. Ihre physischen Körper, aber auch ihre emotionalen, ihre spirituellen und ihre mentalen Wesenheiten gehen enge Verbindungen ein. Die Herzform, traditionell ein Symbol für die Liebe, stellt bildlich die zwei eiförmigen Energiefelder zweier sich Liebender dar, deren persönliche Auren teilweise übereinanderliegen. Beim Sexualakt verschmelzen diese Energiefelder, unabhängig davon, ob die Beteiligten einander lieben. In der Esoterik heißt es sogar, daß man während der sexuellen Begegnung dem Partner die Seele öffnet, den höchsten Teil des Selbst, den Teil, der Verbindung zu Gott hat. Deshalb ist auch das Risiko so groß, psychisch Schaden zu nehmen, es sei denn, die Partner haben Gefühle von Zuneigung und Fürsorge füreinander. Wenn einer von beiden eine negative, feindselige oder gleichgültige Einstellung dem anderen gegenüber hat oder ihn nur ausnutzen will, finden mit hoher Wahrscheinlichkeit verletzende Eingriffe auf der energetischen Ebene statt.

Auch wenn meist Frauen sexuell ausgenutzt und damit in ihrem Selbstwertgefühl verletzt werden, so kommt es doch immer wieder vor, daß auch Männer von Frauen auf ähnliche Weise «benutzt» werden. Zu den negativen Impulsen einer Frau bei einer sexuellen Begegnung zählen Motive wie ökonomische Vorteile, der Wunsch, Macht durch ihre Anziehungskraft auf den Mann zu verspüren, oder das Bedürfnis, einen Mann ihren Wünschen untertan zu machen. Mit einer solchen Einstellung fügt auch die Frau dem Mann psychische Verletzungen zu. Dieselben Faktoren können selbstverständlich auch beim Sex zwischen gleichgeschlechtlichen Partnern eine Rolle spielen. Wenn keine echte Zärtlichkeit zwischen den Sexpartnern besteht, dann sind beide nicht selten negativ motiviert und verletzen einander.

Heute sind viele aus Angst vor der Ansteckung mit AIDS nicht mehr bereit, eine sorglose, flüchtige sexuelle Beziehung einzugehen. Tendenziell nehmen monogame Beziehungen zu. Bevor man eine körperliche Verbindung eingeht, fragt man sich, wie gut man den zukünftigen Sexpartner kennt und ob man ihm vertrauen kann. Und das Kondom, heute ein geradezu lebensnotwendiger Schutz für beide, läßt uns im Verlauf der sexuellen Begegnung kurz innehalten. Während dieses kleinen Moments der Wahrheit können sich

besonders Menschen, die das erste Mal zusammen sind, darüber klarwerden, welche Gefühle sie eigentlich dem anderen
gegenüber haben, bevor die körperlichen Empfindungen
jegliche Überlegung ausschalten.

So hat uns die AIDS-Krise bewußter gemacht, was wir tun
und warum, und letzten Endes ist ein umfassenderes Bewußtsein immer das eigentliche Ziel. Heute haben wir die
Freiheit, unseren eigenen Weg zu gehen, gleichzeitig hält uns
die Angst vor AIDS dazu an, verantwortlicher mit uns und
denen umzugehen, mit denen wir eine Beziehung eingehen.

Die Geschichte von Joanna und ihren Eltern illustriert die
ersten drei Prämissen der radikalen Neudefinition von Gesundung, die ich zur Erinnerung noch einmal wiederhole:

* Eine tiefgreifende Gesundung bedeutet neben der Wandlung des Herzens immer auch die Erweiterung des Bewußtseins.
* Die Heilung einer körperlichen Schwäche oder einer
  Krankheit ist nicht notwendigerweise gleichzusetzen mit
  einer wichtigen Gesundung.
* Trotz einer anhaltenden körperlichen Schwäche oder
  Krankheit kann eine wichtige Gesundung stattgefunden
  haben.

Darrens Geschichte und die allgemeine Erörterung der
AIDS-Hilfe machen die vierte und fünfte Prämisse noch ver-
ständlicher:

* Je größer das Trauma im emotionalen Bereich, desto größer ist das Potential für eine wirkliche Gesundung.
* Gesundung durch die Korrektur von falschen oder verzerrten Vorstellungen und Ansichten im mentalen Bereich
  ist um so bedeutungsvoller, je schwerwiegender diese Ab-
  weichung anfangs war.

Denken Sie einmal über die sechste Prämisse nach:

- Die Gesundung des einzelnen Menschen beeinflußt die Gesundung der gesamten Menschheit, die wiederum die Gesundung des Planeten.

Behalten Sie den sechsten Punkt bei der Lektüre des nächsten Abschnitts im Bewußtsein.

AIDS aus der Perspektive der Planeten

Wird der gesamte Planet durch eine Krankheit wie AIDS betroffen, kann die Beschäftigung mit den astrologischen Kräften einem besseren Verständnis dieses Vorgangs dienen. Besonders interessant sind dabei die äußeren Planeten, die langsamer als die inneren ihre Bahnen ziehen und das Massen-Bewußtsein beeinflussen. Astrologisch gesehen trat Pluto, der langsamste der bekannten Planeten unseres Sonnensystems, am Ende des Jahres 1983 in den Skorpion ein, das Sternzeichen, das er beherrscht. Zu eben dieser Zeit begann AIDS sich als weltweite Epidemie auszubreiten. Die meisten Menschen, die sich mit Astrologie beschäftigen, sahen in AIDS eine eindeutige Manifestation für «Pluto im Sternbild Skorpion». Das bedeutet, daß eine unnachgiebige Kraft eine Transformation bewirken würde. Pluto, nach dem Gott der Unterwelt benannt, wird mit allem, was versteckt oder geheim ist, in Verbindung gebracht, zum Beispiel mit Genitalien, mit Geschlechtskrankheiten, mit Vernichtung und mit Tod. Dieser Planet wird mit Psychotherapie assoziiert, mit Ende und Anfang, mit Tod und Wiedergeburt. Nach Erkenntnissen der Astrologen arbeitet Plutos Macht erbarmungslos auf das Ziel hin, alles von der individuellen Psyche oder der Gesellschaft Verborgene ans Licht zu bringen. Auf diese Weise kann die Seele des einzelnen gesunden und auch das Bewußtsein eines ganzen Kulturkreises transformiert werden. Der Prozeß selbst kann allerdings außerordentlich qualvoll sein.

Das Sternzeichen Skorpion wird mit Gelüsten aller Art assoziiert, besonders aber mit sexueller Begierde und dem Wunsch, das eigene Selbst und andere zu verändern. Die geballte Energie von Pluto im Skorpion schafft ganz offensichtlich eine nicht zu unterschätzende Kraft.

Begierde, Sex, Tod und Geheimnis. Aufdeckung, Vernichtung, Transformation und Regeneration. Diese mächtigen Kräfte stören unseren Frieden, bringen unser Leben durcheinander und bauen unsere Verteidigungsmechanismen ab. Unser ganzer Planet soll von AIDS «befallen» sein, und damit ist nicht nur die weltweit verbreitete Krankheit gemeint. AIDS ist auch ein Synonym für die überwältigende Tatsache, daß wir alle betroffen sind, daß jeder von uns krank ist und wir alle Heilung brauchen, daß wir nicht wissen, wie wir leben und wie wir lieben sollen, und kein Verhältnis zum Sterben haben. Aber wir sind dabei zu begreifen, und AIDS hilft uns dabei.

Durch den Tod eines Freundes, eines Verwandten oder einer bewunderten Berühmtheit zwingt AIDS uns, die wir mitten im Leben stehen, zu einer bewußten Auseinandersetzung mit dem Tod und dem Prozeß des Sterbens: Wir müssen uns dem Übergang eines anderen öffnen und mit dem Herzen daran teilnehmen. Wer einem AIDS-Kranken hilft, weiß häufig intuitiv, wie er ihm sein Leben erleichtern kann. Ich habe mehrmals gehört, daß sich jemand beispielsweise zum Ende hin aus einer Intuition heraus einfach neben den Patienten gelegt, ihn im Arm gehalten und mit leisen Worten, Summen oder Singen beruhigt hätte. Nicht selten können solche Menschen den geliebten Kranken dann sanft dazu

bewegen, das Leben loszulassen und in das Licht hinauszuge-
hen. Dadurch gestaltet sich der Übergang für den Sterbenden
oft sehr friedvoll, und auch die Helfenden empfinden eine
tiefe Ruhe. Eine junge Frau, die mit AIDS im Sterben lag,
wurde jeden Abend von einem Freundespaar besucht, das
ihr während ihrer Krankheit sehr nah gekommen war. Der
Mann massierte ihr sanft die Füße, während seine Frau ihr
Gedichte vorlas oder ihr etwas vorsang. Als sie dann eines
Abends ins Koma fiel, trat ihre Mutter an ihr Bett, nahm sie
in den Arm und sagte ihr leise, daß, wenn die Zeit zum Ab-
schied herangekommen und sie bereit sei, ihr alle helfen und
sie durch ihre Gedanken aus ihrem Körper hinausheben würden. Dann trat der Vater hinzu, um ihr zu sagen, wie sehr er
sie liebte. Eine Viertelstunde später war sie gestorben. Ich
nahm an einer außergewöhnlich schönen Feier für diese
junge Frau teil, und es wurde deutlich, daß ihr Tod allen, die
mit ihr in Berührung gekommen waren, neue Erkenntnisse
gebracht hatte. Jeder, der an dem Prozeß ihres Sterbens teilgenommen hatte, fing an, neu zu überlegen, was Tod eigentlich bedeutet. Die Angst nahm ab, und ein Gefühl von Annehmen, von Frieden, von etwas Wunderbarem breitete sich
aus.

Die ganze Menschheit fängt an, ein anderes Verständnis
für Sex, Tod und Erneuerung zu entwickeln, und das wird
eine Veränderung von Einstellungen und Verhaltensweisen
nach sich ziehen.

Leiden aus der Sicht der Seele

Sollen wir Darren, der durch eine Krankheit verändert
wurde, die uns alle verändern wird, bemitleiden oder bewundern? Die Versuchung liegt nahe, sich ausschließlich auf

die tragischen Aspekte seiner Situation zu konzentrieren. Doch die Seele, der es um größeres Verständnis, Vergebung und Liebe geht, erkennt sowohl Darrens Sieg als auch sein Opfer.

Im Fall von Joanna, die ihre zerstrittenen Eltern angesichts des unheilbaren Leidens ihrer Mutter sich selbst überlassen mußte, stellt sich die Frage: War ihr verstauchter Knöchel ein grausamer Trick des Schicksals oder ein Geschenk ihrer Seele, damit ihre Mutter am Ende ihres Lebens sich der Liebe ihres Mannes öffnen konnte?

In allen Notsituationen sieht die Seele eine Möglichkeit zu heilen, unser Bewußtsein zu erweitern und uns der Erleuchtung näher zu bringen. Ich kam unmittelbar damit in Berührung, als eine Freundin, die während einer Heilsitzung mit mir passiv auf dem Tisch lag, sich bei vollem Bewußtsein plötzlich in einen außer-irdischen Bereich versetzt sah. Vor ihr stand ein weiß gekleidetes Wesen, das sie sofort als ihren Führer erkannte. Er begrüßte sie freundlich und forderte sie auf, Fragen zu stellen. Da sie gesundheitliche Probleme hatte und eine ihrer Schwestern unheilbar krank war, fragte sie, ob sie noch viel Leiden erleben würde. Der Führer antwortete sanft: «Natürlich, meine Liebe. Es ist notwendig. Es bearbeitet dich.»

Als wir später über ihr Erlebnis sprachen, waren wir beide von der Aussage des Führers beeindruckt: «Es bearbeitet dich.» Ich dachte an ein Stück Fleisch, das bearbeitet, in diesem Fall geklopft wird, bis es zart ist, oder an ein Metallteil, das mit jeder Erhitzung im Feuer und Bearbeitung auf dem Amboß stärker wird. Werden wir auch zarter, empfindlicher und gleichzeitig stärker, wenn wir «bearbeitet» werden? Und was sagt die Art und Weise der Bearbeitung, die Prüfung über uns als Individuen?

Von Carl Jung stammt die zutreffende Beobachtung, daß das Leben eines Menschen für ihn charakteristisch sei. Unsere Dilemmas, unsere Schwierigkeiten und Zwangslagen und die Art und Weise, wie wir uns ihnen stellen und damit umgehen, bestimmen, wer wir sind, warum wir hier sind und was wir durch unsere Existenz auf der Erde zu erreichen versuchen. Der Mensch mißt den Wert des einzelnen zu häufig nach Status, finanzieller Absicherung und äußeren Zeichen materiellen Erfolges. Aber die Seele macht die innere Kraft eines Individuums durch die Aufgaben und Herausforderungen deutlich, die sie an es stellt. Wir glauben fälschlicherweise, daß es nur auf Glück, Bequemlichkeit, Muße, Sicherheit und Status im Leben ankommt, aber die Seele hat da eine ganz andere Vorstellung. Ihr geht es nicht um das Leiden oder Nicht-Leiden, sondern nur um Weiterentwicklung, um größere Kraft und Läuterung, womit sich der Mensch der Seele als wert erweisen kann. Jede verzweifelte Situation ist dazu da, uns daran zu erinnern, daß Glück im Leben, Bequemlichkeit, Muße, Sicherheit und Status weder der Läuterung, Stärkung noch Weiterentwicklung dienen, wohl aber die Bearbeitung im Feuer.

2

Was will mir mein Körper
damit sagen?

Auch Gary war Patient der Chiropraktikerin, ein begei-
sterter Bodybuilder, mit einem freundlichen Lächeln
auf dem Gesicht, das in einem merkwürdigen Kontrast zu
der Aggression stand, die sich in seinen schwellenden Mus-
keln auszudrücken schien. Er war wegen unerklärlicher, immer wieder auftretender Schmerzen im Knie, die ihn beim
Bodybuilding und anderen sportlichen Aktivitäten behinderten, in die Praxis gekommen. Er hatte sein Knie eine
Woche lang ganz ruhig gehalten, aber der Schmerz hatte
nicht nachgelassen, wie er ungeduldig berichtete.

«Ich will es endlich in Ordnung gebracht haben», sagte er
energisch, als er auf dem Behandlungstisch lag. Wir unter-
hielten uns, während ich versuchte, Verspannungen und
Verkrampfungen seiner Hals- und Schultermuskeln zu lösen, bevor er untersucht werden sollte. Ich hatte es mir angewöhnt, die Patienten immer danach zu fragen, was sie denn
unter schmerzfreien Umständen tun würden. Häufig konnte
man aus den Antworten ablesen, warum ihr Körper auf diese
Weise revoltierte oder versagt hatte.

Ein typischer Tag sah für Gary folgendermaßen aus: Er
hatte mehrere Stunden Unterricht in Hotel- und Restau-
rantmanagement am College. Danach absolvierte er zwei

Stunden lang sein Körpertrainingsprogramm im Sportzentrum, und abends arbeitete er als Barmann in einem beliebten Restaurant. Am Wochenende erledigte er neben seinen Hausarbeiten noch verschiedene Reparaturen in dem Apartmenthaus, in dem er wohnte. Auf diese Weise mußte er weniger Miete bezahlen. Danach ging er häufig Rollerskating laufen oder trainierte im Sportzentrum, bevor er sich abends wieder bei seinem Job einfand. Und bei all diesen Aktivitäten hatte er auch hin und wieder noch Zeit für seine Freundin.

Ich war sehr daran interessiert, wie er all diese Aktivitäten unter einen Hut brachte. Trotzdem lautete meine erste Frage: «Macht Ihnen Ihre Arbeit Spaß?» Nachdem ich so lange in der Suchttherapie gearbeitet hatte, ging es mir auch immer darum, welche Rolle Alkohol im Leben eines Menschen spielte.

«Sie meinen, meine Arbeit als Barmann? Ja, das geht ganz gut. Da ich später gern selbst ein eigenes Restaurant aufmachen möchte, kann ich hier sehr viel lernen. Unangenehm ist nur, all die Leute zu sehen, die zu viel trinken und rauchen. Sie ramponieren ihren Körper ohne Ende. Und ich lebe gesundheitsbewußt, und dann passiert mir so etwas wie das mit dem Knie.»

«Ich weiß ja nicht, Gary», gab ich zurück, «aber bei Ihren vielen Terminen kommt es mir beinahe so vor, als strapazierten Sie Ihren Körper wie ein Auto, das jeden Tag 800 Kilometer gefahren wird.»

«Ich brauche eben Bewegung.» Es klang etwas defensiv. «Dafür rauche und trinke ich nun mal nicht wie all die anderen. Ich bemühe mich sehr darum, gesund zu leben.» Er zeigte ärgerlich auf sein Knie. «Und so etwas dürfte mir einfach nicht passieren.»

«Lebt Ihre Familie auch so gesundheitsbewußt?» fragte ich.

«Das kann man nicht sagen.» Gary klang etwas sarkastisch. «Mein Vater hat so viel getrunken, daß er schließlich am Alkohol gestorben ist. Und mein Bruder tut alles, um in seine Fußstapfen zu treten.»

«Und Ihre Mutter?»

«Oh, meine Mutter ist in Ordnung. Sie macht gerade eine Ausbildung als Chiropraktikerin in Colorado.» Er lächelte. «Sie hat mir auch geraten herzukommen.» Er schien das Bedürfnis nach weiteren Erklärungen zu haben. «Meine Mutter hatte es viele Jahre lang sehr schwer. Als mein Vater starb, hinterließ er ihr ein wenig Geld, und so brach sie ihre Zelte hier ab und macht jetzt etwas ganz Neues. Manchmal wünschte ich, ich könnte das auch, aber ich habe immer das Gefühl, daß ich auf meinen Bruder aufpassen muß. Wir sind Zwillinge, zwar nicht eineiige, aber immerhin...» Er schwieg, und es war offensichtlich, daß sein Verantwortungsgefühl wieder einmal mit seinem Wunsch nach Freiheit kollidierte.

Nach einer Weile sagte ich: «Ihre Mutter mußte allerlei aushalten, aber wie war es bei Ihnen? Die Schwierigkeiten sind doch sicher nicht ohne Einfluß auf Sie geblieben.»

«Ich denke nicht darüber nach», antwortete er schnell. «Ich habe immer etwas zu tun und denke nicht daran.»

«Gary, was aber, wenn Ihr Körper nun darauf besteht, daß Sie darüber nachdenken? Was, wenn Ihr Knie Sie daran hindert, äußerlich immer stärker zu werden, während Sie gleichzeitig ignorieren, was in Ihnen vorgeht?»

Gary schwieg, und ich fühlte, wie sich seine überentwickelten Nackenmuskeln unter meinen Händen stärker verkrampften. Und dann schmolz plötzlich sein Widerstand, und sein ganzer Körper entspannte sich. Er seufzte leise.

«Genau das sagt meine Freundin auch immer. Und auch meine Mutter. Es ist wirklich merkwürdig. Mir sind schon längst diese Plakate im College zu Vorträgen für erwachsene Kinder von Alkoholikern aufgefallen. Darauf werden bestimmte Eigenschaften aufgeführt, die man angeblich entwickelt, wenn man mit einem Alkoholiker aufwächst. Und viele dieser Merkmale treffen auf mich zu. Ich habe ein übermäßig entwickeltes Verantwortungsgefühl, ich kümmere mich immer erst um alle anderen; ich habe ein schlechtes Gewissen, wenn ich etwas für mich durchsetzen will, und ich weiß auch häufig weder, was ich eigentlich empfinde, noch könnte ich es ausdrücken. Also, irgendwie wollte ich immer mal zu so einem Treffen gehen, aber aus lauter Angst fand ich nie Zeit dafür.» Er lachte leise. «Sie glauben also, mein Knie tut das mit Absicht? Es stimmt, die Vorträge finden eigentlich immer gerade in der Trainingszeit statt...»

Wie der Körper die Bewußtwerdung fördert

Kann es möglich sein, daß Garys Knie sich mit seinem höheren Selbst verschworen hatte, um ihn auf bestimmte innere Bereiche aufmerksam zu machen? Bei meiner Arbeit mit Patienten der Chiropraktikerin habe ich immer wieder das Prinzip des Synchronismus beobachten können. Dieses Carl Jungsche Konzept erklärt die Ursachen von sogenannten Zufällen, die wegen ihrer Bedeutung vorherbestimmt zu sein scheinen. Häufig werden solche Geschehen als glückliche Umstände empfunden, die einen zufällig in Kontakt mit wichtigen Informationen bringen, etwa, um einen alten Freund nach langen Jahren der Trennung wiederzufinden.

Ich selbst habe Erstaunliches in dieser Hinsicht erlebt. Eines Tages wollte ich eine Freundin anrufen. Eine junge Frau nahm ab, und als ich nach Margaret fragte, zögerte sie und sagte dann: «Meinen Sie Peggy?» Ich nahm an, daß sie Margaret nur unter ihrem Spitznamen kannte, und sagte: «Hier spricht Robin Norwood. Ich würde gern mit Margaret sprechen.»

Daraufhin rief die Frau am anderen Ende überrascht aus: «Robin, hier spricht Susan!»

In dem Moment erkannte ich die Stimme. Susan war meine beste Freundin in der Volksschule gewesen. In den letzten Jahren hatten wir uns völlig aus den Augen verloren. Nun war sie bei ihrer Schwester Peggy zu Besuch.

Das war besonders merkwürdig, weil ich nämlich gerade die Nacht zuvor ganz eindeutig von Susan geträumt hatte. Im Traum war sie nach Hawaii gefahren, und als ich ihr davon erzählte, lachte sie und sagte: «Das will ich auch nächste Woche tun.»

In meinem Traum war sie hin geflogen, aber mit dem Schiff zurückgekommen, und genau das hatte sie auch vor. Diese Anhäufung von Zufällen konnte nur durch das Prinzip des Synchronismus erklärt werden.

Solche Geschehnisse sind keine reinen Zufälle mehr, sondern unterliegen zweifellos diesem Prinzip. Denkt man weiter, dann ist auch das Timing von Garys Knieschmerzen und Joannas verstauchtem Knöchel so zu erklären, zumal beide Verletzungen nahezu magische Voraussetzungen für eine innere Transformation und Gesundung schafften.

Für den Esoteriker führt letzten Endes jede Krankheit, jede Verletzung und jedes Leiden zu größerer Läuterung. Macht man sich das immer wieder bewußt, ob man nun den Vorgang an sich versteht oder nicht, dann kann man allmählich einen Sinn hinter den Schwierigkeiten im Leben erkennen.

So kann eine Krankheit oder eine Verletzung den Weg für eine Transformation bereiten, wie es beispielsweise bei Joanna und ihrer Familie der Fall war. Die Verletzung hinderte Joanna daran, ihre gewohnte Vermittlerrolle bei ihren Eltern einzunehmen, und diese Tatsache und die Belastung durch die unheilbare Krankheit der Mutter schafften erst die Voraussetzung für eine Gesundung der elterlichen Beziehung. Gary wurde durch sein Knie immobilisiert, was ihm

Zeit und Möglichkeit gab, einen schmerzhaften Bereich seines Lebens zu untersuchen und einen ersten Schritt auf dem Weg zur seelischen Gesundung zu machen. Darren veränderte nach der AIDS-Diagnose seinen Lebensstil und seine Werte. Und auch seine Großmutter erlebte eine erstaunliche Transformation hin zu mehr Liebe und Mitgefühl.

Eine Seele kann aber auch eine Krankheit oder eine Verletzung wählen, mit deren Hilfe sich nicht nur das Individuum in seinem Bewußtwerdungsprozeß weiterentwickeln kann, sondern darüber hinaus gleichzeitig andere im Denken und Fühlen transformiert werden. Hinter diesem Vorgang steht das esoterische *Gesetz des Opferns*: Das Leid weniger führt zum Wohl oder der Bewußtwerdung vieler. Darrens Krankheit ist ohne Zweifel ein Beweis dafür. Ich bin der festen Überzeugung, daß jeder AIDS-Kranke von daher gesehen als eine Seele erkannt werden kann, die in dieser leidvollen Inkarnation das Gesetz des Opferns erfüllt.

Krankheit, Verletzung oder körperliche Erschöpfung rufen den einzelnen aber auch zu größerer Ehrlichkeit sich selbst gegenüber auf. Körperliche Probleme können nämlich ein *Anzeichen für psychisches Ausweichen* vor quälenden Bedeutungen im eigenen Leben sein. So gesehen stellt jede schwierige Situation im Leben eine Prüfung dar. Im Zuge der eigenen Entwicklung verändern sich die Prüfungen. Anfangs kommt es mehr auf körperlichen Mut an, später ist moralische Überzeugung gefordert, dann persönliche Integrität und die Fähigkeit, ehrlich mit sich selbst zu sein. Da keine dieser Prüfungen einfach ist, liegt der Versuch nahe, sie zu ignorieren oder zu vermeiden. Insofern haben die Signale des gestreßten Körpers zwei Funktionen. Einmal weisen sie darauf hin, daß etwas im Leben der Beachtung und Veränderung bedarf. Ein Ignorieren dieses Hinweises führt dann zu eindeutigeren Signalen, die sich in quälenden körperlichen Symptomen äußern, so daß eine Auseinandersetzung mit den eigentlichen Ursachen nicht weiter hinausschiebbar wird. Der Körper kann also durch ganz bestimmte Symptome auf das aufmerksam machen, was wir zu leugnen versuchen.

Der Körper im Konflikt mit der Persönlichkeit

Der Körper ist eine wunderbare Sache, er ist der animalische Teil des Menschen mit eigenem Gehirn, Instinkten und Empfindungen. Wie jedes Tier *ist auch der Körper des Menschen unfähig, sich «unehrlich» zu verhalten.* Diese einfache Tatsache stellt uns Menschen allerdings vor eine Unzahl von Problemen, denn im Gegensatz zum Körper beherrscht die Persönlichkeit des Menschen die Lüge nur allzu gut. Das äußert sich darin, daß sie ständig ihrem Idealbild zu entsprechen sucht, ohne auf die wirklichen inneren Bedingungen zu achten. Der Körper dagegen reagiert weiter instinktiv, aus seinen animalischen Empfindungen heraus und blamiert so die Persönlichkeit nicht selten: Wir werden erst rot, dann blaß, unsere Pupillen erweitern sich, unsere Zähne schlagen aufeinander, wir beißen uns unwillkürlich auf die Lippen, und uns werden die Handflächen feucht. Eine Erektion stellt sich zur falschen Zeit ein oder bleibt aus, wir zittern oder werden ohnmächtig. Der animalische Körper zeigt so der ganzen Welt offen, was die denkende und urteilende Persönlichkeit so verzweifelt verstecken möchte, zum Beispiel sexuelle Erregung, Angst, Verlegenheit oder Wut.

Was geht im Menschen vor, wenn sein Körper etwas Bestimmtes empfindet und ausdrückt und das menschliche Ego in seinem Bedürfnis, von sich selbst und anderen anerkannt zu werden, sich unbedingt anders darstellen will?

Unser physischer Körper existiert in der physischen Dimension und wird durch physische Materie wie Luft, Wasser und Nahrung erhalten. Unsere subtilen feinstofflichen Wesenheiten existieren dagegen im astralen oder geistigen Bereich und werden über ihre Chakren durch astrale oder geistige Materie gespeist.

Wenn jeder dieser Körper, ob physischer / grobstofflicher oder subtiler / feinstofflicher Natur, frei von verzerrenden Eingriffen ist, dann wird auch das gesamte menschliche Energiefeld, die Aura, klar und gleichmäßig schwingen. Physische Probleme, also Eingriffe in die körperliche Gesundheit, verfälschen die Aura, ebenso wie Schwierigkeiten in den subtileren Wesenheiten. Kommt es dort zu Abweichungen, dann kann der Energiefluß durch die Chakren blockiert sein. Begabte Hellseher, die die Funktion des Körpers in den feinstofflichen Energiebereichen erkennen können, halten eine längere Blockade für eine Krankheitsursache. Kurze, wenn auch heftige Blockaden können für vorübergehende Beschwerden wie Magendrücken, Kopfschmerzen, Erkältungen und Grippe mitverantwortlich sein. Langanhaltende Störungen im Energiefeld können den Körper für weitaus schwerwiegendere Krankheiten anfällig machen, etwa für Krebs.

Unehrlichkeit und Dissonanz

Wodurch der körperliche Zustand signalisieren kann, daß jemand eine Ursache für emotionalen oder mentalen Streß ignoriert, zeigen folgende Beispiele:

Eine junge Frau kam in die Praxis der Chiropraktikerin und klagte über extreme Schmerzen in Nacken und beiden Schultern, die so stark waren, daß sie den Kopf kaum heben konnte. Sie war gerade von einem Besuch bei ihrer Mutter zurückgekommen, die genau in der Zeit mit Herzproblemen ins Krankenhaus eingeliefert worden war. Sie hatte während des Besuchs der Tochter vergessen, ihre täglichen Medikamente zu nehmen. Die junge Frau beschrieb die Situation folgendermaßen:

«Manchmal kommt es mir so vor, als ob ich mich immer um meine Mutter gekümmert habe. Es ist zwar ihr Leben, aber sie weigert sich, Verantwortung dafür zu übernehmen. So war sie immer schon. Ich weiß nicht, was ich jetzt machen soll. Muß ich wirklich in ihre Nähe ziehen, nur damit ich darauf achten kann, daß sie ihre Pillen nimmt?»

Die junge Frau hatte vor nicht langer Zeit eine neue Stellung angenommen, die ihr viel Freude machte, und war auch seit kurzem mit einem netten Mann befreundet. Die Vorstellung, zu ihrer Mutter zurückzukehren, um für sie zu sorgen, war ihr unerträglich, ebenso aber die Aussicht, daß die Mutter vielleicht sterben würde, sofern sie sich nicht um sie kümmerte. Der Chiropraktikerin und mir wurde klar, daß der starke Schmerz in Nacken und Schultern ganz eindeutig etwas mit der emotionalen Last zu tun hatte, die sie mit sich herumtrug. Wir halfen ihr behutsam dabei zu erkennen, daß ihre Mutter sie mit ihrer scheinbaren Hilflosigkeit manipulierte, und zu akzeptieren, daß die Mutter ihr eigenes Leben leben mußte. Und allmählich ließ auch der Schmerz nach.

Eine Frau klagte über plötzlich aufgetretene starke Kopfschmerzen und über Verdauungsbeschwerden und berichtete uns von folgender Situation: Sie hatte ein Zimmer in ihrem Haus an einen Mann vermietet, mit dem sie eine kurze Affäre gehabt hatte, in der Hoffnung, daß er dann die Beziehung mit ihr vertiefen würde. Kaum aber war er bei ihr eingezogen, verhielt er sich nicht nur gleichgültig ihr gegenüber, sondern befreundete sich mit einer anderen Frau, mit der er auch noch lange Telefonate von dem gemeinsamen

Telefon aus führte, was sie als unhöflich und rücksichtslos empfand. Als wir sie jedoch fragten, ob sie ärgerlich sei und ob der Mann nicht vielleicht lieber ausziehen sollte, meinte sie: «Oh, nein. Auf keinen Fall. Wir sind schließlich alle erwachsene Menschen. Eifersucht liegt mir überhaupt nicht.»

Davon war ich damals allerdings nicht überzeugt und ihr Körper offensichtlich auch nicht, denn die Beschwerden hatten mit dieser neuen Beziehung des Mannes angefangen. Besonders schlimm waren die Abende, an denen er lange und intime Telefongespräche führte. Sie bemühte sich so verzweifelt, das Geschehen vor sich zu ignorieren, daß ihre abendlichen Kopfschmerzen durchaus daher rühren konnten. Da die Gallenblase und die Galle schon seit langem mit Neid und Eifersucht in Verbindung gebracht werden, kann es gut sein, daß dort auch die Ursache für ihre Verdauungsbeschwerden lag. Ihre Symptome würden erst verschwinden, wenn sie die Warnung ihres Körpers beachten und etwas an der Wohnsituation ändern würde.

Natürlich hat nicht jede körperliche Beschwerde eine psychologische Ursache, häufig allerdings ist sie eindeutiger Hinweis auf einen nichtkörperlichen Konflikt. Ignoriert der Betroffene diesen, dann trachtet er wie Gary und die Frau in unserem letzten Beispiel danach, dieses Signal zu eliminieren, und will den Körper durch äußere Maßnahmen «reparieren», durch Medikamente, Operation, Hypnose und Akupunktur. Er verdrängt bewußt oder unbewußt, daß er sich erst mit einer tieferen, nichtkörperlichen Ursache der Schmerzen auseinandersetzen muß. Hält er an dieser starren Haltung fest, dann können sich die körperlichen Beschwerden potenzieren.

Ein Beispiel dafür ist Karen, eine Frau, die zusammen mit mir an einem Workshop über Gesundung durch das Energiefeld teilnahm. Uns wurde zur Aufgabe gemacht festzustellen, ob und auf welche Weise wir Signale unseres Körpers ignorieren, die uns auf «Unehrlichkeiten» in unserem Leben hinweisen.

Im nächsten Schritt sollten wir uns darum bemühen, unsere Wahrnehmungsfähigkeit zu aktivieren, damit wir auf irgendeine Weise die energetischen Konfigurationen dieser Abweichungen empfinden konnten. In den Jahren meiner Beschäftigung mit diesen Themen hatte ich schon eine gewisse Fähigkeit entwickelt, subtilere Dimensionen der Realität wahrzunehmen. Ich hatte gelernt, es nicht zu ignorieren, wenn ich stark auf einen Ort, auf bestimmte Gegenstände, eine Person oder auch nur einen Namen reagierte. Manchmal konnte ich Energien von wildfremden Gegenständen empfangen und ihre Geschichte erzählen. Und wenn ich mir das Bild eines Menschen ansah, konnte ich oft in das Innere dieses Menschen hineinsehen. Manchmal sah ich Konfigurationen und Farben im Energiefeld einer Person, die auf grundsätzliche Überzeugungen dieses Menschen hinwiesen oder auf seine Gefühle oder Konflikte.

Am Ende unserer gemeinsamen Zeit sprachen wir davon, was wir in diesem Workshop gelernt hatten. Karen war Anfang Dreißig, hatte Kehlkopfkrebs gehabt, befand sich aber im Stadium der Besserung. Jahrelang hatte sie versucht, als Schauspielerin ihren Lebensunterhalt zu verdienen. Während eines Tiefpunktes ihrer Karriere hatte sie ihren Mann kennengelernt und dann später seinem Wunsch nachgegeben und Kinder gehabt. Seitdem führte sie einen dauernden Kampf, ihre Schauspielerkarriere mit ihren Aufgaben als Hausfrau und Mutter zu verbinden. Doch in einem Anfall von edlem Optimismus erklärte sie in dem abschließenden Gespräch, daß sie jetzt ein für allemal auf die Schauspielerei verzichten und sich ganz ihrer Familie widmen wolle. Ich bemerkte mit Schrecken die Reaktion ihres Energiefelds auf das, was sie sagte. Ein dunkler, schwerer, graugrüner Schatten legte sich bei diesen Worten um sie, und mir wurde zu meinem Entsetzen klar, daß sie wahrscheinlich ihr eigenes Todesurteil aussprach. Es klang zwar sehr lobenswert, daß sie sich nun endgültig nur noch um ihre Familie kümmern wollte, aber ihr Emotionalkörper wußte, daß das keine ehrliche Ausrichtung für ihr Leben sein konnte. Da alles Gedankliche sich im Energiefeld ausdrückt, zeigte dieser bedrohliche Mantel astraler Materie die Einengung, die ihr Plan für sie bedeuten mußte. Vielleicht sah sie keinen anderen Weg und fühlte sich durch den Konflikt zwischen dem Bedürfnis, ein verantwortungsbewußtes, ordentliches Leben zum Wohle ihrer Familie zu führen, und ihrem Herzenswunsch, auf der Bühne zu stehen, zu sehr in die Enge getrieben. Ihre Entscheidung für die Familie war vielleicht nicht einmal verkehrt, wenn man sich ansah, mit welchen Wertvorstellungen sie aufgewachsen war. Es war nur zu diesem Zeitpunkt noch keine Entscheidung im Einklang mit ihrem tiefsten Inneren, und ich konnte an ihrem Energiefeld ablesen, wie sie wirklich empfand.

Wie hätte ihr Energiefeld ausgesehen, wenn sie statt dessen verkündet hätte, sie würde das tun, was ihr Herz ihr riet, was das auch heißen mochte? Ihre Aura hätte lebhafter gewirkt und in leuchtenderen Farben gestrahlt. Ihre Konflikte wegen ihrer Familie wären zwar noch sichtbar gewesen, doch ihr hätte mehr Energie zur Verfügung gestanden, um diese Konflikte lösen zu können. Statt dessen aber übernahm sie die Rolle der «guten Frau und Mutter», und begab sich damit in eine Situation, die sie gefährlich einengte.

Ich behaupte nicht, daß ich eine Lösung für Karen parat habe. Ich weiß nur, daß sie eine Entscheidung traf, die ihrem gesamten Energiefeld abträglich war und damit auch ihrem Immunsystem. Und das ist etwas, was ein Krebspatient nicht ignorieren sollte. Obgleich es so aussehen könnte, als sei ihr krebskranker Körper «gegen sie», wäre es nicht auch möglich, daß sie ihren Körper verriet, gegen ihn lebte, indem sie die wahren Interessen ihres Selbst unterdrückte?

Was der Körper für die Seele tut

Was wäre im Fall von Karen besser? Die Schauspielerkarriere wählen oder aufgeben und sich mit Leib und Seele der Familie widmen, obgleich ihr Körper diese Wahl vielleicht nicht überleben konnte? Das Leben, das wir aus der weitaus größeren Weisheit und umfassenderen Weitsicht der Seele heraus für uns gewählt haben, drängt uns manchmal in eine Ecke, aus der es keinen Ausweg zu geben scheint. Der Einsatz wird nahezu unerträglich hoch, wenn Leben und Tod, Liebe und Respekt, unsere geliebten Kinder und unser Herzenswunsch auf dem Spiel stehen, und dann zwingt uns dieses Leben, eine Entscheidung zu treffen. Und wer hilft uns bei dieser Entscheidung? Auf der einen Seite sind da die Erwartungen und Maßstäbe der Gesellschaft und unsere eigenen Vorstellungen, die durch die Umstände und die Zeit, in der wir leben, beeinflußt sind. Auf der anderen Seite ermahnt uns unser Herz: «Dies über alles: sei dir selber treu» (Hamlet, Akt 1, Szene 3).

Diese ständigen Prüfungen («Feuer durch Reibung», sagen die Esoteriker) sind das Wesentliche unseres Erdenlebens. Sie bearbeiten unsere rauhen, unebenen Stellen, «polieren» sie, bis wir den Zustand der leuchtenden Reinheit erreichen, wofür allerdings ein einziges Leben kaum ausreicht. Nein, es ist ein sehr langwieriger Prozeß, und wir erkennen nur sehr selten, daß er unserer Erleuchtung dient. Statt dessen fühlen wir lediglich unsere Leiden und beneiden diejenigen, die es leichter haben. Sie scheinen irgendwie ihr Leben auf eine richtigere

Weise zu führen und dafür belohnt zu werden. Sind wir, als Individuen wie als Gesellschaft, nicht häufig der Meinung, daß diejenigen, deren Leben geregelt und scheinbar reibungslos abläuft, irgendwie bessere Menschen sind als wir, da sie nicht mit allen möglichen Schwierigkeiten zu kämpfen haben?

Wir kämen der Wahrheit näher, wenn wir uns daran erinnerten, daß unser Leben hier auf der Erde dem Lernprozeß in einer Schule ähnelt. Schritt für Schritt werden die Aufgaben, vor denen wir stehen, schwieriger. Ist eine erledigt, folgt schon die nächste. Wir stöhnen und haben völlig vergessen, daß wir sie selbst heraufbeschworen haben, denn wir wollen weiterkommen. Und die Lösung jeder einzelnen Aufgabe ist notwendig, um den nächsten Schritt tun zu können.

Der Körper, das physische Selbst, reagiert genauer auf Entscheidungen als das innere Selbst, die Persönlichkeit. Er rebelliert, wenn wir das außer acht lassen, was richtig für uns ist. Er antwortet mit Streß auf unsere falschen Entscheidungen. Und da der Körper tut, was wir von ihm verlangen, und paradoxerweise auch gerade dadurch, daß er sich schmerzhaft auflehnt, dient er der Seele.

Als ich nach einer Knieoperation meine alte Mobilität nicht zurückerlangte, lernte ich, auf eine neue Weise mit meinem Körper umzugehen. Die empfohlenen Übungen halfen nicht, und so beschloß ich, meinen Körper wie mein geliebtes Pferd zu behandeln, sanft, freundlich und mit Verständnis. Ich hörte mit jeder Art von Behandlung auf, die schmerzte, und überwand meine Wut und meine Ungeduld, weil mein Körper sich meinem Willen verweigerte. Das war nicht leicht für mich, denn bisher hatte ich meinen Körper ungeachtet so mancher schmerzhafter Reaktionen auf Anstrengungen immer für selbstverständlich genommen. In der Situation aber lernte ich einen neuen Respekt und eine neue Achtung für ihn zu empfinden und begriff, was mich meine

Verletzung lehren wollte. Mein Knie begann langsam zu heilen.

Kazantzakis sagt in seinem Buch «Mein Franz von Assisi» (1990, als Ullstein Taschenbuch erschienen), daß der Heilige den Körper als williges Lasttier sieht, das dennoch auch eigene Bedürfnisse hat. Wenn Leo, der Begleiter des heiligen Franziskus, nicht zugeben mag, daß er hungrig ist, fordert der Heilige ihn sanft auf zu essen und sagt: «Füttere deinen Esel.»

Ja, füttern Sie Ihren Esel mit gesunder Nahrung, und geben Sie ihm Ruhe. Behandeln sie ihn mit Respekt. Zeigen Sie ihm Ihre Zuneigung und seien Sie dankbar für all das, was er für Sie tut. Und vergessen Sie nie, auf seine weisen Ratschläge zu hören.

3

Gibt es einen größeren Zusammenhang, den ich nicht erkenne?

Haben Sie als Kind jemals ein Bild gemalt, bei dem die Umrisse vorgegeben und numeriert waren, die man mit Farben entsprechend ausmalen mußte? Alle Flächen mit einer Drei zum Beispiel sollten orange angemalt werden. Sie kontrollierten dann vielleicht das Bild auf dem Kartondeckel, um zu sehen, was an dieser Stelle entstehen sollte, und stellten fest, daß diese Flächen zu dem Schatten eines Baumes gehörten. «Nein», dachten Sie, «das kann eigentlich nicht stimmen. Schatten sind grau oder schwarz, vielleicht sogar dunkelblau oder violett, aber niemals orange.» Da die Fläche aber mit einer Drei bezeichnet war, malten Sie sie trotz Ihrer Überzeugung orange aus. Sie arbeiteten fleißig weiter. Aber selbst, nachdem Sie schon einen großen Teil der Flächen ausgemalt hatten, ergab sich für Sie immer noch kein zusammenhängendes Bild. Erst allmählich wurden aus den kleinen Farbtupfern wie durch Zauberhand Schattierungen und leuchtende Flächen, die sich zu einem vollständigen Gemälde herausbildeten, bei dem Lichtpunkte auch in den Schattenflächen und dunkle Flecken in lichten Bereichen ihren Platz hatten. Die einzelnen «unpassenden» Tupfer fielen Ihnen nicht mehr auf, denn die Gesamtwirkung ließ die Details verschwinden.

Jedes Leben ist mit einem solchen Prozeß zu vergleichen, ist eine sich entfaltende Montage von Geschehnissen, Emotionen und Gedanken, die alle ihre eigene spezifische Tönung haben. Aus diesen Teilstücken und Bruchteilen entsteht ein sinnvolles Lebensmuster, das allerdings für den, der mitten im Lebensprozeß steht, kaum zu erkennen ist. Eine meiner Klientinnen beschwerte sich einmal: «Wie kann man sein Leben als ganzes überblicken, wenn man mitten darinsteckt?» Sie fühlte sich wie eine Figur, die Teil eines Gemäldes ist und verzweifelt mit gerecktem Hals versucht, aus ihrer Zweidimensionalität die gesamte Komposition des Bildes zu erkennen. Das war natürlich unmöglich.

Aufgrund dieses Mangels an Perspektive oder Abstand zu Ereignissen im eigenen Leben kann der einzelne den Wert oder die mögliche Bedeutung bestimmter Geschehnisse nur vermuten und beurteilt sie in der Regel entsprechend seiner jeweiligen Gefühlslage. Fühlt er sich wohl oder unangenehm, zufrieden oder unzufrieden, froh oder deprimiert? Wenn alles entsprechend der eigenen Vorstellung verläuft, leitet er daraus die Bestätigung ab, alles richtig gemacht zu haben. Bei Störungen oder unerwarteten Gefühlen denkt er: «Nein, das kann ja nicht stimmen. So sollte mein Leben doch nicht aussehen. Irgendwo ist da etwas falsch gelaufen.» Wer über vergangene Schwierigkeiten nachdenkt, kann manchmal ihren Einfluß auf die Entwicklung seines jetzigen Verständnisses und Bewußtseins der eigenen Person erkennen. Ihre Bedeutung in einem weiteren Zusammenhang wird sich allerdings wohl erst im weiteren Leben erschließen.

Ein Fall von sexueller Sucht

Jerry lag mit einer besonders schweren Grippe in seinem Apartment. Er war Anfang Dreißig und schon zweimal geschieden. Die Firma, bei der er arbeitete, wurde gerade von einem größeren Konzern übernommen. Wenn das Fieber ihn nicht zu sehr erschöpfte, machte Jerry sich Sorgen, ob man ihn im Zuge der Reorganisation übersehen würde, wenn er nicht da wäre. Der Fernsehapparat lief Tag und Nacht, um Jerry von seinen Ängsten abzulenken, die nicht nur seine Arbeit, sondern auch sein Verhältnis zu Frauen betrafen.

Die letzte Beziehung hatte seine junge Freundin beendet, die wie alle ihre Vorgängerinnen unter Zwanzig war. Jerry war, wie auch schon bei etlichen ihrer Vorgängerinnen, impotent gewesen. So früh in einer Beziehung war es allerdings noch nie aufgetreten. Jerry hatte Angst. Bisher war es ihm immer gelungen, die Schuld für sein Versagen seiner jeweiligen Partnerin in die Schuhe zu schieben. Entweder hatte sie etwas gesagt oder getan, was ihn störte, oder sie war eben doch nicht attraktiv genug. Doch diese Rechtfertigungen reichten nicht mehr aus. Um zum Sexualakt fähig zu sein, brauchte er schon lange ganz bestimmte Phantasiebilder, und jede Äußerung seiner Partnerin lenkte ihn so ab, daß er keine Erektion zustande brachte. Die Mädchen in seinen Phantasien hatten keine Gesichter und wurden immer jünger.

Eines Nachtmittags wurde im Fernsehen eine Sendung über männliche Inzestopfer angekündigt. Ärgerlich wollte Jerry den Kanal wechseln, hatte aber die Fernbedienung aus Versehen in der Küche liegengelassen. Ihn überfiel gerade wieder ein Schüttelfrost. Er kroch also tiefer unter seine Bettdecke und hörte unfreiwillig, wie ein Psychotherapeut über die hohe Zahl von in der eigenen Familie sexuell mißbrauchten Jungen berichtete. Der Therapeut erklärte den Zusammenhang zwischen diesen frühen Erfahrungen und späteren sexuellen Problemen. Jerry fühlte sich zu schwach, um aus dem Bett zu steigen, wurde aber immer ärgerlicher. Auf dem Bildschirm war nur die Silhouette eines Mannes sichtbar, der seine Vergewaltigung als Zehnjähriger durch einen betrunkenen älteren Bruder beschrieb. Als Erwachsener hatte er den Sexualakt nie mit Gefühlen wie Liebe und Zärtlichkeit in Verbindung bringen können. Er gestand seine Pornographiebesessenheit und erzählte von seinen mißglückten Ehen. Zu diesem Zeitpunkt raffte sich Jerry doch auf, hievte sich aus dem Bett, stolperte vorbei an den Stapeln von Pornozeitschriften und Sexvideos auf seiner Kommode und schaltete endlich den Apparat ab. Fröstelnd kroch er wieder ins Bett, und zum ersten Mal seit Ausbruch der Krankheit war es ruhig in der Wohnung. Als er schließlich in einen unruhigen Schlaf fiel, träumte er von einem Jungen, der erlitt, was der Mann in der Sendung beschrieben hatte. Er erkannte sich selbst in dem Kind, während der Mann, der sich an ihm verging, nur ein Schattenumriß war.

Jerry hatte Angst, bei längerem Fehlen seine Stellung zu verlieren. Daher ging er, obwohl er sich noch sehr schwach fühlte, am Ende der Woche wieder ins Büro. Auf seinen üblichen Feierabenddrink in einer Bar verzichtete er allerdings, da sein Magen noch nicht wieder ganz stabil war. Doch ihm fehlte die betäubende Wirkung des Alkohols, denn der Traum von dem Jungen und seinem gesichtslosen Peiniger ließ ihn nicht los. Er mußte immer wieder daran denken, und jedesmal fröstelte es ihn dann wieder, und er empfand Übelkeit.

Am Samstag lernte er eine junge Frau an einer Autowaschanlage kennen und überredete sie, ihm in ihrem eigenen Auto nach Hause zu folgen. Als er später beim sexuellen Zusammensein versuchte, zur Erektion zu kommen, stand ihm plötzlich wieder das Bild des Jungen, der vergewaltigt wurde, vor Augen, und eine Erektion war unmöglich. Die junge Frau zog sich schweigend wieder an und sagte beim Verlassen der Wohnung nur, daß er vielleicht Hilfe brauchte. Aber Jerry schloß ärgerlich die Tür hinter ihr, und da er immer noch keinen Alkohol trinken konnte, fuhr er in die Außenbezirke der Stadt und betäubte sich mit einer Reihe von Pornofilmen.

In der Nacht holte der gleiche Traum Jerry wieder ein. Der Junge hatte sein Gesicht, aber plötzlich erkannte Jerry in dem Schattengesicht des Mannes sich selbst als älteren Mann. Er wachte auf und stürzte trotz seiner Übelkeit ein Glas Gin hinunter. Die Vision aber ließ ihn nicht los und wurde jetzt von starken sexuellen Gefühlen begleitet. Jerry merkte, daß er in seiner Phantasie Sex mit einem Kind hatte, mit einem stillen, nachgiebigen Kind, das seine Impotenz nicht erkennen oder nicht beachten würde. Als seine sexuelle Erregung schließlich nachließ, stürzte Jerry ins Badezimmer und übergab sich heftig.

Danach traute er sich nicht mehr einzuschlafen, aus Angst, daß der gleiche Traum ihn wieder heimsuchen würde. Er verfiel in Panik bei der Vorstellung, daß ihm weder Alkohol noch Sex Entspannung bringen konnten. Er wälzte sich hin und her, und als schließlich die Sonne aufging, hatte er beschlossen, Hilfe zu suchen. Ein Kollege hatte ihm nach seiner letzten Scheidung einen Therapeuten empfohlen, und Jerry wählte die Nummer, immer noch halb in der Hoffnung, daß keiner abnehmen würde, weil Sonntag war. Aber er bekam einen Termin für den kommenden Abend, und er tröstete sich nun damit, daß er sich ja immer noch das Leben nehmen könnte, wenn der Therapeut ihm nicht helfen könnte. An Selbstmord hatte er übrigens schon früher gedacht.

Während der ersten Sitzung stellte der Therapeut durch vorsichtige Fragen fest, daß Jerry Probleme mit Alkohol hatte und machte Abstinenz zur Bedingung, um mit der

Therapie fortzufahren. Jerry fühlte sich zu seiner eigenen Überraschung erleichtert und willigte ein.

In seiner zweiten Sitzung hatte Jerry genug Vertrauen zu dem Therapeuten, daß er es fertigbrachte, die Vision zu beschreiben, die ihm keine Ruhe ließ. Nicht lange danach konnte er von seiner Abhängigkeit von sexuellen Phantasien und von seinem Bedürfnis nach immer jüngeren und immer gesichtsloseren Partnerinnen sprechen. Auf Vorschlag des Therapeuten begann Jerry an Gruppensitzungen für Sexsüchtige teilzunehmen, die sich über ein Zwölf-Stufen-Programm Heilung erhofften. Dort fand er genügend Verständnis und Unterstützung, so daß er seine sexuelle Besessenheit nicht mehr ausleben mußte.

Während der Gespräche mit dem Therapeuten konnte Jerry jetzt seine eigenen bisher unterdrückten und geleugneten Erfahrungen als Kind an die Oberfläche seines Bewußtseins holen. Der Bruder seines Vaters, der nach seiner Rückkehr aus Vietnam psychisch gestört war und damals bei ihnen im Haus lebte, hatte ihn als Vierjährigen viele Monate lang sexuell mißbraucht. Der Onkel war dann weggezogen und hatte sich wenige Monate danach erschossen. Jerrys Trauma war eng mit dem gewaltsamen Tod des Onkels verbunden. Als Kind hatte er sich für den so häufig herbeigesehnten Tod verantwortlich und schuldig gefühlt.

Es war sehr schwierig und anstrengend für Jerry, die Bewußtwerdung dieser fürchterlichen Erlebnisse und Erfahrungen zuzulassen. Er mußte Teile seines physischen, emotionalen und mentalen Selbst wieder aktivieren, die vor so vielen Jahren durch die Taten seines Onkels nahezu zerstört wurden und seitdem energetisch erstarrt und betäubt waren. Jerry mußte über seine Erinnerung diese erstarrten und abgelehnten Teile seines Selbst und seiner Geschichte zum Leben erwecken und wieder bereitwillig in sich aufnehmen.

Der Prozeß des Vergessens oder Verleugnens hat einen Einfluß auf den Körper. Etwas ist verlorengegangen oder zur Unkenntlichkeit verzerrt worden, was für seine Funktion von großer Bedeutung ist. Meiner Meinung nach trat diese Wirkung ein, als die feinstofflichen Wesenheiten, also der spirituelle, der emotionale und der mentale Körper, beschädigt wurden, was energetische Blockaden und Irrleitungen zur Folge hatte. Diese Beschädigungen der subtileren Strukturen müssen behoben werden, bevor eine gesunde körperliche Funktion wieder möglich ist. Erst als Jerry seine Erfahrungen, Empfindungen und Gedanken nicht mehr verleugnete, wurde ihre zerstörerische Macht über ihn gebrochen.

Das Opfer, der Täter und seine Vergangenheit

Stellen wir uns einmal einen Augenblick Jerry als Erwachsenen vor. Vor seiner Therapie wurde er zunehmend abhängiger von unpersönlichen sexuellen Erlebnissen, von Pornozeitschriften und Pornofilmen zur Stimulation, von immer jüngeren Sexpartnern für immer anonymere Begegnungen, bis sich ein Verhaltensmuster von Zwängen und Perversionen ausgeprägt hatte.

Und halten wir das Bild des kleinen vierjährigen Jerry dagegen, der von seinem psychisch kranken Onkel sexuell mißbraucht wurde.

Es kommt einem vielleicht vor, als handele es sich dabei um zwei verschiedene Menschen: hier ein unschuldiges Kind und dort ein für sein Handeln verantwortlicher Erwachsener. Einer verdient Sympathie, der andere ist verabscheuungswürdig. Und der Jerry, der sich während seiner Therapie mutig bemüht, mit dem mißbrauchten Kind in sich Verbindung aufzunehmen und gleichzeitig gestehen muß, seine

Sexpartner auszunutzen, scheint noch eine dritte Persönlichkeit zu sein.

Schon jetzt wird deutlich, daß es mehrere Jerrys in diesem einen Leben gegeben hat, wobei jeder etwas zur Entfaltung und Entwicklung des nächsten beigetragen hat. Können Sie sich jetzt vielleicht auch vorstellen, daß Jerry schon in anderen Zeiten und anderen physischen Körpern existierte? Wenn Sie den essentiellen Menschen, der jetzt Jerry ausmacht, als ein sich kontinuierlich entwickelndes Wesen betrachten, das in vielen Leben in weiblicher oder in männlicher Form vorhanden war, das manchmal die Rolle des Opfers, manchmal die des Täters einnahm, das aber gleichzeitig auch die Erfahrungen von Opfer und Täter verstehen lernt, dann werden Sie feststellen, daß sich Ihre Empfindungen dem jeweiligen Jerry gegenüber allmählich neutralisieren. Ihre Verurteilung des erwachsenen Jerry und Ihr Mitgefühl für das Kind Jerry ordnen sich jetzt in einen weiter gefaßten Zusammenhang ein. Und von dieser etwas distanzierteren Perspektive aus können Sie vielleicht sogar begreifen, warum Jerry als unschuldiges Kind ein solches Trauma erleben mußte.

Die Evolution des menschlichen Bewußtseins

Der Mensch kommt mit dem Ziel auf die Erde, sein Bewußtsein zu erweitern. Das ist ein Prozeß, der zahlreiche Erfahrungen in vielen Leben erfordert. Tatsache ist, daß jeder irgendwann einmal während seiner evolutionären Entfaltung Opfer und auch Täter bei jeder Art von Mißhandlung, einschließlich sexuellen Mißbrauchs, sein wird. Für die Entwicklung des individuellen Bewußtseins ist es letzten Endes nötig, alles selbst zu erfahren. Ein voll ausgebildetes Bewußtsein, das die höchsten menschlichen Prinzipien vertritt, bildet sich erst im Zuge vieler körperlicher Inkarnationen heraus. Es bedarf unzähliger Leben, bis das äußere und das innere Selbst schließlich die bereitwilligen, disziplinierten Werkzeuge des höheren Geistes, der Seele, werden und bevor der Mensch diese Werkzeuge bewußt verwenden kann, um seinen Mitmenschen zu helfen.

Dieser Weg ist lang. Anfangs wird das Leben eines Menschen von animalischen Instinkten, Trieben und Bedürfnissen bestimmt. Auch wenn er in diesem frühen Stadium viel Unheil anrichtet, ist er im moralischen Sinne nicht eigentlich zu Bösem fähig. Wie der Löwe, der auf seine Beute lauert, tut er nur, was seine animalische Natur ihm vorschreibt. Aber Schritt für Schritt sammelt er Erfahrungen, lernt daraus, wächst und entfaltet sein Bewußtsein und entwickelt die Fähigkeit, weiterführende Entscheidungen zu treffen.

Spirituell gesehen besteht der entscheidende Unterschied zwischen Tier und Mensch darin, daß der Mensch die weitaus größere, sich immer weiter entwickelnde Fähigkeit zur bewußten Entscheidung hat. Diese Fähigkeit ist allerdings zu einem bestimmten Zeitpunkt nicht bei allen Mitgliedern der menschlichen Spezies gleich weit entwickelt. Jeder Mensch beginnt seinen evolutionären Zyklus zu einer anderen Zeit und macht unterschiedlich schnell Fortschritte. Bis zu einem bestimmten Stadium der Bewußtwerdung werden viele der Entscheidungen von den Instinkten und Bedürfnissen des Körpers getroffen.

Ich hatte einmal einen Klienten, der wegen seines impulsiven, aggressiven Verhaltens schon vorher mit dem Gesetz in Konflikt geraten war. Nun stand er kurz davor, ins Gefängnis zu kommen. Er hatte in einer Bar einen anderen Mann vor die Brust gestoßen, der daraufhin so unglücklich fiel, daß er sich tödlich verletzte. Mein junger Klient hatte viel mehr Körperkraft, als seine primitiven Emotionen und sein wenig entwickelter Intellekt handhaben konnten. Er war ohne irgendeine Arglistigkeit vollkommen seinen körperlichen Trieben und seinen emotionellen Impulsen ausgeliefert. Offensichtlich handelte es sich bei ihm um eine «junge Seele», ein menschliches Wesen, das erst noch die grundlegenden Prinzipien von Selbstdisziplin lernen mußte. Obgleich er für den Tod eines anderen Menschen verantwortlich war, wirkte er nicht böse, sondern es ging von ihm eine eher kindliche, beinahe tragische Unschuld aus, wie die von Lenny in John Steinbecks «Von Mäusen und Menschen». (Der Roman erschien 1987 bei dtv.)

Jeder Mensch tritt den weiten Weg in das volle menschliche Bewußtsein als «junge Seele» an. Dieses frühe Stadium wird von den Esoterikern auch kindliches Menschsein genannt. In der Kindheit befindet sich der Mensch im Anfangszustand seiner körperlichen, emotionellen und geistigen Entwicklung. Seine ersten Erkundungsschritte in der physischen Welt stehen in enger Wechselwirkung zu dem jeweils erfahrenen Schmerz. Erst durch eigene und fremde Leiden entsteht ein Einfühlungsvermögen. Es kann sich nur nach und nach entwickeln. Auf dem Weg dahin kennt das Kind das Gefühl des Schmerzes nicht und schreckt nur aus Angst vor Strafe davor zurück, anderen zu schaden. Wie ein heranwachsendes Kind muß das menschliche Wesen sein Bewußtsein erst entwickeln, bevor sein Verhalten ganz selbstverständlich mit seinen inneren Regeln übereinstimmt, so daß eine Reglementierung von außen wegfallen kann.

Man kann immer wieder beobachten, daß sich Kinder, die man nicht vorsätzlich und gründlich eines anderen belehrt hat, nicht nur anderen Kindern, sondern auch hilflosen Tieren gegenüber grausam verhalten. Sie befinden sich gerade in einem der frühen Stadien ihrer eigenen Bewußtseinsentwicklung. Was von der Warte des gereiften Bewußtseins eines Erwachsenen wie vorsätzliche Grausamkeit aussieht, ist meistens nichts anderes als Wißbegierde, die noch nicht durch

Mitgefühl zur Kreatur eingeschränkt wird. Interessanterweise schreiben sowohl John Muir wie auch Joseph Wood Krutch, beides berühmte Naturforscher, in ihren Autobiographien, daß sie als Kinder Tiere oft grausam behandelt hätten.

Mit 21 wird bei den Menschen die jeweilige Bewußtseinsstufe deutlich, die sie durch Erfahrungen in früheren Leben erreicht haben. Die starken Variationen sind abhängig davon, was der einzelne schon in früheren Inkarnationen erlebt und geleistet hat. Wenn ein Mensch die physische, emotionelle und geistige Souveränität eines anderen anerkennen kann, dann hat er das nicht in der Schule gelernt. Die Fähigkeit, Respekt für den anderen zu empfinden, muß durch Erfahrungen in vorigen Leben erworben worden sein und kann durch Erziehung lediglich verstärkt werden.

Wie wir eine bestimmte Inkarnation wählen

Jede Inkarnation trägt alle vorangegangenen in sich, wird aber am stärksten durch das letzte Erdenleben bestimmt. Die frühen Inkarnationen dienen im wesentlichen dem Sammeln von physischen Erfahrungen. Spätere Inkarnationen können bestimmte frühere Erfahrungen verständlich machen und von möglichen schädlichen Folgen dieser Erfahrungen heilen.

Jedesmal, wenn der physische Körper im Tod verlassen wird, findet eine Rückschau des gerade beendeten Lebens statt. Menschen, die eine todesähnliche Erfahrung gemacht haben, beschreiben diesen Vorgang als objektiven Rückblick auf das Leben, ohne störenden Eingriff der eigenen Persönlichkeit. Unter Anleitung der spirituellen Führer, worunter im allgemeinen eigene Inkarnationen aus der Vergangenheit unter Anleitung der Seele zu verstehen sind, wird dem menschlichen Wesen deutlich, worauf es ihm im nächsten Leben ankommen sollte. Dabei kristallisieren sich die drei hauptsächlichen Faktoren heraus, die die nächste Inkarnation im wesentlichen bestimmen werden. Das bedeutet, daß jedes menschliche Wesen seine physischen, astralen und geistigen Bedingungen vorgibt, unter denen es die Aufgabe seiner nächsten Inkarnation zu lösen suchen wird. Diesen Prozeß kann man vielleicht mit dem Vorgang vergleichen, am Ende eines Schuljahres zu entscheiden, welche Kurse man belegen soll, und sich dann zu vergewissern, daß man auch die entsprechende Ausrüstung dafür hat.

Der erste Faktor ist die *Beschaffenheit der physischen Umwelt*, in der unsere nächste Inkarnation stattfinden wird. Jeder von uns weiß, daß das kulturelle Umfeld, das soziale Milieu, Status, Interessen und Berufe der Familie, in die wir geboren werden, einen großen Einfluß auf unsere Entwicklung haben. Genau diese Bedingungen aber legt jedes menschliche Wesen selbst *vor* der Inkarnation fest. Die neuen Umstände sollen die geeignetsten für die Lösung der Aufgaben des neuen Lebens sein. Das vorausgesetzt bedeutet, daß das jeweilige Schicksal weder begünstigt noch übel mitspielt, sondern genau das Optimum zur Erreichung der Ziele dieser Inkarnation bietet.

Der zweite bestimmende Faktor ist der *Grad der Entwicklung des physischen Körpers einschließlich seiner Sinne und natürlichen Fähigkeiten und Schwächen*. Die Esoterik lehrt, daß in jeder Inkarnation das Karma vom physischen Körper abhängt, das Karma wiederum wird bestimmt vom Nervensystem des Körpers. Der Körper wird also nach seiner Eignung für die spezifische Aufgabenstellung eines bestimmten Lebens ausgewählt. Das Nervensystem ist für die Empfindungen bezüglich der Umwelt auf seine ganz charakteristische Weise verantwortlich und bestimmt so jede Erfahrung und

damit die allgemeine Einstellung zum Leben. Und die natürlichen Fähigkeiten führen den einzelnen auf den Weg mit den
geringsten Widerständen, so daß er sich passenden Aktivitäten und Interessen widmet und unnötig mühevolle meidet.

Der dritte Faktor ist die *Beschaffenheit des Astral- oder Emo-
tionalkörpers*, der bestimmt, wer und was uns anzieht und auf
wen oder was wir anziehend wirken. Von ihm hängt ab, wie
wir die Welt um uns herum über unser Nervensystem empfinden. Mit unseren Sinnen, also durch Berühren, Schmek-
ken, Riechen, Hören und Sehen erfahren wir unsere Umwelt
auf eine Weise, die von unserem Emotionalkörper bestimmt
und interpretiert wird.

Zwischen dem Emotionalkörper und der Umwelt gibt es
eine starke Wechselwirkung: Über das Nervensystem bestimmt der Emotionalkörper das jeweilige Erleben jeder Dimension der Umwelt. Die Umwelt wiederum wird durch
jede Dimension des menschlichen Seins beeinflußt. Bewußt
oder unbewußt nehmen die Menschen einander als vollkommene Energiewesen wahr. Jede Ebene unserer Aura, jeder
unserer feinstofflichen Körper reagiert emotional auf die entsprechende energetische Dimension einer anderen Person.
Jeder Emotionalkörper empfängt und sendet die Anzie-
hungskräfte aus, die ihn mit Menschen zusammenbringen,
die für dieses Leben, vielleicht auch für mehrere Inkarnationen, wichtig sind, Menschen, die zum jeweiligen karmischen
Kreis gehören. Unsere Familie muß nicht unbedingt Teil dieses Kreises sein, aber immer gehören dazu Menschen, zu denen wir wichtige und lebensverändernde Beziehungen haben.

Der freie Wille

Jedem neuen Erdenleben liegt also schon von vornherein ein Programm zugrunde, das durch Erfahrungen aus früheren Leben bestimmt ist. Dieses Programm findet seine Entsprechung in unserer Umwelt und darin, wie wir physisch, emotional und geistig ausgerüstet sind. Entscheidend für die Programmfestlegung sind die Zeiten zwischen den Inkarnationen. Hier entscheiden wir ganz deutlich aus freiem Willen mit Hilfe unserer Führer aus vergangenen Leben über die Umstände und Zielsetzungen unseres nächsten Erdaufenthaltes. Während des Erdenlebens dann bewegen sich unsere Entscheidungsmöglichkeiten innerhalb der vorher festgelegten Parameter, die wiederum auf den Erfahrungen vergangener Inkarnationen beruhen. Wir müssen also immer mit dem arbeiten, was wir gewesen sind, um uns zu dem zu entwickeln, was wir werden wollen.

Morphogenetische Resonanz und Heilungszyklen

Wenn die Zeit für die nächste Inkarnation gekommen ist, formt die Seele den Mental- und Emotionalkörper aus energetischer Materie mit der Schwingungsintensität vom Ende der letzten Inkarnation. Ausgehend davon, daß jedes Leben einen Zuwachs zum vorherigen darstellt, bedeutet jedes nächste Leben eine Vorwärtsentwicklung. Jeder Zuwachs hinterläßt Spuren im Mental- und Emotionalkörper. Auch alles, was zur Zeit des Todes noch blockiert oder fehlgeleitet war, zeichnet sich dort ab. Hier kann man wieder das Beispiel Schule zum Vergleich anführen. Alles, was wir gelernt haben, ist Teil von uns geworden, und wir müssen uns auf den zukünftigen Lernstoff konzentrieren. Die nächsten Lernschritte tragen wir in uns. Eingeprägte fehlerhafte Muster, deren energetisches Äquivalent in einem der subtilen Körper zu finden ist, müssen korrigiert werden. Dabei besteht die Schwierigkeit, daß das einmal eingeprägte fehlerhafte Muster *weitere Fehlleitungen begünstigt.* Das geschieht, weil gleiche Energiefelder einander anziehen, ein Prinzip, das Rupert Sheldrake als *morphogenetische Resonanz* bezeichnet.

Anders ausgedrückt kann man sagen, daß wir unser Karma anziehen und unser Karma uns. Menschen, Ereignisse und Umstände, die unseren eigenen falschen Einstellungen entsprechen oder sie widerspiegeln, werden von unserem Energiefeld automatisch angezogen und prägen so unser tägliches Leben, können uns aber auch unsere Irrtümer besonders verdeutlichen. Durch diese *Heilungszyklen* haben wir die Möglichkeit zu gesunden, können aber, wenn wir uns sträuben, noch tiefer unseren Irrtümern verfallen.

Wie die Heilungszyklen funktionieren

Auch eine negative Entwicklung ist ein Heilungszyklus, da in jedem Fall eine Konfrontation mit dem irrigen Verhalten erfolgt. Eine Eskalation von Irrtümern macht eine eventuelle Kapitulation nur wahrscheinlicher und eine Heilung möglich.

In Jerrys Fall entsprach jeder neue Versuch einer sexuellen Beziehung dem Sinn des Heilungszyklus, weil die Kapitulation mit jedem Versagen wahrscheinlicher und erst damit der Beginn der Heilung möglich wurde. Jerry hatte in Wirklichkeit gar keine Wahl. Die Heilung war nur eine Frage der Zeit.

Das gilt für uns alle. Während unseres Erdenlebens gleichen wir einem Zug auf Schienen. Jeder kann entscheiden, wann, wo und wie lange er anhalten oder ob er zurückfahren will. Aber die Strecke seiner Fahrt ist festgelegt, und die einzige Frage ist, wie schnell er sein Ziel erreicht.

Die Entscheidung für oder gegen eine Heilung ist fast die einzige, bei der der freie Wille des menschlichen Wesens während des jeweiligen Erdendaseins tragend wird. Er kann sich sträuben und macht immer neue Erfahrungen, die alle ähnlich ablaufen und ihn in dem falschen Weg bestärken. Dadurch werden zusätzliche Energien frei, die die Blockierung immer stärker machen. Schließlich aber (und das kann nicht selten mehrere Leben dauern, doch die Seele hat ja die ganze Ewigkeit zur Verfügung) entsteht durch den Druck der Blockade eine energetische Situation, die eine Veränderung unumgänglich macht. Wir sind dann von der Gier nach Reichtum, Macht und Ruhm, aber auch von Stolz, Eitelkeit, Rechthaberei und Selbstmitleid so erschöpft und ausgelaugt, daß wir zusammenbrechen. Und wie Jerry können wir erst durch diese totale Kapitulation wieder zu einem ganzen gesunden Menschen werden.

Falsche Götter und Heilungszyklen

Das biblische Gebot «Du sollst keine anderen Götter haben neben mir» bezieht sich auf unser Verhältnis zu unserer Seele. Alles, was dieses Verhältnis einschränkt, alles, was wir anstelle der Seele für wichtiger halten, ist ein falscher Gott, eine grundlegend falsche Einstellung, die wir meistens von einem Leben ins nächste mit hinübergenommen haben, die uns von unserem höheren Selbst ablenkt und deshalb unbedingt revidiert werden muß.

Paul besaß ein Weingut, ein wunderbares, sonniges, geschütztes Stück Land, das sich von einer friedlichen kleinen Bucht bis hinauf in die Hügel erstreckte, von denen man über das Meer blicken konnte. Auf einer Anhöhe stand ein elegantes Landhaus, in dem Paul meist allein mit seiner Mutter und den Angestellten die glücklichste Zeit seiner Kindheit verbracht hatte. Der Vater hatte die Woche in der Stadt verbracht und war in diesen langen stillen Sommern nur hin und wieder ein Wochenende herausgekommen.

Kein Strand war so schön wie seiner, kein Erdboden so würzig duftend wie der, in dem die Weinstöcke wuchsen, keine Aussicht so wunderbar wie die von den Hügeln. In dem hellen, freundlichen Haus, das ihn an die schönsten Stunden seiner Kindheit erinnerte, lebte Paul nun das ganze Jahr über.

Doch er stand kurz davor, alles zu verlieren. Paul, der seiner sanften, verträumten Mutter weitaus mehr ähnelte als dem ehrgeizigen, despotischen Vater, hatte wenig Sinn für das Geschäft. Er traf impulsive Entscheidungen, statt gründlich abzuwägen. So war das Vermögen, das er von seinem Vater geerbt hatte, in seinen Händen immer mehr zusammengeschrumpft und schließlich verschwunden. Er hatte das Weingut mit einer Hypothek belastet, um wieder Boden unter die Füße zu bekommen, mußte dann aber noch eine zweite Hypothek aufnehmen und riskierte damit das, was er auf keinen Fall verlieren wollte. Vor einem Jahr schließlich hatte ihm die Bank die Hypothek gekündigt, und nur mit Hilfe von geliehenem Geld konnte er vorläufig noch in dem geliebten Haus bleiben.

Paul war dreimal verheiratet gewesen, hatte aber nur einen Sohn. Phillip hatte sein ganzes Leben lang gehört, daß dieses Grundstück eines Tages ihm gehören würde. Paul schien nicht zu bemerken, daß Phillip seine Liebe zu dem Haus und dem Land nicht teilte, daß er hektische Städte mit hektischen

Menschen interessanter fand als einen leeren Strand oder die Reihen der Weinstöcke voll von schweren Trauben. Phillip war ein geschickter Geschäftsmann wie sein Großvater und hatte sich schließlich ein eigenes Vermögen erarbeitet. Um so erstaunter war Paul, daß sein Sohn ihm nicht helfen wollte, das Weingut zu retten.

Paul konnte nicht erkennen, daß nicht seine Liebe zu Phillip ihn zum Erhalt des Weinguts trieb, sondern seine Liebe zu diesem Stück Land, dem er durch die Vorstellung, Phillip würde der Erbe, eine zusätzliche besondere Bedeutung verlieh. Und jetzt war er kurz davor, das Land zu verlieren, weil dem Sohn sein Erbe und, wie es schien, auch der Vater gleichgültig waren. Jahrelang hatte schon das Geld gefehlt, um das Haus instand zu halten, und die Weinfelder waren von Unkraut überwuchert. Das Gut wurde verkauft, und eine Woche bevor Paul das Haus endgültig an die neuen Besitzer übergeben mußte, erlitt er einen beinahe tödlichen Herzinfarkt.

Als Phillip ihn im Krankenhaus besuchte, sah sein Vater eigentlich keinen Sinn mehr in seinem Leben, da er doch alles, was ihm etwas bedeutete, verloren hatte. Er gab seinem Sohn die Schuld, weil der ihm finanziell nicht geholfen hatte. Daraufhin sagte Phillip nur kalt: «Du hast das Land viel zu sehr geliebt, Vater, mehr als irgend jemanden oder irgend etwas sonst auf der Welt.»

Paul überlebte die Herzoperation und erholte sich langsam. Er heiratete später noch ein viertes Mal. Sally war eine lebhafte, fröhliche Frau, die im Gegensatz zu seinen ersten Frauen nicht mit dem geliebten Land um Pauls Liebe und Aufmerksamkeit kämpfen mußte. Sally war praktisch veranlagt und half ihrem Mann dabei, sein restliches Geld günstig anzulegen. Sie schlug auch immer wieder sanft eine Aussöhnung mit seinem Sohn vor.

Aber Paul brauchte viele Jahre, bis er seinen Groll gegen Phillip überwunden hatte. Er war schon Ende Siebzig, als er sich mit seinem Sohn zusammensetzte und endlich zugeben konnte, daß Phillip damals mit seinem Vorwurf recht gehabt hatte.

«Ich liebte das Land zu sehr», sagte er ernst. «Gott weiß, es war ein wunderschöner Flecken Erde, aber es kam bei mir an erster Stelle. Ich hätte alles und jeden geopfert, um es zu behalten. Und genau das habe ich ja wohl getan, Phillip. Es tut mir leid.»

Es sollte nicht erstaunen, daß Phillip zwei erwachsene Söhne hat, die sich zu seiner Überraschung überhaupt nicht für Geschäfte und Finanzen interessieren. Sie haben statt dessen einen Bauernhof gepachtet und ziehen Obst und Gemüse in ökologischem Anbau. Sie verdienen so wenig, daß sie gerade genug zum Leben haben, und ihr Vater hält ihnen immer wieder Vorträge darüber, wieviel lukrativer sie doch ihre Zeit einsetzen könnten. Aber sie hören nicht hin und empfinden die Besuche des Vaters immer als streßfreier, wenn der Großvater und Sally auch dabei sind...

In Pauls Familie wechselte anscheinend der Hang zum Geld mit einer starken Bindung ans Land, die selbst auf Kosten von menschlichen Beziehungen ging, von Generation zu Generation ab. Es ist interessant, daß diese Fixierung auf Geld oder Land mit den Generationen eher stärker wurde und wie sehr die Generationen sich gegenseitig beeinflußten. Pauls Geschichte zeigt ganz deutlich die Bedeutung von Erfahrung, wenn es darum geht, unsere Lektionen zu lernen.

Manchmal sorgt unser Emotionalkörper für diese hilfreichen Lektionen. Er läßt uns aus dem Meer von Fremden und Möglichkeiten genau auf die Menschen und Situationen treffen, die uns von unseren verschrobenen Ansichten und falschen Verhaltensweisen befreien.

Wie wir wichtige Lektionen «anziehen»

Ardaths Geschichte illustriert das Prinzip der morphogenetischen Resonanz, der gegenseitigen Anziehungskraft von
gleichen problematischen Einstellungen und Verhaltensweisen, und macht gleichzeitig die Funktionsweise der Heilungszyklen deutlich. Ardath war wie Jerry ein Opfer von
Inzest. Ihr Stiefvater hatte sie zehn Jahre lang sexuell mißbraucht. Die Erinnerung daran hatte sie nicht wie Jerry ver-
drängen können. Mit 35 entschloß sie sich endlich, eine
Therapie zu machen, und wählte als Therapeuten einen
Geistlichen, der sich auf Erwachsene spezialisiert hatte, die
gegen andere Menschen ein tiefes Mißtrauen empfanden.

Der Geistliche / Therapeut forderte seine Patientinnen häufig dazu auf, von ihrer traumatischen Kindheit zu berichten.
Sie sollten dabei auch akzeptieren, daß er sie berührte oder im
Arm hielt. Auf diese Weise sollten sie Vertrauen aufbauen
lernen. Ardath fühlte sich bei diesen Übungen zunehmend
unwohl. Der Geistliche versuchte sie zu beruhigen und
meinte, daß mit der Zeit der große Durchbruch käme. Und
dieser große Durchbruch trat auch tatsächlich ein, als Ardath
wieder einmal auf dem Boden lag und sich vor Unbehagen
wand. Sie ertrug es schließlich nicht länger, riß sich die Binde
von den Augen und sah, daß der Geistliche über ihr stand und
masturbierte. Ardath war angeekelt und schockiert. Der
Mann versuchte sie mit verlegenen Erklärungen zurückzu-
halten, aber sie stürmte entsetzt aus dem Zimmer. Innerhalb
von wenigen Tagen war sie in tiefe Depressionen gefallen,
die noch durch ein irrationales Schuldgefühl verstärkt wurden, sie habe irgendwie allein durch die Einwilligung in diese
ungewöhnlichen Therapiespiele sein Verhalten provoziert.

Mißtrauischer denn je und nahezu funktionsunfähig wegen ihrer Depressionen suchte sie schließlich doch wieder
eine Therapeutin auf. Ihre neue Beraterin erkannte ihren

Zorn hinter der Depression und riet ihr, den Therapeuten zu verklagen. Mit ihrer Unterstützung übte Ardath zwei Jahre lang Druck auf den zuständigen Staatsanwalt aus, um den Geistlichen vor Gericht zu bringen. Obgleich sich noch mehrere Frauen mit ähnlichen Berichten meldeten, blieb Ardath die einzige, die bereit war, vor Gericht auszusagen. Der Staatsanwalt zögerte deshalb lange, aber Ardath gab nicht nach.

Schließlich wurde der Geistliche vor Gericht geladen und gab auch sofort seine Schuld zu. Es war vorüber. Ardath hatte endlich den Kampf für das kleine Mädchen gewonnen, das sie einmal gewesen war und dem während der langen Jahre des sexuellen Mißbrauchs niemand glauben oder helfen wollte. Jetzt hatte sie endlich die Initiative für sich selbst ergriffen und war geheilt.

Noch eine Fußnote zu dieser Geschichte: Ein paar Monate vor Ardaths schockierendem Erlebnis mit dem Geistlichen hatte ich seine Stimme auf einem Anrufbeantworter gehört, als ich ihn wegen einer geschäftlichen Angelegenheit zurückrief. Ich habe seine Stimme noch im Ohr, sie war unheimlich und verführerisch zugleich. Und doch vertrauten Ardath und einige andere Frauen ihm soweit, daß sie taten, was er von ihnen verlangte, und sich sogar mit einer Binde vor den Augen auf den Boden zu seinen Füßen legten. Warum? Warum konnten sie seinen offensichtlich zwielichtigen Charakter nicht erkennen? Sie konnten es nicht, *weil sie ganz im Sinne des Heilungszyklus reagierten.* Erst die Eskalation des Üblen führt zum Besseren. Die Probleme müssen erst unerträglich werden, bevor eine Kapitulation und Heilung möglich wird.

Jerry mußte erst über seinen entsetzlichen Traum nahezu handlungsunfähig werden, bevor er einen Therapeuten aufsuchen konnte. Paul mußte erst verlieren, was ihm am teuersten war, bevor er erkennen konnte, was seine Besessenheit ihn in menschlicher Hinsicht gekostet hatte. Und als Ardath schließlich ihre passive Opferrolle aufgab, gelangte sie über den Heilungszyklus zu dem nächsten notwendigen Schritt. Sie konnte sich jetzt in eigener Sache verteidigen, konnte endlich das Kind rächen, das sie einmal gewesen war.

Heilungszyklen konfrontieren uns auch im neuen Leben immer wieder mit den ungelösten Problemen vergangener Inkarnationen, bis schließlich der große Durchbruch geschieht. Dann sind auch die Heilungszyklen, die sich mit immer demselben Thema beschäftigt haben, nicht mehr nötig. (Unsere geistigen Führer sind häufig wir selbst aus einem vergangenen Leben, in dem ein besonders wichtiger Heilungszyklus stattgefunden hatte.)

Die Physik des Karmas

Ein paar Jahre später hatte ich ein Erlebnis, das mich endgültig darüber aufklärte, wie wir diese notwendigen Heilungszyklen in Gang setzen.

Ich hatte mich mit zwei Frauen, mit denen ich geschäftlich zu tun hatte, zum Mittagessen in einem vornehmen Hotel an der Küste verabredet. Wir betraten den eleganten Speisesaal und setzten uns an einen Tisch, von dem man auf den Hafen blicken konnte.

Wir hatten uns gerade in die Speisekarte vertieft, als Darla sich vertraulich vorbeugte und leise sagte: «Wißt ihr, welchen Mann ich wirklich unwiderstehlich finde? Den da.» Sie machte eine leichte Kopfbewegung zu dem Kellner hinüber, der uns gerade die Speisekarte gebracht hatte. Ich hatte ihm kaum einen Blick geschenkt, sah ihn mir nun aber genauer an und war schockiert. Mit seiner gedrungenen Haltung, den zusammengekniffenen Augen, den kräftigen Kieferknochen und dem etwas verächtlichen Lächeln auf den Lippen sah er aus, als ob er leicht gewalttätig werden könnte und Freude daran hätte, Frauen zu erniedrigen. Vor Überraschung brachte ich nur heraus: «Ach ja, wirklich, der? Er sieht mir irgendwie gefährlich aus.» Aber Darla lächelte nur.

«Also, wo wir gerade darüber sprechen», meinte Lonnie, die andere Geschäftsbekannte, «kann ich euch ja sagen, warum ich mich mit dem Rücken zur Aussicht gesetzt habe. Seht ihr den Mann da drüben?» Sie warf dem Mann über die Schulter einen kurzen Blick zu, den er offensichtlich registrierte. Darla und ich versuchten, ihn diskret zu mustern. «Er hat mich angestarrt von dem Augenblick an, als wir in den Speisesaal traten.» Und er tat es immer noch. Dieser untersetzte Mann mittleren Alters in dem perfekt geschneiderten Anzug hatte sich jetzt mit einer kalten Zigarre zwischen den Zähnen zurückgelehnt und musterte Lonnie, als sei sie eine Zuchtstute bei einer Auktion. Auch diesen Mann hatte ich vorher kaum wahrgenommen. Zwischen diesem sichtbar reichen, mächtigen Mann und der sehr viel jüngeren Lonnie, die ihn jetzt ebenso offen anblickte, bestand offensichtlich eine starke energetische Verbindung. Und als der Kellner wieder an unseren Tisch trat und Darla betont langsam die Weinkarte reichte, konnte man die sexuelle Spannung zwischen beiden geradezu greifen.

Während der gemeinsamen Mahlzeit erfuhr ich eine ganze Menge über diese beiden Frauen. Die Väter, Alkoholiker, hatten sie auch sexuell mißbraucht. Lonnies Vater hatte eine beträchtliche Erbschaft mit Trinken und Spiel verschleudert. Darlas Vater, Gefängniswärter von Beruf, war gewalttätig und grausam gewesen. Seine Frau hatte ihn verlassen, als Darla noch ein Baby war. Er hatte noch zweimal geheiratet, jedesmal Frauen, die sich wie Darla sexy und verführerisch benahmen und kleideten. Darla hatte dunkle Haare und war sehr gut proportioniert. Hinter ihr lag eine lange Reihe kurzer Affären mit Männern, die viel jünger waren als sie, dazu gewalttätig, sexsüchtig oder beides. Darla war nie verheiratet gewesen, Lonnie hatte zwei Ehen mit eher, wie sie meinte, passiven Männern hinter sich, die beide wohlhabend waren und starkes Interesse an Pornographie hatten.

Dieses Mittagessen mit den beiden Frauen hat mich viel gelehrt. Ich habe mich immer dafür interessiert, wie die Attraktion zwischen zwei Menschen abläuft. Hier halte ich die *morphogenetische Resonanz* (nach Rupert Sheldrake das Prinzip, daß sich gleiche Energien oder Schwingungsfrequenzen anziehen) in einer Deutlichkeit wie nie zuvor erlebt. Jede dieser Frauen reagierte auf die ihr gemäßen Energieschwingungen, die mit Gier nach Reichtum bei der einen, mit der Gewalttätigkeit des Mannes bei der anderen und bei beiden mit einer Sucht nach Sex zusammenhingen. Ihr Beispiel zeigte mir mit aller Deutlichkeit, daß wir uns alle unbewußt unserem Karma entsprechend verhalten und so Geschehnisse in unserem Leben unbewußt heraufbeschwören, die dann wieder auf uns zurückwirken. Lonnie brachte es fertig, dem Tycoon auf der anderen Seite des Saales mitzuteilen, daß sie wirklich für das höchste Angebot zur Verfügung stand, obgleich der Mann ihr eigentlich zu aggressiv war. Und Darla ließ den Kellner ohne Worte wissen, daß sie an Sex ebenso interessiert war wie er.

Es war offensichtlich, daß Lonnie und Darla ihren alten Beziehungsmustern folgten und immer unzufriedener und unglücklicher in ihrem Leben werden würden. Irgendwann einmal würden die Situationen so unerträglich werden, daß die zugrunde liegenden Ursachen an die Oberfläche ihres Bewußtseins gezwungen würden. Während sie immer tiefer in ihr Unglück gerieten, würden sie nach dem Prinzip der morphogenetischen Resonanz sich und andere immer tiefer in ihr Karma verstricken, was erklärt, warum ganze Familien, ja Generationen von der gleichen schicksalhaften Disposition betroffen sind.

Karma gleicht aus

Als in den sechziger Jahren das Interesse an östlichen Religionen stark zunahm, wurde das Konzept des Karmas in die westliche Gedankenwelt eingeführt. Karma bedeutet für uns, daß eine Art Schicksal einen ausgleichenden Einfluß ausübt, was vergangene Handlungen, eingeschlossen die aus früheren Leben, betrifft. Wir verwenden den Begriff Karma manchmal, wenn wir uns einem Ereignis gegenübersehen, das durch nichts zu erklären ist, und meinen damit, daß auf diese Weise einer verborgenen Gerechtigkeit Genüge getan wird, die wir nur nicht recht durchschauen und deshalb nicht verstehen können. Häufig wird der furchterregende, vergeltende Aspekt von Karma betont, und viele Menschen kennen nur diese Definition. Doch das entspricht dem eigentlichen Sinn nicht. Karma ist weder ein strafendes noch rachsüchtiges, sondern ein ausgleichendes Prinzip.

Während wir die notwendigen Stadien der Inkarnationen durchlaufen und dabei unser Bewußtsein durch verschiedene Erfahrungsdimensionen erweitern, erzeugen wir selbst eine Reihe von Wirkungen, Reaktionen und Konsequenzen. Durch das Gesetz des Karmas wird sichergestellt, daß diese Aktivitäten und Erweiterungen eine gewisse Ausgewogenheit haben. Im weitesten Sinne handelt es sich dabei also um ein Gesetz der Angleichung der Extreme und der Wiederherstellung der Ausgewogenheit. Aus unserer notwendigerweise beschränkten Perspektive aber empfinden wir das Karma oft als erbarmungslos. Doch wenn es nichts gäbe, was diesem endlosen, oft unbegreiflichen Schicksalslauf Einhalt gebieten könnte, dann würden wir uns so hoffnungslos zerstörerischen Kettenreaktionen unterwerfen, daß es bald keinen Ausweg mehr gäbe. Glücklicherweise aber gibt es etwas, das diesen Teufelskreis unterbrechen kann. *Das Verzeihen.*

Verzeihen läßt gesunden

Um von Herzen vergeben zu können, müssen wir zuerst verstehen. Wir müssen in der Lage sein, das Gesamtbild deutlich zu erkennen, dürfen vor keinem Ausschnitt die Augen verschließen, dürfen nichts leugnen, sondern müssen alles akzeptieren. Wir müssen sehr genau wissen, was genau verziehen werden soll. Wir müssen das Umfeld von allen Seiten betrachtet haben und uns nicht nur auf unsere eigenen Erfahrungen beschränken.

Ein Beispiel: Vor vielen Jahren nahm ich an einem Workshop über die Behandlung von Inzestgeschädigten teil, als mitten am Vormittag einer der Teilnehmer sich zu Wort meldete und sagte, daß er seine Tochter sexuell mißbraucht habe. Einen langen Augenblick lang herrschte verblüfftes Schweigen. Er sprach dann von seinem Gefängnisaufenthalt, von der Therapie, die er und seine Familie gemacht hatten, und den langen Jahren seitdem. Er versuchte, jetzt anderen Männern zu helfen, die wegen des gleichen Delikts im Gefängnis saßen, und nahm mit Frau und Tochter an Gruppendiskussionen mit den Familien dieser Männer teil.

Seine Aufrichtigkeit machte es möglich, daß jetzt auch andere Teilnehmer an unserem Workshop über ihre eigenen Erfahrungen mit sexuellem Mißbrauch sprechen konnten. Da er Mut, Würde, Bescheidenheit und Ehrlichkeit ausstrahlte, konnten die Therapeuten unter uns, die Inzestopfer waren, den Menschen besser verstehen lernen, der sie vergewaltigt hatte. Plötzlich waren wir nicht mehr nur Therapeuten, sondern wurden zu Experten, als wir versuchten, dieses menschliche Problem von unseren eigenen Erfahrungen her zu verstehen. Erst von einem solchen Verständnis kann Verzeihen ausgehen, und Verzeihen ist der letzte Schritt zu unserer Gesundung. Wenn wir vergeben, wird uns auch selbst vergeben.

Der Satz aus dem Vaterunser: «... vergib uns unsere

Schuld, wie wir vergeben unseren Schuldigern», gewinnt eine neue Bedeutung, wenn wir unsere Sichtweise erweitern und die vielen Dimensionen der eigenen Person einschließen, die sich uns während vielen Inkarnationen eröffnet haben. Denken Sie an Jerry, den kleinen Jungen, das Opfer, und Jerry, den erwachsenen Mann, der kurz davor war, zum Täter zu werden. Solche Rollen, die des Schuldigen und die des Leidenden, liegen ganz sicher auch in der eigenen Person, wenn wir unsere Evolution viele Erdenleben lang betrachten. Eine endgültige Gesundung bedeutet, daß wir zugeben müssen, letzten Endes nicht sehr verschieden von unserem Feind zu sein. Und weil unser Feind den Teil von uns repräsentiert, den wir bisher geleugnet haben, den Aspekt unseres Selbst, den wir in diesem Leben positiv verändern sollen, müssen wir diesen Gegner akzeptieren, vielleicht sogar lieben lernen. Er war dafür verantwortlich, daß wir uns mit unserem Selbst, unserer Seele versöhnt haben.

Der von vielen bewunderte Regisseur George Stevens sagte einmal, daß er den Film «Das Tagebuch der Anne Frank» erst drehen konnte, als er vor sich selbst zugegeben hatte, daß ein Teil Nazi auch in ihm selbst steckt. Und auch wir müssen jeden Tag den Nazi in der eigenen Person als vorhanden anerkennen, den Mörder, den Ehebrecher, den Lügner, den Betrüger und den Dieb. Andernfalls wird er uns immer wieder außerhalb unseres Selbst begegnen.

Durch unseren Groll und unsere Bitterkeit, den Haß auf den angeblichen Feind und das Schlechte, das wir ihm von Herzen wünschen, gewinnt letzten Endes das Böse viel mehr Raum, als nach dem wirklichen Geschehen gerechtfertigt wäre. Wenn wir wollen, daß uns unsere Schuld vergeben wird, dann müssen wir auch unseren Schuldigern vergeben. Das heißt, wir müssen Böses mit Gutem vergelten. Durch den Prozeß des Verzeihens wird unsere Aura gereinigt, und unsere guten Schwingungen gewinnen an Kraft.

Das Neue Testament hält uns dazu an, nicht nur einmal oder ein paarmal zu verzeihen, sondern «sieben mal sieben Mal». Mit anderen Worten, wir müssen immer wieder großzügig und vorbehaltlos vergeben. Wir verstehen vielleicht noch nicht, durch welche eigene Schuld von uns Verzeihen gefordert wird, aber das Prinzip der morphogenetischen Resonanz garantiert uns, daß wir nicht nur die notwendigen Lektionen «anziehen», sondern auch unsere Schuld und die Möglichkeit, sie zu tilgen. Und wenn wir schuldig werden, dann hängt es sehr von unserer Einstellung ab, wie schnell und schmerzlos wir damit fertig werden.

Vor Jahren hatte ich ein Erlebnis, dessen Bedeutung ich damals nicht verstand. Heute weiß ich, daß ich auf diese Weise darauf hingewiesen wurde, wie morphogenetische Resonanz, Heilungszyklen und Vergeben miteinander zusammenhängen. Ich sprach vor einer Gruppe, es waren größtenteils Frauen, über Beziehungssucht. Am Ende meines Vortrags wollte ich wissen, ob noch jemand eine Frage hätte. Eine attraktive junge Frau aus der ersten Reihe meldete sich stürmisch, und als ich nickte, stand sie auf, drehte sich um und wandte sich an die gesamte Zuhörerschaft: «Ich würde gern wissen», sagte sie in dem sehr charmanten Dialekt einer Südstaatlerin, «warum sich ausgerechnet immer Waisen zu mir hingezogen fühlen.»

Ein amüsiertes Lachen lief durch die Reihen, und die junge Frau zog die Brauen zusammen. «Es ist wirklich so», sagte sie nachdrücklich. «Geht es anderen auch so? Wirklich, ich bin erst zwei Tage in dieser Stadt und habe schon zwei elternlose Männer kennengelernt, einen auf dem Flugplatz und den anderen in der Empfangshalle meines Hotels. Ich scheine solche Männer magisch anzuziehen. Weiß jemand warum?»

Das war eine interessante Frage, auf die ich so schnell keine Antwort wußte. Zu der Zeit war mir das Prinzip der morphogenetischen Resonanz noch unbekannt, doch ich wußte aus eigener Erfahrung, daß man bestimmte Menschentypen anzieht. Als junges Mädchen hatte ich mich immer in junge Männer verliebt, die Alkohol- und Drogenprobleme hatten, und hatte meinerseits auf solche Männer anziehend gewirkt. Nachdem ich ein paar Jahre als Therapeutin gearbeitet hatte, erkannte ich, daß viele Frauen immer wieder Männer mit ähnlichen Problemen anzogen, Männer, die gewalttätig waren, die nach Sex, Drogen oder Arbeit süchtig waren. Ich lernte sogar eine Frau kennen, die nacheinander zwei Transvestiten geheiratet hatte, ohne daß es ihr vorher bewußt gewesen war. Ich wußte also, daß wir in unseren Beziehungen oft bestimmten Mustern folgen, daß wir subtile Hinweise geben und empfangen, auf Grund derer wir eine bestimmte Art von Partner wählen und auch von einer besonderen Sorte Mensch zum Partner gewählt werden. Aber Waisen?

«Sind Sie adoptiert worden?» fragte ich die große, blonde Frau.

«Nein. Ich stamme aus einer ganz normalen Familie», antwortete sie.

«Was halten Sie denn von Waisen?» fragte ich weiter.

«Oh, sie tun mir immer so leid.» Ihr Dialekt wurde noch deutlicher. «Ich habe immer das Gefühl, ich müßte mich besonders um sie kümmern. Verstehen Sie das?»

Ich nickte.

«Aber trotzdem», fuhr sie fort, «woher wissen die Waisen das?» Sie ließ den Blick über die Zuhörer schweifen. «Geht es denn einer von Ihnen auch so, daß diese Männer, die, wie sich später herausstellt, Waisen sind, einfach auf Sie zukommen und Sie ansprechen?»

Die Frauen schüttelten den Kopf, einige lächelten dabei, andere sahen verblüfft aus. Dann begannen sie, Fragen zu stellen.

«Sehen diese Männer denn hilfsbedürftig aus?»

Die junge Frau dachte einen Augenblick nach. «Eigentlich nicht. Manche von ihnen sind viel teurer gekleidet als ich.»

«Erzählen sie Ihnen denn gleich, daß sie Waisen sind?»

«Nein, früher dauerte das eine ganze Zeit, ehe es herauskam. Jetzt habe ich es mir angewöhnt, bald zu fragen.» Sie lächelte.

«Und wie ist es mit Ihren Freundinnen?» kam eine Stimme aus einer der hinteren Reihen.

«Eine meiner besten Freundinnen hat auch keine Eltern mehr», sagte die junge Frau so leise und nachdenklich, daß sie ihre Antwort noch einmal wiederholen mußte.

«Was glauben Sie denn, ist der Grund dafür, daß Sie so auf Waisen wirken?» fragte einer der wenigen Männer im Raum.

«Manchmal denke ich, daß ich vielleicht äußerlich etwas an mir habe, was mich verrät.» Sie drehte sich langsam um die eigene Achse. «Können Sie sehen, was es ist?»

Alle sahen sie aufmerksam an, aber niemandem fiel etwas auf, wodurch sie gerade auf Männer anziehend wirken würde, die ihre Eltern verloren hatten. Die junge Frau sah mich fragend an.

«Ich sehe es auch nicht», gab ich zu. «Aber ich bin natürlich auch keine Waise.» Vereinzeltes Lachen folgte meinen Worten. Ich fuhr fort: «Wie gehen diese Beziehungen denn weiter?»

«Oh, wir sind meistens eine Weile befreundet, und dann trennen sich unsere Wege wieder», antwortete sie.

«Ohne Krach, ohne verletzte Gefühle?»

«Ja. Damit habe ich nie Probleme. Manchmal leihe ich ihnen etwas Geld, oder ich helfe ihnen dabei, Arbeit zu finden, mit dem Studium weiterzumachen oder so ähnlich. Ich mache ihnen einfach ein wenig Mut. Vielleicht sind sie also eine gewisse Zeit ein wenig von mir abhängig.» Sie sah sich erstaunt um. «Aber tun Sie alle das nicht auch? Versuchen Sie nicht auch zu helfen?»

Und aus der Mitte der Frauen heraus, die sich in ihren Beziehungen zu Männern viel zuviel Mühe gaben, erklang eine Stimme: «Ja. Deshalb sind wir ja hier.»

Die blonde Südstaatenschönheit zog den Kopf ein wenig verlegen ein. «Also wenigstens gehen wir nie im Bösen auseinander. Und dann», sie machte eine ausholende Bewegung mit der Hand, «verschwinden sie irgendwie aus meinem Leben.»

Sie sah mich fragend an, und als ich aus Mangel an einer vernünftigen Antwort nur lächelnd mit den Schultern zuckte, setzte sie sich wieder.

Heute würde ich vermuten, daß diese Frau eine Art von Karma-Schuld abtrug, die sie all diesen elternlosen Menschen gegenüber hatte, die irgendwie auf mysteriöse Weise in ihrem Leben auftauchten. Das scheint um so wahrscheinlicher, als sie ihnen so bereitwillig half, ohne einen emotionellen oder finanziellen Lohn dafür zu erwarten. Was auch der Grund für diese Verbindungen sein mag, die Geschichte dieser Frau macht die Tatsache nur noch deutlicher, daß wichtige menschliche Beziehungen alles andere als zufällig sind. Wir begegnen einander nicht, bauen keine Beziehung auf ohne einen bestimmten Grund. Und auch wenn dieser Grund weder offensichtlich noch verständlich ist, so ist er dennoch da, und wir handeln unter dem ausgleichenden Gesetz des Karmas.

Vergeben ist die einzige Möglichkeit, die ich jemals entdeckt habe, um die Schicksalsstrecke abzukürzen. Durch die einfache Bereitschaft zu verzeihen erreichen wir eine höhere Stufe, auf der das Gesetz des Karmas nicht mehr gilt. Wir befinden uns auf einer Ebene, auf der wir nicht mehr die immer wieder gleichen Schwierigkeiten und Traumata durch das Prinzip der morphogenetischen Resonanz anziehen. Wir werden in den Zustand der Gnade aufgenommen.

Und so erfüllen wir die großen und kleinen Aufgaben jeder unserer Inkarnationen, tragen mühsam Strecke für Strecke unseren Weg auf der ungeheuren Landkarte unserer evolutionären Reise ein, bis wir erkennen, daß es Liebe und Vergeben sind, die schließlich unser immer bunteres Lebensgemälde mit einem reinen, weißen Licht durchdringen.

4

Was für einen Sinn hat der Schmerz?

Als junge Suchttherapeutin gab es für mich nichts Wichtigeres, als meinen Patienten zu helfen. Aber der rechte Erfolg bei den meist Alkohol- oder Drogensüchtigen wollte sich erst einstellen, als ich von meinen Patienten verlangte, an den Treffen der Anonymen Alkoholiker und Drogensüchtigen teilzunehmen. Erst dann konnten viele mit der Unterstützung von anderen, die unter ähnlichen Problemen noch litten oder diese schon überwunden hatten, trocken und clean bleiben.

Mit besonderem Engagement nahm ich mich später der Familienmitglieder von Süchtigen an. Ich konnte Ehepartner, Eltern, die erwachsenen Kinder und andere, die einen Süchtigen liebten, besonders gut verstehen, weil ich selbst in der gleichen Situation gewesen war. Auch ich hatte einen Süchtigen verzweifelt geliebt und das erst mit Hilfe meiner früheren Patienten, die jetzt zu den Anonymen Alkoholikern gehörten, überwinden können. Ich arbeitete mit der gleichen Methode des stufenweisen Vorgehens (wozu gehört, daß man sein Leben einer höheren Macht übergibt und sich für den Dienst an anderen einsetzt), das in meinem Fall Beziehungssucht und bei ihnen Abhängigkeiten von Alkohol und anderen Drogen heilte.

Es ist beinahe peinlich zuzugeben, daß ich früher tatsächlich einmal die Alkoholiker, die mir in meinem Leben begegneten, für die Ursache all meiner Probleme gehalten hatte. Heute kann ich mit Dankbarkeit erkennen, daß jeder dieser Menschen als Katalysator bei meiner Heilung gewirkt hat, die mir immer noch wie ein Wunder erscheint. Ich lernte im Umgang mit ihnen, mit meinen schlimmsten Charakterschwächen fertig zu werden, und konnte Fehler berichtigen, die ich immer wieder in meinem Verhalten anderen gegenüber machte..Die Jahre, in denen ich mit den Familien von Abhängigen arbeitete und meine zwei Bücher schrieb, trugen dazu bei, eine Heilung abzuschließen. Diese Jahre gehören zu den produktivsten und befriedigendsten meines Lebens. Und doch wären sie ohne das Leiden nicht möglich gewesen.

Auf der anderen Seite waren die Jahre als Ko-Alkoholikerin sehr schwierig für mich. Wenn mir damals jemand gesagt hätte, daß all das und gerade das für meine eigene Weiterentwicklung notwendig sei, dann glaube ich kaum, daß ich für einen solchen Rat dankbar gewesen wäre. Und obgleich ich jetzt im nachhinein schon sehen kann, wie wichtig, ja wie absolut richtig dieser Weg war und daß all mein Leiden sich gelohnt hat, so hätte ich mich doch nicht bewußt zu diesem Weg entscheiden können. Keiner von uns würde bereitwillig Schmerz und Leid auf sich nehmen, um diese Gabe zu erhalten, weil sie aus unserer wenig erleuchteten Perspektive ihren Preis nicht wert zu sein scheint.

Stellen Sie sich vor, Ihnen sagt jemand: «Du mußt in den nächsten Jahren eine ganze Reihe von Schwierigkeiten durchmachen. Du wirst von Depressionen gequält werden, die dich zeitweilig nahezu lebensunfähig machen, und du wirst einige Nervenzusammenbrüche erleiden. Du wirst zwei Scheidungen durchstehen müssen, wirst deine beiden Kinder für eine Zeit verlieren, weil sie es nicht ertragen können, mit dir und deinen Problemen zu leben. Du wirst unter allen möglichen Nahrungsmittelallergien und anderen Beschwerden leiden. Ach ja, und man wird dich auch in deinem Beruf fertigmachen und entlassen. Du wirst schließlich ganz unten sein und auf deine Probleme keine Antwort mehr wissen. Erst dann wirst du die Hilfe erfahren, die du brauchst, und zwar nicht von einem Therapeuten, sondern indem du mit Unterstützung von Menschen, die Ähnliches durchgemacht haben, die Lösung deiner Probleme auf eine spirituelle Weise angehst. Deine Gesundung wird Jahre dauern, aber schließlich wirst du vieles lernen und verstehen, von dem du heute noch nicht einmal weißt, daß es wichtig ist. Erst dann wirst du wirklich fähig sein, anderen Menschen zu helfen, als Therapeutin und als Autorin zum Thema Beziehungssucht.»

Wie würden Sie reagieren? All das habe ich wirklich erlebt, und wenn man mich anfangs vor die Wahl gestellt hätte, hätte ich gesagt: «Ich bin doch nicht verrückt! Nichts kann so viel wert sein, als daß sich all dieses Leiden lohnt.»

Und wenn man mir ein paar Jahre später mitgeteilt hätte, daß ich, um dieses dritte Buch zu schreiben, erst sieben einsame Jahre in Zurückgezogenheit leben müßte, hätte ich gesagt: «Nein, das ist wirklich nichts für mich. Ich bin ein viel zu aktiver Mensch. Es muß doch auch auf andere Weise möglich sein.»

Sie sehen also, warum uns die Seele keine Wahl läßt. Sie weiß, welche Erfahrungen wir machen müssen, stattet danach den physischen Körper, den Emotional-, Mental- und spirituellen Körper aus und gibt damit unserer nächsten Existenz auf der Erde Rahmen und Aufgabe. Wir ziehen daraufhin die notwendigen Erfahrungen geradezu an, ohne daß wir uns bewußt dazu entscheiden. Die Seele weiß also letzten Endes, daß die Lektionen, die wir gelernt haben, und die Erweiterung des Bewußtseins, die uns zuteil wurde, bei weitem das durchlittene Leiden aufwiegen, auch wenn dieser Prozeß viele Erdenleben umfaßt. Außerdem vergessen wir das Leiden, wie man auch die Wehenschmerzen nach der Geburt des Kindes wieder vergißt. Aber jegliche Erweiterung unseres Bewußtseins wird von einer Inkarnation in die andere mit hinübergenommen, da sie in den subtilen Energiekörpern gespeichert wird. Diese Fortschritte können relativ leicht wieder an die Oberfläche unseres Bewußtseins gelangen, nämlich dann, wenn wir in der nächsten Inkarnation wieder die entsprechende körperliche, emotionale und geistige Reife erworben haben. Daraus läßt sich auch der «Aha»-Effekt beim subjektiven Lernen erklären: Uns wird dann wieder eine Wahrheit bewußt, die bereits tief in uns gespeichert war.

Die Evolutionsspirale

Lassen Sie uns die Wanderung der Seele durch die Erdenleben einmal schematisch darstellen, ihre wiederholten Manifestationen als physische Materie (Inkarnationen), immer mit dem Ziel, in höhere Bewußtseinsdimensionen vorzustoßen:

Ruhe → Verlangen → Erfahrung → Leiden → Ergeben

↑   ↓

Erleuchtung ← Gabe des Heilens ← Göttliches Eingreifen

Die gesamte Evolution des Bewußtseins geschieht in Form einer Spirale, und nach jeder Drehung der Spirale gibt es einen Punkt der Vollendung, eine gewisse Sättigung. Zwischen den Inkarnationen liegt eine Ruheperiode, bis das Verlangen nach einer neuerlichen Erweiterung des Bewußtseins so stark wird, daß die Seele sich erneut in einer Inkarnation auf der Erde manifestiert. Die Spirale windet sich aufwärts, bis schließlich die höchste Erleuchtung die Seele von der

Notwendigkeit der Menschwerdung erlöst. Dazwischen liegen Erfahrungen, die zur Erleuchtung notwendig sind. Die obige schematische Darstellung gibt die Wanderung der Seele durch alle Erdenleben wieder, die für sie vorgesehen sind. Diese Reise begann vor Äonen, als die Seele zum erstenmal der Aufforderung nachkam, einen Teil ihrer selbst in menschlicher Form Gestalt werden zu lassen. Nur so ist eine schrittweise Annäherung an höhere Dimensionen möglich, nämlich durch:

MANIFESTATION · ERFAHRUNG · ERWEITERUNG

Um zu einer Erkenntnis zu gelangen, die eine tiefgreifende Gesundung durch Verstehen und die daraus folgenden Veränderungen ermöglicht, mag bereits ein einziges Leben ausreichen. Der Prozeß kann sich aber auch über viele physische Manifestationen der Seele auf Erden erstrecken.

Worunter leiden Sie?

Die Tatsache, daß Sie dieses Buch lesen, bedeutet nach unserem Spiralschema wahrscheinlich, daß Sie sich an dem Punkt «Leiden» befinden und darum kämpfen, sich davon zu befreien. Unter «Leiden» verstehe ich jeden Zustand, der Sie tief bedrückt und verängstigt, oft auch verzweifeln läßt, wobei gleichgültig ist, ob dieser Zustand auf einen anderen Menschen ebenso wirken würde. Das jeweilige Leiden, die Wunde, kann durch innere oder äußere Faktoren, andere Menschen oder das «Schicksal» hervorgerufen sein. Es kann sich um einen Dauerzustand handeln oder um eine Situation, die mit der Zeit weniger belastet und schließlich nicht mehr als Bürde empfunden wird. Doch fast immer wird es als ungerecht und unverdient empfunden. In den verschiedenen Stadien der Gesundung wird die Wunde dann für sehr unterschiedlich schwerwiegend gehalten, wie wir noch sehen werden. Das ehemals beengende Gefängnis kann später eine Brücke zur Erkenntnis werden.

Lassen Sie uns also einmal genauer betrachten, welche Wirkung Ihre Wunde auf Ihr Leben und Ihr Bewußtsein hat. Wir wollen hier nicht versuchen, Ihre Schwierigkeiten zu beheben, denn das ist nicht unser eigentliches Ziel. Aber ein besseres Verständnis beschleunigt den Prozeß des Gesundens und der Bewußtseinserweiterung.

Vielleicht kann es Ihnen helfen, wenn Sie Ihre Wunde einmal ganz präzise definieren und das auch laut aussprechen. Verwenden Sie dabei möglichst nur ein Wort oder einen kurzen Satz, wie zum Beispiel:

Unheilbar krank – AIDS – abhängig von einem Süchtigen (ko-abhängig) – ungeliebt – benachteiligt – Außenseiter – arbeitslos – trauernd – bankrott – impotent – Minorität – labil – isoliert – verunstaltet – sexuell belästigt – behindert – mißbraucht – verlassen – süchtig – abgelehnt – adoptiert – Versager – deprimiert – in Scheidung – selbstmordgefährdet.

Stellen Sie sich jetzt vor, daß Sie ein für alle Welt sichtbares Schild tragen, auf dem steht, welche Wunde, welchen Schmerz Sie mit sich herumtragen. Wie würden Sie sich fühlen, wenn Sie sich nicht mehr so fürchterlich bemühen müßten, so zu tun, als wenn nichts wäre?

Bestimmte traditionelle Verhaltensweisen, wie etwa das Tragen einer schwarzen Armbinde nach dem Tod eines nahen Verwandten, hatten einst die Funktion eines Schildes. Auf den Trauernden wurde Rücksicht genommen, die Gesellschaft stellte nicht die üblichen Erwartungen an ihn.

Heute findet man solche Traditionen kaum noch. Aber stellen Sie sich trotzdem einmal vor, Sie trügen Ihre Armbinde, Ihr Schild, und müßten sich deshalb nicht mehr so zwanghaft um Normalität bemühen.

Ich verwendete eine ähnliche Methode bei einem Kursus: «Die Sucht verstehen». Ich verlangte, daß die Teilnehmer ein Schild trugen, so daß jeder sah, unter welcher Sucht der andere litt. Beinahe jeder lernte etwas aus den eigenen und den Reaktionen der anderen. Manche fühlten sich beschämt, andere ertappt. Manche brachten es nur fertig, ihre sekundäre Sucht zu gestehen, nicht aber ihr eigentliches Problem. Andere fühlten sich zu ihrer Überraschung erleichtert, daß sie diesen wichtigen Aspekt ihres Lebens nicht mehr verstecken mußten. Und noch andere wußten nicht, welches ihrer vielen Probleme sie nennen sollten!

Achten Sie also einmal auf Ihre eigene Reaktion, wenn Sie sich vorstellen, Sie sollten Ihr Hauptproblem anderen eingestehen. Schämen Sie sich? Ist es Ihnen selbst vor sich so peinlich, daß Sie es nicht beim richtigen Namen zu nennen wagen? Umschreiben Sie Ihr Problem lieber mit einem weniger drastischen Begriff, oder benennen Sie gar nur sekundäre Schwierigkeiten? Empfinden Sie Erleichterung, daß jetzt andere davon wissen, die vielleicht Verständnis für dieses Problem haben? Haben Sie so viele verschiedene Wunden, daß Sie unmöglich nur eine nennen können? Es gibt keine richtige oder falsche Reaktion. Beobachten Sie nur, *wie* Sie reagieren, denn das zeigt ihnen, wie Sie mit Ihrem Problem umgehen.

Vor anderen ein Problem zuzugeben, ist ein notwendiger erster Schritt auf dem Weg zur wichtigen Phase des Sich-Ergebens. Die Zwölf-Stufen-Programme sehen deshalb als ersten Punkt vor, daß die Anwesenden bekennen, Alkoholiker, Drogenabhängige, Eßsüchtige, Spieler etc. zu sein. Sie müssen auf diese Weise offenlegen, was sie bisher immer versucht haben, vor anderen zu verbergen. Und gerade dieses ewige Verheimlichen hat ihr Leben nahezu unerträglich gemacht. Solche Geständnisse sind natürlich vor einer anonymen Versammlung sinnvoller als in aller Öffentlichkeit. Ich bitte Sie jetzt, Ihre eigne Wunde erst einmal sich selber einzugestehen, denn allein das kann schon Energien freisetzen, Kräfte, die Sie bisher dazu verwendet haben, das zu verstekken, was doch einen so großen Teil Ihres Lebens beherrscht.

Wunden drücken sich im Energiefeld aus, und wir alle sind in der Lage, wenn auch einstweilen erst unbewußt, die Wunden des anderen an seinem Energiefeld abzulesen. Im unterbewußten Bereich kann also nichts verborgen bleiben, kann es nicht wirklich Geheimnisse geben. Mit fortschreitender Entwicklung werden wir schließlich in der Lage sein, auch bewußt den Zustand des anderen an seinem Energiefeld abzulesen. Damit aber wird ein Leugnen zwecklos, und es wird leichter fallen, alle Kräfte auf die eigene Gesundung zu konzentrieren.

Welchen Einfluß auf Ihr Leben würden Sie Ihrem Problem, Ihrer Wunde einräumen, etwa auf einer Skala von 1 bis 10? Oder, anders ausgedrückt, welchen Prozentsatz Ihres Selbst, Ihrer Kräfte besetzt die Wunde? Denken Sie einen Augenblick darüber nach. Sehr viele Menschen stellen fest, daß ihre Wunde sie zu 90 Prozent oder mehr beherrscht, daß sie ihre Gedanken, Gefühle, Verhaltensweisen beeinflußt und bestimmt, wie sie ihre Energien im täglichen Leben einsetzen. Aber Sie müssen auch verstehen, daß der Grad Ihrer Abhängigkeit von der Wunde ein Maß dafür ist, wie sehr Sie dadurch eine positive Veränderung erfahren können. Eine tiefgehende Wunde kann Ihr ganzes Leben beherrschen; wenn sie schließlich geheilt ist, wird ihr «Geschenk» entsprechend groß ausfallen. Die Seele plant Leiden bewußt ein, denn nur so kann die Lebensaufgabe auch erfüllt werden.

Wie Leiden die Entwicklung fördert

Wie im folgenden Fall dargestellt, zwingt uns unser Leiden manchmal in eine Richtung, die unsere Seele für richtig hält, gegen die sich unsere Persönlichkeit aber sträubt. Unser Leiden kann also so viel Druck ausüben, daß einem Heilungszyklus nicht mehr widerstanden werden kann.

Bankrott. Renées Problem war der Bankrott. Als Krebsgeborene mit Aszendent Krebs war ihr Sicherheitsbedürfnis besonders ausgeprägt. Sie hatte sich nie davon erholt, «alles verloren» zu haben, wie sie selbst sagte. Mit dem einst blühenden Geschäft ihres damaligen Mannes war es bergab gegangen, was auch für die Ehe zu einer großen Belastung wurde. In der Zeit hatte sie etliche Hellseher konsultiert, um zu erfahren, wie sie ihr Leben wieder «auf die Reihe» bekommen könnte. Doch das, was sie dort hörte, steigerte ihre Angst nur noch: Große Veränderungen in ihrem Leben und dem ihres Mannes seien unausweichlich und notwendig, damit sie später als Menschen glücklicher werden könnten. Renée konnte noch nicht wissen, daß der drohende Bankrott und die Scheidung als Katalysator für die Gesundung einer weitaus tieferen Wunde dienen würden und sie erst dann sich selbst und ihre Aufgabe in diesem Leben würde erkennen können.

Ich begegnete der ganz in Schwarz gekleideten Renée zum ersten Mal an einem strahlenden Sommertag. Ihr langes schwarzes Haar umgab sie wie ein Schleier, hinter dem sie sich zu verstecken schien, ihre Augen hatten einen erschreckten Ausdruck, und ihr eigentlich hübsches Gesicht war von Angst und Sorgen verzerrt. Ihre Aura entsprach ihrer Kleidung und ihrem Gesichtsausdruck: dunkel und bedrückend.

Renée war seit ein paar Jahren geschieden, was sie aber weit weniger belastete als der Verlust des Geldes. Immer wieder begannen ihre Sätze mit den Worten: «Als wir noch Geld hatten...» Seit dem finanziellen Ruin hatte sie sich nur mühsam selbst durchschlagen können. Sie war zu mir gekommen, weil sie ihre Stellung verloren hatte, ohne etwas Neues in Aussicht zu haben, und war nun der Panik nahe. Eine gemeinsame Bekannte hatte ihr gesagt, daß ich manchmal Horoskope stelle, und Renée wollte nun von mir hören, daß sie bald eine neue Stellung finden und alles wieder in Ordnung sein würde. Aber als ich sie sah, wußte ich intuitiv, daß nie alles wieder so «in Ordnung» sein würde, sondern daß sie statt dessen auf dem Weg in eine ganz neue Dimension ihres Daseins war. Als ich ihr Alter erfuhr, 42, wußte ich, daß ich mit meinen Vermutungen recht hatte.

Die Lehre der Astrologie besagt, daß der Mensch etwa alle sieben Jahre entscheidende Veränderungen durchmacht, weil Saturn dann bestimmte Aspekte im Verhältnis zur Geburtskonstellation durchläuft. Im Alter von 21, 42, 63 und 84 verstärkt noch Uranus' explosive, revolutionäre Kraft die Tendenz von Saturn, uns durch Leiden voranzubringen. Ich vermutete also, daß Renée mit ihren 42 Jahren große Veränderungen in ihrem Leben zu erwarten hatte.

Ihrem Horoskop konnte man entnehmen, daß sie zweifellos in diesem Leben noch viel über die Bedeutung von Geld und materiellem Reichtum lernen mußte. Viel interessanter fand ich allerdings, daß sie ganz offensichtlich selbst über bedeutende Kräfte verfügte und übersinnliche Begabungen besaß, die sich auf erstaunliche Weise bemerkbar machen würden. Als ich Renée das sagte, senkte sie den Kopf, so daß ihr langes Haar ihr Gesicht verdeckte, und schwieg. Ich blieb auch still und wartete. Nach einer angespannten Pause gab sie zögernd zu, daß ihre Großmutter ein sehr begabtes Medium gewesen sei. Ich nickte nur und wartete auf den Rest der Geschichte.

Und schließlich brach es aus ihr heraus: Sie habe schon

immer gewußt, daß sie eine besondere Gabe habe. Sie könne mit Tieren sprechen, sie könne sie verstehen und das, was sie ihr mitteilten, auch in Menschensprache übersetzen. Sie erhalte auch Anweisungen, wie sie ihre Energie anwenden solle, um kranke oder verletzte Tiere zu heilen. Freunde, die von ihrer Gabe wußten, hatten sie schon oft gebeten, ihren Tieren zu helfen, vor allen Dingen bei mysteriösen Verletzungen oder Krankheiten oder unerklärlichen Verhaltensweisen. Bisher hatte sie sich immer geweigert, weil sie Angst vor Kritik oder religiösen Gruppen hatte, die sich vielleicht von ihren «Kräften» bedroht fühlen könnten. Als ich vorsichtig meinte, daß sie doch eine wunderbare Begabung hätte, die sie auch nutzen solle, gab sie heftig zurück: «Sie hat man wohl nie auf dem Scheiterhaufen verbrannt!»

«Sie denn?» fragte ich. Aber sie schwieg und bewegte unruhig die Hände im Schoß. Sie hatte wunderschöne, sensible Hände mit langen, schlanken Fingern. Die Hände eines Mediums, die Hände einer Heilerin.

«Ich weiß nur, daß ich nichts lieber täte. Ich möchte helfen, und ich weiß auch, daß ich es kann. Aber ich habe solche Angst...» Sie ballte die Hände so fest zu Fäusten, daß die Knöchel weiß wurden.

An dem Tag konnte ich ihr nicht weiterhelfen. Zwei Jahre später begegnete sie mir wieder. Ich erkannte sie erst, als sie mich ansprach. Niemals hätte ich Renée in der lebhaften, lächelnden Frau mit dem kurzen, glänzenden Haar wiedererkannt.

In der Zwischenzeit hatte sich unglaublich vieles für sie verändert. Ihre finanzielle Situation war immer schlechter geworden, weil sie keine Stellung finden konnte. Schließlich hatte sie doch zögernd eingewilligt, den Tieren ihrer Bekannten zu helfen. Ihre Erfolge waren beeindruckend. Sie konnte unter Anleitung ihrer spirituellen Führer Einzelheiten aus der Lebensgeschichte des Tieres erzählen, die sie einfach nicht gewußt haben konnte und die sich als wahr herausstellten, als man mit den früheren Besitzern Kontakt aufnahm. Ihr Ruf als Wunderheilerin festigte sich, als sie ein paar lahmende Pferde «fernbehandelte», das heißt, dem Besitzer entsprechende Anweisungen gab, so daß die Pferde wieder gesund wurden. Bald wandten sich Fremde an sie mit der Bitte, ihren Vögeln, Schlangen, Pferden, Katzen und Hunden zu helfen. Sie brauchte nur den Namen und ein Foto des Tieres, um herauszufinden, was los war.

Tiere kommunizieren mit den Menschen, die sich psychisch auf sie einstellen, in Form von telepathischen «Bildern», die zeigen, was sie wollen, was ihnen fehlt, usw. Manchmal übermitteln sie das Bild von einer neuen Umgebung oder einer Situation, die sie sich wünschen. Und dieses telepathische Bild manifestierte sich dann häufig kurz danach in der Realität, beinahe so, als ob das Tier dem Empfänger seine Zukunft offenbart hätte. Renée hatte diese Gabe. So ließ zum Beispiel ein großer, scharfer Wachhund, dessen Besitzerin ein neues Zuhause für ihn suchte, Renée telepathisch ein Bild zukommen, auf dem er Kinder auf seinem Rücken trug. Bis dahin hatte die Frau ihren Hund nie für kinderlieb gehalten. Ein paar Tage später aber sah eine Mutter von zwei kleinen Kindern den Hund im Park und wollte ihn trotz seines angeblich gefährlichen Charakters adoptieren. Die Besitzerin willigte nur zögernd ein. Am nächsten Tag rief die Mutter an und berichtete, daß ihre Kinder den ganzen Morgen lang auf dem Rücken des großen Hundes geritten seien und er vollkommen zufrieden wirkte.

Stolz erzählte mir Renée, daß sie auch Kurse gab, wie man mit Tieren kommunizierte, und daß sie noch nie so glücklich und zufrieden gewesen sei. Sie traf sich auch wieder häufiger mit ihrem geschiedenen Mann. Er hatte geschäftlich etwas Neues angefangen, was ihm viel Spaß machte, und kam auch allmählich finanziell wieder auf die Füße.

«Er versteht mich und meine Arbeit besser als jeder andere», sagte sie. «Er hatte immer schon gewollt, daß ich meine Gabe nutze. Aber meine Angst hinderte mich daran, es zu versuchen, bis ich auf mich gestellt war und es einfach tun mußte. Und jetzt wundern wir uns beide, wie ich jemals etwas anderes tun konnte.»

«Und wie ist es mit dem Geld?»

«Ach, Geld.» Sie lachte. «Eigentlich geht es mir finanziell so gut wie schon lange nicht, aber irgendwie ist es mir nicht mehr so wichtig wie früher. Solange wir viel Geld hatten, war ich nie wirklich glücklich gewesen und hatte doch ständig Angst, das Geld zu verlieren.» Ihre Stimme wurde ganz ernst. «Vielleicht wußte ich in meinem tiefsten Inneren schon, daß ich bald auf mich allein gestellt sein und meine übersinnlichen Kräfte würde anwenden müssen. Dabei hatte ich einfach panische Angst davor, was geschehen könnte, wenn ich mich wieder darauf einlassen würde.»

Mir war natürlich aufgefallen, daß Renée das Wort «wieder» gebraucht hatte, aber ich sagte nichts, denn nach dem Verlauf ihres jetzigen Lebens konnte sie ihre übersinnlichen Gaben nur in früheren Inkarnationen gewonnen haben. Das Trauma des Bankrotts brachte Renée dazu, diese angeborenen Gaben zu aktivieren, für die sie sicherlich in einem anderen Leben teuer bezahlt hatte. Dadurch, daß sie diese Gaben wieder nutzte, konnte sie auch endlich die Persönlichkeit der «verfolgten Hexe» ihres Unterbewußtseins überwinden, die sich bis zu einem gewissen Grad auch in ihrem Äußeren gespiegelt hatte. Der Bankrott zwang sie dazu, sich dem Reifungsprozeß ihrer Leiden aus einer früheren Inkarnation zu stellen. Mit ihrer Gesundung überwand sie auch das Trauma des jetzigen Lebens, das damit seinen Zweck erfüllt hatte. Das alte Leiden hatte zu einer tief verwurzelten Furcht vor Verfolgung geführt, die sie wiederum besonders verantwortlich mit ihrer übersinnlichen Gabe umgehen ließ.

«Ich kann mir schon vorstellen, warum manche Hellsehen und Heilen durch Energie für gefährlich oder sogar für Teufelswerk halten», sagte sie. «Man setzt dabei den *Willen* ein und muß sich von einer höheren Macht leiten lassen. Wer das nicht tut, dem geht es nur um seine eigene Macht. Der einzige Unterschied zwischen schwarzer und weißer Magie ist also der jeweilige Wille, der operiert.» Sie hielt einen Augenblick inne.

«Ich bete viel und bitte vor jeder Unterrichtsstunde und jeder medialen Behandlung um Rat und Hilfe dieser höheren Macht. Ich möchte, daß Liebe das einzige Motiv für meine Arbeit ist. Und ich kann die Weisheit und die Liebe des Höheren Willens durch mich wirken fühlen, obgleich Dinge nicht immer so laufen, wie ich es erhoffe.» Sie blickte mich ernst an. «Ich hoffe, daß ich gelernt habe, meine Gabe nie zu mißbrauchen, sondern sie nur in der bestmöglichen Weise anzuwenden.»

Heutzutage, wo soviel Aufhebens um Gaben wie die Renées gemacht wird, zweifelt kaum einer, daß mit der Gabe auch ein entsprechend erweitertes Bewußtsein einhergeht. Bei anderen besonderen Begabungen, beispielsweise für Musik oder Malerei oder höhere Mathematik, ist das andererseits nicht der Fall. Tatsächlich ist jede besondere Gabe, sei es nun Schönheit, künstlerische Begabung, Intelligenz oder athletische Leistungsfähigkeit, eine Prüfung. Je größer die Gabe, desto stärker ist die Versuchung, sie nicht verantwortungsvoll, sondern rein egoistisch zu nutzen.

Ich glaube, daß Renée mit zwei Charakterschwächen aus früheren Leben zu kämpfen hatte, mit Habgier und Selbstsucht, die sie damals dazu gebracht hatten, ihre Macht zu mißbrauchen. Sie hatte die Angst vor Verfolgung in dieses Leben mit hinübergenommen, was eine Garantie dafür war, daß sie ihre Gabe nur noch verantwortungsbewußt anwenden würde oder gar nicht. Das bedeutete einen wichtigen Schritt für sie als Hellseherin und als menschgewordene Seele.

Charakterschwächen durch Leiden überwinden

Zwischen Leiden und Charakterschwächen besteht, wie wir schon gesehen haben, eine enge Verbindung. Manchmal führt ein bestimmter Charakterfehler zum Kontakt mit bestimmten Menschen, wodurch gewisse Geschehen ausgelöst werden. Ein anderes Mal ist das Leiden nicht die unmittelbare Folge eines Charakterfehlers, sondern ein Hilfsmittel, ihn zu erkennen und zu überwinden.

Überlegen Sie einmal, welche Charakterschwächen Ihre Seele vielleicht durch Ihre derzeitigen Probleme oder Wunden anpacken und überwinden will. Vielleicht zählen sie sogar zu den sieben sogenannten Todsünden. Ursprünglich bedeutete das englische Wort «to sin» (=sündigen) das Ziel verfehlen. Ein Bogenschütze, der mit seinem Pfeil das Ziel verfehlte, hatte «sinned» (=gesündigt). Ein anfängliches Verfehlen des Ziels ist aber unvermeidlich und sogar notwendig, wenn man die Kunst des Bogenschießens erlernen möchte. Dasselbe gilt für den Lernprozeß, sich als eine Seele in einem physischen Körper zu erkennen. Und genauso normal ist der angeborene Wunsch, sich zu verbessern und das Ziel zu treffen. Der Bogenschütze wie die menschgewordene Seele streben nach Vollkommenheit.

Diese sieben Todsünden klingen für unsere Ohren altmodisch und überholt, sind aber dennoch Teil von uns:

Zorn
Stolz
Gefräßigkeit

Habsucht
Eitelkeit
Wollust
Faulheit

Diese menschlichen Charakterschwächen sind einige der natürlichsten und verständlichsten Reaktionen auf den Druck und die Einschränkungen des Erdenlebens. Um aber in Einklang mit unserer Seele zu kommen, müssen wir diese Schwächen in ihr Gegenteil umwandeln. Aus Zorn muß Nachsicht werden, aus Stolz Bescheidenheit, aus Gefräßigkeit Mäßigung, aus Habsucht Zufriedenheit mit dem, was man hat, aus Wollust die Hinwendung zu einer aufrichtigen, verantwortungsvollen Partnerschaft, und aus Faulheit die Bereitwilligkeit, selbst aktiv seinen eigenen Teil zu tun. Den aufgeführten Charakterfehlern möchte ich noch zwei hinzufügen: die Selbstbezogenheit, die zum Dienst am anderen werden muß, und der Wunsch, generell seinen eigenen Willen durchzusetzen, muß der Unterordnung unter einen höheren Willen weichen.

Überlegen wir doch einmal, wie verschiedene Wunden uns die Möglichkeit geben, uns mit besonderen Charakterschwächen auseinanderzusetzen. Wer sich beispielsweise ungeliebt fühlt, ist vielleicht auch gar nicht liebenswert, sondern möchte selbstbezogen immer im Mittelpunkt stehen. Äußere Verunstaltungen können den Lernprozeß begünstigen, daß der Wert als Mensch von etwas anderem als nur dem Äußeren abhängig ist. Finanzielle Probleme weisen vielleicht auf die Notwendigkeit zur Auseinandersetzung mit der alten Eigenschaft, der Habsucht, hin. Lernziel ist dann, das Teilen von wenigem mit anderen als die Grundlage für wirklichen Wohlstand zu erkennen.

Das sind natürlich grob vereinfachte Beispiele. In den meisten Fällen sind sowohl die Charakterfehler als auch die Situationen, die zur Auseinandersetzung damit zwingen, individuell sehr verschieden. Sie sollten von daher keine pauschalen Urteile fällen. Nicht jeder Mittellose ist beispielsweise geizig. Auch das zu hastige Beurteilen anderer zählt zu den Charakterschwächen!

Charakterfehler entwickeln und vertiefen sich über viele verschiedene Erdenleben, und mehrere Inkarnationen können nötig sein, um sie in Tugenden zu verwandeln. Je mehr wir diese Tugenden entwickeln, desto mehr verlieren wir unsere Selbstbezogenheit und kümmern uns um das Wohl anderer. Die Entwicklung eines *Gruppenbewußtseins* ist eine der grundlegenden Aufgaben, der sich jede Seele in ihren individuellen Inkarnationen widmen muß. Es ist unvermeidlich, daß wir belastende Situationen und die daraus resultierenden Möglichkeiten anziehen, denn nur so können wir diese Aufgaben erfüllen.

Durch ein Trauma die Wahrheit entdecken

Eine weitere während der Inkarnationen zu bewältigende Aufgabe ist das Aufgeben von Illusionen, mit denen wir vielleicht schon mehrere Erdenleben lang gelebt haben. Leiden machen diese Illusionen deutlich, die es zu überwinden gilt. Gelingt dies, so bleibt dem Individuum die Bedeutung gerade dieses Prozesses in der Regel verborgen. Wie wichtig er dennoch ist, möchte ich an einem Beispiel klarmachen. Die folgende Geschichte zeigt, wie eng das Leiden an Einsamkeit und die Illusion der Rettung durch einen Erlöser miteinander verbunden sein können. Und sie verdeutlicht den überaus vielschichtigen Prozeß, den ein Mensch auf der Suche nach der Wahrheit durchleben muß.

Jennifer hatte sich nie mit Inkarnationen beschäftigt und demzufolge keine Haltung dazu. Ganz sicher hatte sie nicht damit gerechnet, plötzlich mit einem früheren Leben in Kontakt zu kommen. Wegen einer alten Nacken- und Schulterverletzung hatte sie Irene aufgesucht, eine Expertin, die mit Tiefenmassagen nach Ida Rolf falsch ausgerichtete Körperstrukturen korrigierte. Es war die neunte von normalerweise zehn Rolfingsitzungen, und Irene arbeitete gerade mit Jennifers Gesichtsmuskeln, um die permanente Verspannung zu lösen, als Jennifer plötzlich laut aufschrie. Ihr Körper wand sich in heftigen Krämpfen, und ihre Schreie wurden immer lauter und angsterfüllter.

Irene, die selbst ähnliches durchgemacht hatte, kannte solche Reaktionen auch von einigen anderen Klienten und wußte sofort, was da geschah. Sie ergriff Jennifers Hand und sagte fest und ruhig: «Sieh es an und sage mir, was passiert. Sage mir, was du siehst.» Sie wiederholte diese Worte wieder und wieder. Schließlich beruhigte sich Jennifer etwas, und sie fing stockend an zu erzählen.

«Ich sehe einen kleinen Jungen von acht oder neun», begann sie. «Er gleicht mir überhaupt nicht, und doch kenne ich ihn ganz genau. Ich weiß, was er denkt und fühlt und wer er in seinem Innersten ist.

Es wird draußen gerade dunkel, und wir setzen uns zum Abendessen. Alles ist sehr einfach und schlicht. Mein Vater ist Bauer.» Jennifer versuchte, die Tränen zu unterdrücken, und fuhr fort: «Dann schlagen sie die Tür ein. Wir haben sie nicht einmal gehört. Ich sitze mit dem Rücken zur Tür, aber ich kann den Schrecken im Gesicht meines Vaters lesen. Es ist so, als sagte er: ‹Sie sind da.›

Sie tragen Uniform und schreien meinen Vater an, aber ich verstehe die Worte nicht. Zwei von ihnen gehen von einem Zimmer zum anderen und zerschlagen alle Möbel mit ihren Gewehrkolben. Hinter einem Vorhang in der Küche finden sie, wonach sie gesucht haben, den Radiosender meines Vaters. Sie stellen das Gerät auf den Tisch vor uns und zerschlagen es, dann ergreift mich einer der Soldaten so hart bei den Schultern, daß ich aufschreie», Jennifer stöhnte, «und zieht mich aus dem Zimmer. Ich schreie ‹Papa, Papa!›» Tränen strömten über Jennifers Wangen, sie atmete flach und schnell und versuchte sich zu fassen. «Er stößt mich mit seinem Gewehr vor sich her aus der Tür bis zu einer der Scheunen und fängt an, mich systematisch zusammenzuschlagen. Mein Kopf schlägt gegen die Wand der Scheune, und die Knie versagen mir. Ich liege auf dem Boden, und er tritt immer wieder zu.» Jennifer stöhnte und fuhr mit ganz hoher Stimme fort: «Und ich denke immer nur, mein Vater wird kommen und mich retten. Mein Vater ist so stark, er wird kommen und mich hier wegholen.» Sie blickte auf und sah Irene tränenüberströmt an. «Und das ist alles. Das ist das Ende.»

Irene blieb auf dem Massagetisch neben Jennifer sitzen und hielt sie im Arm, bis sich das Schluchzen etwas beruhigt hatte. Dann erklärte sie vorsichtig – und wahrscheinlich konnte Jennifer das jetzt selbst erkennen –, daß sie in dieser Szene wahrscheinlich das gewalttätige Ende ihres letzten Lebens durchmachte. Es sei sehr wahrscheinlich, daß etwas, was mit diesem grausamen Ende verbunden war, Jennifers jetziges Dasein überschattete. Könnte sie vielleicht sagen, was es sei?

Nach einer langen Pause schloß Jennifer die Augen und sagte ganz leise: «Wenn man mich verläßt, muß ich sterben.» Sie schwieg wieder lange, nickte dann und fügte hinzu: «Genauso habe ich mich als der Junge gefühlt, dessen Vater nicht kam. Verlassen. Und in diesem Leben hat man mich auch immer wieder verlassen.»

Irene nickte. «Ich würde vermuten, daß das Verlassenwerden schon vor deinem letzten Leben Bedeutung für dich hatte, weil du das Trauma schon da als Verlassen interpretierst. Du hättest als Kind ja auch denken können: ‹Das ist nicht fair. Ich habe nichts getan, was diese Brutalität rechtfertigen könnte!› Dann wären jetzt eher Fairneß und Gerechtigkeit dein Problem, nicht das Verlassenwerden. Oder du hättest Wut und den Wunsch nach Rache empfinden können. Du wußtest ja nicht, daß du nur noch Minuten zu leben hattest und hättest dir vielleicht im stillen geschworen: ‹Ich bringe ihn um, wenn ich groß bin!›

Eine energetische Gefühlszusammenballung zum Zeitpunkt eines gewaltsamen Todes gibt im allgemeinen das Muster für das nächste Leben vor. Die blockierte Energie kann nur auf eine einzige Art und Weise freigesetzt werden, nämlich durch eine völlig neue Sichtweise in bezug auf das vorherrschende Gefühl, in deinem Fall das Gefühl, immer wieder allein gelassen zu werden.»

«Genau das ist auch eingetreten», sagte Jennifer. «Mein ganzes Leben scheint einzig der Vorbereitung auf den Tod meines Mannes im vorigen Jahr gedient zu haben. Ich liebte – liebe ihn so sehr», berichtigte sie sich selbst, «und ich konnte ihn doch gehen lassen, konnte es zulassen, daß er mich verließ, weil das sein eigener Wunsch war. Ich glaube, das war wohl das schwerste, gleichzeitig aber auch das beste, was ich je getan habe.»

«Erzähl doch einmal von Anfang an», bat Irene.

In Jennifers Leben, dessen Verlauf sie völlig ohne Selbstmitleid erzählte, spielte Verlassenwerden wirklich eine vorherrschende Rolle. «Mein Vater verließ meine Mutter, als ich vier Jahre alt war. Ich liebte ihn sehr, doch plötzlich war er aus meinem Leben verschwunden. Ich erinnere mich daran, wie ich immer wieder weinte und nach ihm fragte, was meine Mutter sehr ärgerlich und böse machte, und so hörte ich auf zu fragen, obgleich mir das Herz weh tat. Als ich fünf war, ging auch meine Mutter fort, und ich wuchs bei meiner Großmutter auf. Alle zwei bis drei Jahre kam meine Mutter zwar zu Besuch, war aber für mich eine Fremde geworden. Als ich 13 war, kam sie nicht mehr. Meine Großmutter wollte meine Fragen nach meinen Eltern nicht beantworten. Sie haßte meinen Vater und schämte sich für meine Mutter. Und so hörte ich wieder auf zu fragen, um des lieben Friedens willen.

Meine Großmutter ließ es mich immer wieder spüren, was für eine finanzielle Last ich war. Als ich mit 16 einen Wettbewerb gewann und begann, als Model zu arbeiten, war sie froh, daß ich endlich Geld verdiente. Ich war ziemlich erfolgreich, und mit 18 lernte ich einen sehr viel älteren Mann kennen, einen Schriftsteller. Ich fühlte mich von seinem Interesse an mir geschmeichelt. Dabei ignorierte ich, daß er mehr trank als schrieb. Er überredete mich, mit ihm nach Mexiko zu gehen, und wir lebten dort drei Jahre lang in einer Art Künstlerkolonie. Als ich dann im siebten Monat schwanger war, verließ er mich und kehrte in die Staaten zurück.

Meine Tochter Lori wurde in Mexiko geboren, und ich hielt uns über Wasser, indem ich Ferienhäuser für Amerikaner in Mexiko verwaltete. Als Lori alt genug war, zur Schule zu gehen, kehrten wir nach Kalifornien zurück, wo ich aufgewachsen war.

Immer wieder hatte ich Affären mit Alkoholikern, und schließlich, mit 32, ging ich zu meinem ersten Al-Anon-Treffen. Ich dachte, ich könnte dort lernen, wie ich mit meinem damaligen Alkoholiker-Freund besser auskommen könnte. Er verließ mich zwar auch, aber zu dem Zeitpunkt hatte ich gelernt, wie ich das besser verkraften könnte. Schließlich zählte ich eins und eins zusammen und kam zu dem Schluß, daß meine Eltern wohl beide Probleme mit Alkohol gehabt hatten. Mein ganzes Leben lang hatte ich mich an irgendeinen Alkoholiker geklammert und immer nur Angst gehabt, daß man mich verlassen würde. Und jetzt lernte ich durch meine neuen Freunde bei Al-Anon, daß es manchmal für einen Menschen das beste sein kann, wenn man ihn gehen läßt. Diese Lektion fiel mir nicht leicht! Mein ganzes Leben lang hatte immer eine Stimme in mir gefleht: ‹Verlaß mich nicht, verlaß mich nicht. Ich möchte nie wieder verlassen werden.›

Ein paar Jahre später lernte ich Gregor kennen. Wenn es so etwas wie den vollkommenen Partner gibt, dann war es Gregor. Wir verstanden uns wunderbar. Ein Jahr später heirateten wir, obgleich ich mich fragte, woher er den Mut dazu nahm. Meine Tochter lehnte ihn vollkommen ab, und ich mußte weiterhin zu den Al-Anon-Versammlungen gehen, nur damit ich nicht vergaß, daß es Dinge gab, die ich nicht ändern und nicht wieder in Ordnung bringen konnte. Ich wollte so sehr, daß wir alle in Harmonie und Frieden zusammenlebten, aber es klappte nie so recht, obgleich Gregor sehr freundlich, geduldig und lieb war. Manchmal denke ich, daß Lori das Auf und Ab eines Lebens mit meinen Alkoholiker-Freunden vermißte.

Eines Abends rief ganz überraschend Loris Vater an. Er hatte sie noch nie gesehen und wollte sie nun gerne in Chicago treffen. Nach dem Telefonat sprachen wir gemeinsam von der Möglichkeit, daß Lori ihn in den Sommerferien besuchen könnte. Aber statt dessen lief sie einfach davon, nahm den Bus und fuhr zu ihrem Vater. Sie war 14. Gregor und ich haben lange überlegt, was wir machen sollten, kamen aber schließlich zu dem Schluß, daß wir ihr die Entscheidung überlassen sollten. Wenn wir sie gezwungen hätten zurückzukommen, hätte sie ja immer wieder fortlaufen können, und wir wären alle unglücklich gewesen. Wir dachten auch, daß sie schließlich aus freien Stücken zurückkommen würde. Aber sie blieb in Chicago und fand auch eine Modelagentur, für die sie mit 15 zu arbeiten begann. Sie trat also in meine Fußstapfen. Jetzt ist sie 19 und möchte gerne Schauspielerin werden. Ihr Leben ist ganz anders als meins, aber ich glaube, es ist das richtige für sie. Und doch warte ich irgendwie immer noch darauf, daß sie wieder nach Hause kommt, wahrscheinlich, weil ich ihre Entwicklung vom Kind zur Frau nicht erlebt habe. Ich glaubte damals, daß nichts schlimmer sein könnte als Loris Weggehen. Ohne Gregor und ohne Al-Anon wäre ich wahrscheinlich durchgedreht.

Und dann hatte Gregor vor zwei Jahren einen ganz schlimmen Asthmaanfall. Als wir im Krankenhaus ankamen, war er klinisch tot. Er wurde aber revitalisiert. Die Tage danach hat er dann nur geweint. Schließlich nahm er meine Hand und sagte, er habe überhaupt keine Angst und er wolle einfach sterben.

Ich wußte, was er damit meinte. Er wollte leben statt zu versuchen, am Leben zu bleiben. Und ich wußte, ich würde wieder verlassen werden. Aber ich wußte auch, daß es um sein Leben ging und er das Recht hatte zu bestimmen, wie er leben wollte. Und ich konnte seiner Entscheidung nur zustimmen.

Gregor war Kunsttischler. Er liebte seine Arbeit, obgleich Sägemehl Gift für sein Asthma war. Er hing an seinen Freunden, die er schon aus der Kindheit kannte und die nicht weit entfernt von uns wohnten. Er liebte die Berge und die feuchte Meeresluft um uns herum, obgleich das Klima die Entwicklung aller möglichen Pollen und Pilzsporen begünstigte. Alles das war sehr schlecht für sein Asthma. Aber sein Herz gehörte dieser Landschaft.

Er kam also aus dem Krankenhaus wieder nach Hause und wurde langsam kräftiger. Seine Freunde besuchten ihn, und auch Lori kam. Sie konnte ihm endlich sagen, wie sehr sie ihn liebte und wie dankbar sie war, daß er als Stiefvater so gut zu ihr gewesen war. Wie sehr hatte ich auf diese Worte gewartet!

Jeder Augenblick unseres Lebens war so ausgefüllt, weil wir wußten, daß er nicht mehr lange zu leben hatte. Wir fühlten uns beinahe wie in den Flitterwochen, so ehrlich und frei waren wir miteinander, so sehr lebten wir im Augenblick und nahmen nichts für selbstverständlich. Und doch gab es viele Momente, wo ich ihn am liebsten bei den Schultern gepackt und angefleht hätte, doch an mich zu denken, mit mir woandershin zu ziehen, wo er besser atmen konnte, wo es für ihn sicherer war und wo er leben konnte. Aber jedesmal sagte ich mir dann, daß wir ja lebten, wie er leben wollte, und daß das das einzige Geschenk war, das ich ihm machen konnte. So verging ein Jahr, bevor er seinen nächsten schweren Anfall hatte. Dieses Mal war er allein in seinem Auto auf dem Parkplatz des Supermarktes.» Jennifers Stimme war ganz leise geworden. Sie schwieg eine Weile und fuhr dann fort: «Manchmal bin ich im Zweifel, ob ich das richtige getan habe. Ich hätte versuchen können, ihn zu überreden, wegzuziehen, mit der Arbeit aufzuhören, hätte darauf bestehen können, daß er mir zuliebe am Leben bleibt. Oder ich hätte ihn nie aus den Augen lassen sollen. Aber ich weiß, auch wenn niemand sonst meiner Meinung ist, daß ich nichts besseres hätte für ihn tun können, als meine Liebe zu ihm zu zeigen, indem ich ihn in diesem Jahr so leben ließ, wie er es wollte.»

«Ich weiß es auch», sagte Irene und zog Jennifer leicht an sich. «Du hast eine enorme Veränderung durchgemacht. Du hast eine Bewußtseinserweiterung erlebt, hast deinen Geist und dein Herz einer Erkenntnis geöffnet, die schon in der Realität vorhanden, dir aber noch nicht zugänglich war.

Vermutlich hast du dich schon in mehreren Erdenleben mit Verlust, Verlassenwerden und Einsamkeit beschäftigt. Dein letztes Leben endete damit, daß Verlassenheit Tod bedeutete. Und nachdem du in diesem Leben wieder so viele wichtige Menschen verloren hast, hast du schließlich Hilfe gesucht und gelernt, mit deinem Problem auf neue Weise umzugehen. Du hast gelernt, loszulassen, dich in Gottes Hand zu begeben, dich in dein Schicksal zu fügen. Und dann kam die Prüfung. Du mußtest jemandem, den du über alles liebtest, gestatten, eine Entscheidung zu treffen, die bedeutete, daß man dich wieder verlassen würde. Hast du damit nicht klar gezeigt, daß die Macht der Liebe größer ist als die Macht des Todes? Was für ein Sieg!»

Jennifer schüttelte langsam den Kopf. «Es fühlt sich nicht wie ein Sieg an. Er fehlt mir so sehr...»

Irene nickte. «Natürlich. Was aber, wenn uns in jedem Leben nur eine ganz bestimmte Zeitspanne zur Verfügung steht? Wenn das wahr ist, und ich glaube daran, dann erscheint doch alles in einem ganz neuen Licht. Gregor mußte nicht versuchen, es dir recht zu machen, er mußte sich nicht bemühen, den Tod mit Gewalt hinauszuschieben, den nur du fürchtetest. Er konnte sein letztes Jahr genau so leben, wie er es wollte. Und es war dein Sieg über die Angst vor dem Verlassenwerden, der das möglich machte.»

«Ein Sieg fühlt sich also nicht immer wunderbar an?» Jennifer sah Irene fragend an.

«Vielleicht nicht für den physischen Menschen. Aber die Seele weiß, wenn wir etwas Großes geleistet haben. Du hast vielleicht heute noch einmal einen Blick in dein voriges Leben werfen müssen, um erkennen zu können, was du alles geleistet hast. Das scheint vielleicht nur ein kleiner Trost zu sein, aber ich glaube, die Fähigkeit, endlich zu sehen, wie alles zusammenpaßt, ist ein Geschenk, das direkt aus der Seele kommt.»

«Ich habe oft darum gebetet zu verstehen, warum alles in meinem Leben so kommen mußte», sagte Jennifer langsam. «Und zu einem gewissen Grad verstehe ich es jetzt.»

Das Geschenk des Leidens

So kann ein Leiden zu einer spirituellen Weiterentwicklung führen. Fragen Sie sich doch selbst einmal: «Auf welche Weise will mich das, woran ich kranke, beeinflussen? Wie zwingt es mich zu wachsen und mein Bewußtsein über die eigene Person hinaus auf das Universum hin zu erweitern? Wodurch hilft es mir, meine Charakterfehler zu erkennen, zu berichtigen und mich von Illusionen freizumachen?»

Jennifer hatte darum gebetet zu verstehen, und erst *nachdem ihr Leiden seinen Zweck erfüllt hatte*, wurde ihr Gebet auf eine höchst ungewöhnliche Weise erhört. Nicht jeder von uns wird eine frühere Inkarnation auf eine so deutliche Weise erleben wie Jennifer und dazu dann noch jemanden bei sich haben, der ihm die Bedeutung dieser Erfahrung erklären kann. Doch davon ganz abgesehen, wir dürfen nie vergessen, daß uns immer nur unser jetziges Leben interessieren sollte. *Alles*, was für uns wichtig ist, ist in diesem Leben enthalten. Aus reiner Neugier Offenbarungen aus vergangenen Leben nachzujagen, ist im besten Fall Selbstbespiegelung und im schlechtesten Fall ungesund. Wir *müssen* uns mit dem auseinandersetzen, was in unserem jetzigen Leben geschieht, müssen auch Druck und Streß ertragen und mit unseren Charakterschwächen umgehen. Nur wenn wir diesen Schwächen auf der Spur sind, um sie zu berichtigen, kann es sinnvoll sein, Einzelheiten aus früheren Leben zu erfahren. Andernfalls lenken wir uns durch die Beschäftigung mit vergangenen Inkarnationen nur von unseren heutigen Problemen ab, oder wir entschuldigen damit heutige Schwächen und Schwierigkeiten.

Ein wichtiges spirituelles Gesetz besagt, daß wir ohne eigenes Bemühen erfahren werden, was wir wissen sollen, wenn die Zeit dazu gekommen ist. Jennifers Geschichte ist ein Beweis dafür, denn sie hatte nicht bewußt nach Offenbarungen aus früheren Leben gesucht. Die Information wurde ihr zu einem Zeitpunkt übermittelt, als sie dadurch ihre Situation besser verstehen und ihre Gesundung Fortschritte machen konnte.

Es ist weise, der Seele zu überlassen, wann und wie sie uns neue Erkenntnisse zugänglich macht. Wir bezeichnen vieles als Zufall, was im Grunde Werk der Seele ist. Manchmal haben wir eine Erleuchtung, wenn wir ungewollt der Unterhaltung von zwei Fremden zuhören. Oder wir sehen uns einen Film an, lesen ein Buch, und plötzlich *wissen* wir, plötzlich *sehen* wir. Oder während eines Traumes oder einer Meditation passiert irgend etwas in uns, kommen uns Erkenntnisse, die wir vielleicht nie in Worte fassen können. Wir wissen, daß wir auf irgendeine tiefgreifende und unwiderrufliche Weise verändert worden sind.

Geschieht all das durch Zufall? Können wir nichts tun, um das, was im Grunde ein göttlicher Prozeß ist, voranzubringen?

Wir können wie Jennifer darum bitten, daß wir die Gnade unseres Leidens begreifen. Wir können beten, daß wir die Stärke haben, uns der mühsamen Lektion nicht zu widersetzen. Jede Weigerung, sich mit den eigenen Charakterfehlern auseinanderzusetzen, macht sie nicht unsichtbar, sondern verstärkt sie im Gegenteil noch. Und wieder müssen wir dann einen schmerzhaften Heilungszyklus durchlaufen.

Auch wenn wir darum bitten, so gibt es keine Garantie dafür, daß wir sofort eine verständliche Antwort erhalten oder eine prompte Besserung unserer Situation erfahren. Wenn wir uns aber ernsthaft und demütig um Begreifen bemühen, werden wir allmählich verstehen lernen, was uns unser Leiden lehrt, und werden auf dem Weg zur Erleuchtung wieder einen Schritt vorangekommen sein.

5

Warum habe ich solche Probleme mit meinen Beziehungen?

So manchem ergeht es wie mir, daß er lange und mühevoll um Antworten auf bestimmte Fragen ringt und ganz plötzlich aus dem Universum einen Hinweis erhält, der ihn einer Antwort näher bringt. Ich habe mich die meiste Zeit meines Lebens mit menschlichen Beziehungen, ihrer Dynamik und ihrer Bedeutung sowohl beruflich als auch privat beschäftigt, doch immer wieder stand ich vor einem Rätsel. Vor ein paar Jahren erhielt ich plötzlich einen Hinweis, der mir entscheidend weiterhalf. Zu der Zeit praktizierte ich noch als traditionell ausgebildete Psychotherapeutin, wurde aber zunehmend frustrierter, da mich der akademische Ansatz beim Verständnis des menschlichen Verhaltens nicht weiterbrachte. Eines Tages unterhielt ich mich mit einer professionellen Hellseherin über die Schwierigkeiten, die uns in unseren jeweiligen Berufen begegneten.

«Ich bin besonders frustriert», sagte meine Bekannte aufgebracht, «wenn meine Klienten irgendein idiotisches Verhalten in der Gegenwart mit etwas rechtfertigen, was sie angeblich in einem früheren Leben erfahren haben.» Und sie gab mir ein Beispiel: Vor ein paar Wochen war eine Frau zu ihr gekommen, deren Ehe, wie die Hellseherin bald intuitiv erkannte, schlecht war, weil die Partner einfach nicht zusammenpaßten. Da sie merkte, daß beide offensichtlich in dieser Beziehung unglücklich waren, sagte sie ehrlich: «Sie hätten sich schon vor Jahren von Ihrem Mann trennen sollen.» Doch die Frau lächelte nur geheimnisvoll und erzählte, daß sie am Anfang ihrer Ehe einen Hellseher aufgesucht habe. Der habe sie darüber aufgeklärt, daß ihr Mann in einem früheren Leben ihr Sohn gewesen sei, den sie verlassen habe und der danach entsetzlich leiden mußte und schließlich umgekommen sei.

«Sie werden verstehen», schloß die Frau mit Entschiedenheit in der Stimme, «daß ich ihn ganz sicher in diesem Leben nicht wieder verlassen *könnte*.»

«Das sollten Sie aber», meinte meine Bekannte nachdrücklich, «denn so bringen Sie ihn nur wieder um.»

Beziehungen und Schicksal

Noch jahrelang hat mich die Geschichte dieser Frau verfolgt, die entschlossen war, ihren Mann zu schützen und für ihn zu sorgen, koste es, was es wolle, und die damit doch gerade das erreichte, was sie hatte vermeiden wollen. Es schien mir beinahe eine Variante der klassischen Kurzgeschichte «Treffpunkt in Samarra» (1990 bei Klett-Cotta) von John O'Hara zu sein, nur daß es diesmal um Beziehungen ging: Ein Mann erfährt eines Morgens auf dem Markt, daß der Tod ihn noch am selben Abend holen würde. Um seinem Schicksal zu entgehen, flieht der Mann und traut sich erst spät am Abend, eine Ruhepause zu machen, in der Hoffnung, daß er nun genügend Abstand zwischen sich und den Tod gebracht habe. Und dort, im entfernten Samarra, spät in der Nacht, steht ihm plötzlich der Tod gegenüber, der ihn lobt, daß er die Verabredung so pünktlich eingehalten habe, vor allen Dingen, da sie doch an einem so entfernten Ort stattfinden sollte.

Diese unheimliche Erzählung und die Geschichte der Klientin meiner Bekannten sagen wohl das gleiche aus: All unsere Vermeidungsstrategien führen nur dazu, daß sich das Schicksal erfüllt. Die Flucht vor dem so gefürchteten Unvermeidlichen treibt uns unaufhaltsam genau in seine Arme. Besonders in Beziehungen zeigt sich, daß unterschwellige Strömungen in Form von bewußten Hoffnungen und Anstrengungen genau zu dem Gegenteil des Angestrebten führen. Jede wichtige Beziehung zu einem Menschen hat anscheinend so etwas wie ein Eigenleben, dessen Zweck uns verborgen bleibt, dessen Sinn wir nicht bewußt erfassen können.

Haben Sie nicht selbst schon Ähnliches erlebt? Haben Sie nicht auch schon empfunden, daß es eine unsichtbare und unwiderstehliche Macht gab, die eine Beziehung zu einem Ihnen nahestehenden Menschen in eine bestimmte Richtung lenkte, die Ihren bewußten Wünschen und Plänen widersprach? Haben nicht, wie es der Klientin der Hellseherin geschah, all Ihre Bemühungen, die Katastrophe zu vermeiden, Sie gerade dorthin gebracht? Und wenn das der Fall ist, warum ist es so? Was für einen Sinn hat das Ganze?

Der wahre Sinn
von menschlichen Beziehungen

Wenn ich auf die beinahe fünfzig Jahre meines Lebens zurückblicke, wird mir klar, daß ich immer den wahren Grund dafür finden wollte, warum wir Menschen häufig soviel Leid in unseren Beziehungen zu anderen ertragen. In meinen fünfzehn Jahren als Psychotherapeutin habe ich viel gelernt, aber an diesem Punkt kam ich nicht weiter. Ich war wie jemand, der den Wald vor lauter Bäumen nicht sieht, ich war dem Problem zu nahe, war viel zu sehr mit den Einzelheiten meines eigenen Lebens und dem meiner Klienten beschäftigt, als daß ich eine Übersicht gehabt hätte. Ich brauchte einen größeren Abstand, und das Leben gab mir, was ich brauchte. Ich schüttelte alles ab, was mich bisher besetzt gehalten hatte, und war sieben Jahre lang nur Beobachter. Ich las, ich überlegte, und ich begann schließlich zu verstehen.

Ich erkannte, daß unsere wichtigsten Beziehungen einem ganz anderen Zweck dienen als dem von den Individuen oder auch der Gesellschaft angenommenen. Eine enge Beziehung zu einem anderen Menschen hat nicht den Sinn, uns glücklich zu machen, unsere Bedürfnisse zu befriedigen, unseren Platz in der Gesellschaft zu definieren oder uns in Sicherheit leben zu lassen.

Der wahre Sinn besteht darin, daß eine enge Beziehung *uns dem Licht entgegenwachsen läßt.*

Es ist eine ganz einfache Tatsache: Gemeinsam mit den Menschen, denen wir eng verbunden sind, befinden wir uns auf einem vorgezeichneten Kurs voller Gefahren und Hindernisse, der uns von einem Entwicklungsstadium zum anderen bringen soll. Wenn wir versuchen, unsere oft schwierigen menschlichen Beziehungen zu verstehen, sollten wir uns also immer wieder daran erinnern, daß es eine unfehlbare und unnachgiebige Kraft im Universum gibt, deren einziges Ziel die Entwicklung des Bewußtseins ist. Und der Treibstoff, der diese Entwicklung voranbringt, ist immer, *immer* das Streben.

Der Schöpfung selbst liegt das Streben zugrunde, sich als Form zu manifestieren. Es ist der Wille zu sein. Und jede Form, von der primitivsten bis zur höchstentwickelten, trägt diesen Willen zu werden in sich. Was zu werden? Eine großartige, abgerundete, vollständige, reine und vollkommene physische Manifestation der Kraft, die die Schöpfung bedingt. Dieser Wille zu werden gilt für das kleinste Atom wie für die Gesamtheit des physikalischen Universums, für die lichten, höchsten Sphären der Existenz wie für die Dichte unseres Erdendaseins als Menschen. Auch wir, die wir aus unserer notwendigerweise begrenzten Perspektive diese Tatsache häufig nicht wahrhaben wollen, befinden uns, zusammen mit allem, was die Schöpfung ausmacht, auf dem Weg zu dieser Manifestation.

Die Seele sehnt sich danach, Gott näher zu sein. Deshalb schickt sie uns auf den Weg, auf dem wir aufgrund des natürlichen Strebens nach angenehmen Erfahrungen und Vermeidung von Leid Fortschritte machen. Und wer seine grundsätzlichen Bedürfnisse wie Nahrung, Behausung und Sicherheit im täglichen Leben gedeckt hat, wird auf dem Weg der Erkenntnis vor allen Dingen durch positive und negative Erfahrungen in seinen menschlichen Beziehungen vorangebracht. Deshalb also werden wir mit dem schwierigen Kind, dem störrischen Teenager, mit Eltern konfrontiert, die uns durch ihre Kälte, ihre manipulierende Hilflosigkeit, ihre Forderungen enttäuschen, erleben wir den Freund, der uns verrät, den Chef, der uns ausnutzt, den Geliebten, der uns nicht liebt, den Ehepartner, der uns enttäuscht oder kritisiert, der uns verläßt oder stirbt. Alle Menschen, die unsere Gedanken oder unsere Gefühle beherrschen, mit denen wir zusammenleben, nach denen wir uns sehnen, um die wir uns Sorgen machen, die mit uns konkurrieren, gegen die wir uns auflehnen, für die wir uns opfern und für die wir leiden, all diese Menschen schieben und stoßen und ziehen uns den Pfad entlang, den wir so mit ihnen teilen: den Weg zur Erkenntnis.

Um welche Erkenntnis geht es? Wir sollen die Illusion, die wir noch von uns selbst, von unserer Stellung in der Welt und von der Welt selbst haben, als solche erkennen und ablegen. Wir sollen unsere Charakterfehler wie unsere selbstsüchtigen Wünsche erkennen und allmählich überwinden lernen, während wir auf diesem spiralförmigen Weg zur Erleuchtung langsam immer weiter emporsteigen.

Das folgende Beispiel schildert den Weg zu einer Erkenntnis, die aus einer schwierigen Eltern-Kind-Beziehung erwuchs.

Marleen heiratete mit 22 einen Mann, der sehr stolz auf seine Abstammung war und dessen Familie seit Generationen eine wichtige Rolle in einer bestimmten Region des Landes einnahm. Nachkommen waren für Marleens Mann außerordentlich wichtig, aber nach vier Fehlgeburten in sechs Jahren wurde Marleen mitgeteilt, daß sie kinderlos bleiben würde. Diese traurige Nachricht zerstörte ihre Ehe. Ihr Mann ließ sich scheiden, heiratete schnell wieder und war bald mit einem Erben versorgt.

Marleen litt sehr unter dem Scheitern ihrer Ehe und ihrer Kinderlosigkeit. Aber sie schaffte es schließlich, ihre Enttäuschungen hinter sich zu lassen, setzte ihr unterbrochenes Studium fort und wurde Journalistin.

Mit Mitte Dreißig heiratete sie einen langjährigen Freund, den sie allmählich lieben gelernt hatte. Sie ging davon aus, daß die Ehe an ihrem normalen Leben nicht sehr viel ändern würde, und war vollkommen verblüfft, als sie nach einem Jahr feststellte, daß sie schwanger war und das Baby auch austragen konnte.

Die kleine Caitlin war ein hübsches, aber anstrengendes Baby, das sich zu einem eigensinnigen Kind entwickelte. Die Mutter war so glücklich über das Kind, daß sie ihr nichts verbieten konnte und ihr keinerlei Grenzen setzte. Für sie war Caitlin «ihr Wunder». Der Vater war ein ruhiger, geduldiger Mann, der wie seine Frau nicht nein sagen konnte, und bald hatte sich Caitlin zu einem kleinen Despoten entwickelt, der als schlecht erzogene Göre bei Freunden und Bekannten galt. Für Marleen und ihren Mann aber war ihre Tochter weder ein Tyrann noch uneinsichtig, sondern kühn, furchtlos und von einem bewundernswerten Individualismus. Sie merkten nicht, daß etliche ihrer Freunde sich von ihnen zurückgezogen hatten.

Nach ein paar Jahren, in denen sie ihrer Tochter wegen ihren Beruf nicht ausgeübt hatte, Jahre, die weitaus anstrengender waren, als Marleen sich jemals eingestehen würde, fing sie wieder an zu arbeiten. Sie bekam eine Stellung bei der Lokalzeitung und erhielt schließlich den Auftrag, über diverse Umweltprobleme zu berichten, ein Thema, das ihr selbst sehr am Herzen lag. Da ihr aber Streitereien zuwider waren, versuchte sie auch bei dieser Arbeit Zusammenstöße zu vermeiden und gleichzeitig ihren eigenen Überzeugungen treu zu bleiben. Das war nicht immer möglich, und der Druck verstärkte sich.

Das Leben zu Hause wurde schwieriger. Caitlin hatte zunehmend höhere Ansprüche. Doch Marleen erzählte weiterhin jedem, der es hören wollte, wie gesegnet ihr Mann und sie doch mit diesem wunderbaren Kind seien. Aber hin und wieder konnte sie die Phantasien nicht unterdrücken, wie es wäre, wenn sie wieder ihr Leben wie früher führen und als freie Reporterin die Welt bereisen könnte.

Und wie so häufig, wenn wir uns in eine Ecke gedrängt fühlen, geschah etwas Unvorhergesehenes. Marleen hatte, sozusagen aus heiterem Himmel, einen Wutausbruch. Eines Tages drohte sie plötzlich wegen einer Kleinigkeit, Mann und Kind zu verlassen. Sie war beinahe ebenso schockiert wie ihr Mann, als ihr bewußt wurde, was sie da gesagt hatte, aber die siebenjährige Caitlin versuchte sofort, ihre Mutter mit Geschrei und Gegendrohungen einzuschüchtern. Wie betäubt zog Marleen ihren Mann in das gemeinsame Schlafzimmer und verschloß die Tür.

Und während Caitlin wütend mit den Füßen gegen die Tür trat, gestanden ihre Eltern sich zum ersten Mal ein, was für ein Alptraum ihr Leben geworden war. Allein der Gedanke daran, daß er mit seiner eigensinnigen Tochter allein zurechtkommen müßte, überzeugte Marleens sanften Mann, daß sie endlich ihrer Tochter in ihrem Verhalten Grenzen setzen müßten. Und gemeinsam entwickelten sie einen Plan.

Die wenigen Freunde, die sie noch hatten, waren von ihren neuen Bemühungen begeistert und halfen so gut sie konnten. Caitlins Eltern hörten auf, dem Kind in allem nachzugeben, und versuchten nicht mehr, es mit Geschenken zu beruhigen und zu bestechen. Caitlin bekam in der Öffentlichkeit und zu Hause Wutanfälle, beschimpfte ihre Eltern und schrie sie an, sie würde sie ewig hassen. Aber sie ließen sich davon nicht beirren, sondern setzten ihr vernünftige Grenzen, sahen zu, daß sie sich daran hielt, straften sie, wenn es angebracht war, lobten und ermutigten sie immer wieder. In dieser schwierigen Zeit gab sich das Paar Kraft und Trost, und beide stellten zu ihrer Überraschung fest, daß ihre Liebe füreinander wuchs und auch ihr sexuelles Leben wieder spannender wurde. Beide gingen ihren Alltag mit weit mehr Energie und Begeisterung an als vorher. Selbst die Auseinandersetzungen mit Caitlin kosteten sie weniger Kraft als früher das ewige Bemühen um Ruhe und Frieden.

Und schließlich erhielten sie den Lohn für ihre Mühe. Caitlin wurde viel hilfsbereiter und auf gesunde Weise selbstbewußter als in den Jahren, in denen die Eltern ihr mehr Freiheit und mehr Macht zugestanden hatten, als sie in ihrem Alter handhaben konnte.

Auch Marleen wurde durch diese schwierige Zeiten zu einem ausgewogeneren Menschen. Ohne daß sie sich dessen bewußt gewesen war, hatte sie seit Caitlins Geburt das kleine

Mädchen sozusagen stellvertretend für sich selbst widerspre-
chen, streiten und fordern lassen, während sie passiv blieb
und nur milde lächelte. Jetzt hatte sie ein Gefühl für ihre eigene persönliche Stärke entwickelt. Zum Beispiel brachte sie
den Mut auf, ihrem Redakteur eine regelmäßige Spalte vor-
zuschlagen, in der sie die verschiedenen, kontroversen Um-
weltthemen aus ihrer eigenen Perspektive abhandeln würde.
Ihr Chef willigte ein, weil er wußte, daß ihr sanfter Humor
auch diejenigen besänftigen würde, die anderer Meinung waren. Heute hat diese Frau, die sich früher einem Kleinkind
gegenüber nicht behaupten konnte, keine Probleme mehr
damit, zu Hause und in ihrem Beruf ihre Meinung zu vertreten.

Verstehen Sie bitte, daß diese Geschichte nicht nur Eltern zeigen soll, die schließlich gelernt hatten, einem Kind Grenzen
zu setzen und es mit Liebe und Autorität zu erziehen. Die
Tatsache, daß die Situation sich so zuspitzen mußte, bevor sie
die Probleme zugeben konnten, geschweige denn eine Veränderung suchten, zeigt, daß die charakterlichen Schwächen
der Eltern, durch die die Disziplinprobleme mit der Tochter
überhaupt erst entstanden waren, berichtigt werden mußten,
bevor das offensichtliche Problem gelöst werden konnte. Die
Situation mußte geradezu unerträglich werden, bevor diese
Schwächen endlich erkannt und Abhilfe geschaffen wurde.
Marleen hatte viele anstrengende Jahre lang mit dem stillen
Einverständnis ihres Mannes geleugnet, daß das Verhalten
ihrer Tochter unmöglich war, und, was noch wichtiger ist,
auch ihre eigenen emotionellen Reaktionen darauf. Sie wollte
statt dessen um jeden Preis die Illusion der perfekten Mutter
eines bewundernswerten Kindes aufrechterhalten.

Illusionen – wie sie entstehen
und wie sie abzubauen sind

Eine Illusion, die das Leben und die Urteilskraft so grundsätzlich beeinflussen kann, wird in der Esoterik als Scheinwelt bezeichnet. Der Mensch schafft sie sich selbst, lebt damit, bis ihre Macht gebrochen wird. Aber jede Illusion, die uns in ihrem Bann hält, ruft letzten Endes auch genau die Prüfung hervor, die nötig ist, damit der Bann gebrochen und die Scheinwelt zerstört wird.

In Marleens Fall wurde ihr Bemühen, diese Mutter-Kind-Phantasie aufrechtzuerhalten, schließlich zu einer solchen Belastung in ihrem täglichen Leben, übte einen dermaßenen Druck aus, daß sie die Illusion als solche erkennen und aufgeben mußte. Ihre Selbstsucht war in dem Wunsch nach der idealen Mutter-Kind-Beziehung natürlich weitaus weniger deutlich zu erkennen als zum Beispiel in dem Verhalten eines Menschen, der für seinen eigenen selbstsüchtigen Gewinn tötet und stiehlt. Ihre Ehrlichkeit und persönliche Integrität im Umgang mit anderen waren weit entwickelt. Marleen befand sich auf ihrem Weg zur Erleuchtung an einem Punkt, wo sie sich mit einer sehr viel subtileren Charakterschwäche auseinandersetzen mußte: mit ihrer Unehrlichkeit sich selbst gegenüber, mit ihrer Fähigkeit, sich selbst etwas vorzumachen und an dieser Illusion der idealen Mutter-Tochter-Beziehung festzuhalten.

Scheinwelten entwickeln sich immer aus selbstsüchtigen Wünschen und sind deshalb immer verhängnisvoll. Sie existieren im astralen Bereich und bestehen aus einer charakteristischen Substanz, haben eine besondere Form, sogar einen bestimmten Geruch, und mancher bringt charakteristische Klänge damit in Verbindung. Ein dafür empfänglicher Mensch kann sie als eine Art glitzerndes Miasma erkennen, als dichten, glänzenden Nebel voller Bilder, Szenen, Geschehnisse, in denen häufig andere Menschen zu erkennen sind. Diese Illusionen fühlen sich klebrig an oder wie mit kleinen Widerhaken versetzt, von denen ein ekelhafter, manchmal süßlicher Geruch nach Verwesung ausgeht. Sie scheinen unangenehm zu surren, zu klappern oder auch zu dröhnen. Scheinwelten haben ein Eigenleben, das nur schwer zu zerstören ist, und sie setzen unserer Erleuchtung jeden nur möglichen Widerstand entgegen.

Um unsere geliebten Phantasien aufzugeben, mit denen wir uns so vollkommen identifizieren, müßten wir uns sozusagen von außen betrachten können, was unmöglich ist, solange wir noch in ihnen gefangen sind. Im allgemeinen müssen wir erst in eine tiefe Krise geraten, bevor wir uns von den Illusionen befreien können, die wir uns selbst geschaffen haben.

Der Prozeß der Erkenntnis

Nach Marleens Geschichte fragen Sie sich vielleicht, in welchen Scheinwelten Sie wohl selbst leben, welche Illusionen Ihre Gedanken, Ihre Empfindungen und Ihre Handlungen negativ beeinflussen. Vielleicht möchten Sie sie sogar erkennen und überwinden. Vielleicht sind Sie schon lange um eine bessere Einschätzung der eigenen Person bemüht.

Heute kämpfen viele bewußt um eine größere innere Erkenntnis. Vielleicht ist dabei in erster Linie wirklich der Wunsch nach spiritueller Evolution die treibende Kraft, vielleicht aber steht nur der Wunsch dahinter, mit einem emotionellen Schmerz fertig zu werden. Nicht selten bildet eine Mischung aus beidem das Motiv dafür, bestimmte Bücher zu lesen, Vorträge zu hören, Tonbänder zur Selbstvervollkommnung zu kaufen, sich einer Selbsthilfegruppe anzuschließen, eine richtungsweisende Religion, einen Führer oder einen Therapeuten zu suchen. Aber unabhängig davon, wie stark das bewußte Bemühen um eine Erkenntnis ist, die im Unterbewußtsein vorherrschende Angst vor diesem Schritt schafft immer neue Hindernisse. Diese grundsätzliche Ambivalenz rührt von dem intuitiven Wissen her, daß wir wie Marleen Illusionen aufgeben müssen, mit denen wir uns so vollkommen identifizieren.

Eine passende Metapher für den Prozeß der Erkenntnis in jedem von uns liefert uns die biblische Geschichte von Saulus, der die ersten Christen unbarmherzig verfolgte. Als er auf dem Weg nach Damaskus plötzlich durch ein blendend helles Licht vom Himmel drei Tage lang mit Blindheit und Hilflosigkeit geschlagen wurde, mußte er sich mit seiner tieferen spirituellen Blindheit auseinandersetzen und erwachte aus seiner Selbstgerechtigkeit. Nach dieser Erfahrung bekannte er sich zu dem Glauben, dessen Anhänger er so erbarmungslos verfolgt hatte. Die Geschichte von Saulus, von Marleen und auch von der Frau, die sich an die Illusion klammerte, sie müsse ihren Mann schützen, und ihn dadurch nur noch unglücklicher machte, zeigt uns, daß wir gerade das annehmen müssen, *was wir unser ganzes Leben lang, und vielleicht schon mehrere Leben lang, so energisch geleugnet und unterdrückt haben.*

Kein Wunder, daß wir davor Angst haben.

Und es ist auch kein Wunder, daß etwas so Wichtiges wie unsere menschlichen Beziehungen nötig sind, um uns immer wieder wachzurütteln und zu veranlassen, weiterhin den mühseligen und gefährlichen Weg der Erkenntnis zu gehen.

Wünschen und Sehnen
im Dienst der Bewußtseins-Evolution

Denken Sie daran, daß die Entwicklung der gesamten Schöpfung vom Streben nach einer Befriedigung bestimmt wird. Der Mensch wird von seinen persönlichen Wünschen und Sehnsüchten dazu veranlaßt, sich auf tiefe (und oft immer verzweifeltere) Beziehungen mit anderen Menschen einzulassen. Wir wollen so entweder ein bestimmtes Selbstbild aufrechterhalten, oder wir sehnen uns nach Liebe oder Anerkennung, nach Bewunderung, Respekt, Trost, Sex, materiellen Vorteilen, Sicherheit, Gesellschaft, Status, Macht, suchen eine besondere Hilfeleistung, Entlastung oder Schutz. In dem gleichen Maß aber, in dem wir uns von unseren Wünschen, unserem Begehren leiten lassen, können wir später vielleicht auch auf dem Weg zur Erleuchtung vorankommen. Der Grad unserer Erkenntnis, der letzten Endes durch unser Streben nach einer Befriedigung ermöglicht wird, läßt sich vielleicht in folgender Formel zusammenfassen:

Verführung (durch Begehren) →
Einführung (in die Erkenntnis)

Verführung bedeutet für viele die Unterwerfung wider besseres Wissen unter einen unwiderstehlichen Menschen. Tatsache ist, daß Verführung nur bei gleichzeitigem eigenem Begehren möglich ist. Die Menschen, die unsere Entwicklung am stärksten fördern können, lösen in uns auch die stärksten Gefühle aus, so daß wir uns unabänderlich zu ihnen hingezogen fühlen. Obwohl die meisten von uns bei Verführung zuerst an Sex denken, werden wir doch am ehesten von unseren Illusionen verführt und in Scheinwelten entführt, die unsere Charakterschwächen widerspiegeln.

Gerade die Menschen, zu denen wir Kontakt suchen,

zeichnen sich häufig durch Eigenschaften aus, die wir selbst nicht entwickeln oder ausdrücken wollen. Wir geben zwar vor, besonders diese Eigenschaften und Fähigkeiten in dem anderen als erstrebenswert zu bewundern, fühlen uns aber verraten, wenn wir gezwungen sind, genau diese Fähigkeiten in der eigenen Person zu entwickeln. Als Beispiel dafür mag die Geschichte von Daphne gelten, die von den anscheinend beträchtlichen Fähigkeiten ihres Mannes als Beschützer und Versorger verführt worden war, während ihr Mann sich vor allen Dingen in sie verliebte, weil sie schwach und zart wirkte. Als sich aber ihre Situation veränderte, lernten beide Partner die Rolle und die persönliche Situation des anderen kennen.

Daphne lebte von klein auf sicher aufgehoben in dem Haus ihrer Mutter. Ihre Versuche, allein zu leben, waren auf Grund irgendwelcher mysteriösen Krankheiten schließlich immer wieder gescheitert. Als ihre Mutter mit 52 zum zweiten Mal heiratete und ihr neuer Ehemann ihr eine wunderschöne Eigentumswohnung am Rande des Golfplatzes schenkte, auf dem sie sich kennengelernt hatten, wußte Daphne, daß ihre Tage im Haus der Mutter gezählt waren. Sie zog also aus und sah sich sofort nach jemandem um, der für sie sorgen könnte.

Hamilton schien dafür gut geeignet zu sein. Er hatte als Makler Erfolg gehabt und war trotz einer teuren Scheidung vor fünf Jahren ein reicher Mann. Er war groß und breitschultrig und machte den Eindruck eines starken, überlegenen Mannes, obgleich er körperlich nicht sehr aktiv sein konnte. Als Kind war er an Rheumatismus erkrankt und hatte eine bleibende Herzschwäche davongetragen. Neben ihm wirkte die kleine, schlanke Daphne mit den großen Augen besonders zerbrechlich.

Sie waren sich auf einer Tagung über alternative Behandlungsmethoden begegnet und hatten sich seitdem regelmäßig getroffen. Hamilton deutete häufiger vorsichtig sein Interesse an einer Ehe mit Daphne an. Sie hingegen spielte immer wieder auf ihre zarte Gesundheit an und hatte offensichtlich auch große Probleme, sich von ihrer Mutter zu lösen. Daphnes weiche Schutzbedürftigkeit stand für ihn in angenehmem Kontrast zu seiner betont selbstbewußten und unabhängigen Mutter.

Daphne und Hamilton heirateten ein paar Monate, nachdem sie aus dem Haus ihrer Mutter ausgezogen war. Sie waren sich einig, daß Daphnes labile Gesundheit den Anstrengungen von Schwangerschaft, Geburt und dem Aufziehen von Kindern nicht gewachsen war. Daphnes starker Wille zeigte sich zum ersten Mal, als Hamilton vorsichtig das Thema Kinder ansprach und meinte, ob sie nicht später bei guter Pflege doch kräftig genug werden könnte, um Kinder zu haben. Sie konterte in kalter Wut. Hätte er es denn immer noch nicht begriffen? Das käme überhaupt nicht in Frage.

Ihr unbeugsamer Wille zeigte sich noch eindeutiger, als sie das Haus renovierten, das Hamilton von seinen Eltern geerbt hatte. Sie brachte es fertig, daß es letzten Endes zwei Wohnbereiche gab, wovon sie den einen und Hamilton den anderen bewohnte. Als Grund dafür führte sie wieder ihre labile Gesundheit und ihr Bedürfnis nach Ruhe an, und Hamilton, der sich mit seinen Wünschen selbstsüchtig vorkam, willigte ein.

Sie waren ein paar Jahre verheiratet, als es wirtschaftlich bergab zu gehen begann und immer mehr Räume in Hamiltons Bürohäusern leerstanden. Die verbliebenen Mieten deckten schließlich kaum noch die Kosten. Hamilton versuchte verzweifelt, seinen Besitz zu konsolidieren; da erkrankte er an einer Grippe, von der er sich nicht recht erholen konnte. Nach mehreren Monaten bestätigte der Arzt, daß der Virus den schon angegriffenen Herzmuskel noch weiter geschädigt hatte. Jede Anstrengung schwächte und erschöpfte Hamilton, da sein Körper nicht mehr ausreichend mit Sauerstoff versorgt wurde.

Daphne brach unter der Doppelbelastung von Hamiltons Halbinvalidentum und den finanziellen Schwierigkeiten zusammen. Ein paar Wochen lang verließ sie ihr Bett nicht und wollte wie ihr Mann gepflegt und getröstet werden. Aber dieses Mal kam niemand, um ihr beizustehen. Ihr wurde klar, daß sie alles verlieren würde, wenn sie sich weiter so gehenließ. Sie riß sich zusammen und nahm ihr Leben in die Hand. Ihr starkes Bedürfnis nach Sicherheit trieb sie dazu, sich zum ersten Mal mit Hamiltons finanziellen Angelegenheiten zu beschäftigen.

Ihr Mann half ihr dabei, so gut er konnte, und bald traf Daphne eigenständig fundierte Entscheidungen darüber, was sie behalten und was sie verkaufen sollten. Sie senkte die Mieten, um die Mieter zu halten, und übernahm bald eine sehr viel aktivere Rolle im Firmenmanagement, als Hamilton es je getan hatte. Außerdem bildete sie sich über Kurse nebenbei zur Maklerin aus.

Heute hat sich an Hamiltons Zustand nicht viel geändert. Er kann sich nicht lange konzentrieren oder körperlich anstrengen, ist passiv und hilfsbedürftig. Daphne dagegen hat schon vor längerer Zeit ihren Teil des Hauses vermietet und ist zu ihrem Mann gezogen. Mit einem Teil der Miete bezahlt sie eine Frau, die im Haus und bei der Betreuung von Hamilton hilft, wenn Daphne im Büro ist. Ihre angebliche Schwäche hatte ihren vorhandenen ausgeprägten Sinn fürs Praktische vorher einfach verdeckt.

Sie hat sich ihr Büro in Hamiltons elegantestem Bürohaus eingerichtet und gilt als fähige Verwalterin von Geschäftshäusern. Trotz des flauen Immobilienmarktes ist sie als Maklerin einigermaßen erfolgreich. Sie klagt immer noch zuviel über ihre angeblichen Krankheiten, hat aber keine Zeit mehr, darauf besondere Rücksicht zu nehmen. Ihre Beziehung zu ihrem Mann ist ziemlich lieblos, was sie aber eigentlich immer schon war. Sex und Zärtlichkeit war für keinen von beiden jemals wirklich wichtig. Doch eine Scheidung kommt nicht in Frage. Daphne würde nie ihren kranken Mann verlassen. Außerdem laufen die Besitztümer, die er mit in die Ehe brachte, immer noch auf seinen Namen…

Diese Ehe wurde im wesentlichen aus selbstsüchtigen Motiven beider Partner geschlossen. Hamilton gefiel die Vorstellung, der starke bestimmende Mann einer abhängigen Frau zu sein, und Daphne wollte weiterhin die Rolle des schwachen, schutzbedürftigen Frauchens spielen. Um diese Rollen darstellen zu können, mußten beide viel aufgeben: Daphne ließ sich auf ein Leben mit einem Mann ein, den sie nicht wirklich liebte, und Hamilton war gewillt, auf Sex und sogar die Gesellschaft seiner Frau weitgehend zu verzichten.

Die Umkehr ihrer Rollen entspricht nicht einfach einem merkwürdigen Zufall, sondern hat mit der Tatsache zu tun, daß diese beiden Menschen einander bewußt gewählt hatten, um ihr jeweiliges Selbstbild immer wieder bestätigen zu können. Dies zusammen mit den finanziellen Schwierigkeiten und Hamiltons Krankheit bereitete beide auf das nächste Stadium ihrer persönlichen Entwicklung vor.

Ganz offensichtlich ist Daphnes Verhalten heute immer noch von einer erheblichen Selbstsucht motiviert, und diese Eigenschaft wird auch in vielen ihrer nächsten Leben noch eine Rolle spielen. Aber sie manipuliert andere nicht mehr dadurch, daß sie ihre persönliche Stärke versteckt, sondern zeigt sie immer offener. Für sie bedeutet das schon einen echten Fortschritt. Hamilton muß jetzt am eigenen Leibe Hilflosigkeit erfahren, eine Eigenschaft, die er bei Daphne so anziehend fand. Er versteht jetzt besser, was wahre Stärke und Schwäche bedeuten und wie man die persönliche Macht durch Krankheit verlieren kann, statt sie wie Daphne aus freien Stücken zu unterdrücken, weil sie nicht in ihr Selbstbild paßte.

Dieses sind nur einige Lektionen, die uns das Leben über unsere Beziehungen lehren kann.

Wenn uns, wie oben geschildert, manche Beziehungen dazu bringen können, so zu werden, wie wir früher nie sein wollten, so lernen wir durch andere, nicht selten sind es die mit unseren Eltern, wie wir *nicht* sein wollen.

Warum suchen wir uns schwierige Eltern aus?

Zum Zeitpunkt jeder Inkarnation wählen wir unter Führung unserer Seele die Eltern aus, bei denen nicht nur die physischen Umstände den Bestimmungen unseres nächsten Lebens entsprechen, sondern die auch unsere spirituelle Entwicklung fördern. Deshalb weist uns unsere Seele Eltern zu, die uns zwar nicht immer unbedingt alles geben, was wir als Kind haben wollen, durch die wir aber auf unserem Weg zur Erleuchtung weitergebracht werden. Jeder, der sich durch seine Eltern in seinem Fortkommen im Leben gehindert sieht, ihnen zuwenig Liebe, Unterstützung oder Verständnis vorwirft, sollte sich daran erinnern, daß dieser Vorwurf dem Wunsch des physischen Selbst entspricht, nicht aber ein Bedürfnis der Seele ist. Die anderen Werte des jeweiligen Erdenlebens sind unwichtig für die von der Seele bezweckten Schritte der Weiterentwicklung in diesem Erdenleben. Und gerade schwierige Eltern können häufig für eine solche spirituelle Entwicklung bedeutsam sein, gerade durch die spezifische Weise, in der das Kind auf sie reagiert.

Lesen Sie dazu folgenden Bericht:

Der Jurist George K. hatte immer am Gericht gearbeitet, viele Jahre lang als Staatsanwalt am Bezirksgericht, später dann als Richter am Oberlandesgericht, wo er sich ebenso intensiv einsetzte wie vorher.

Äußerlich wirkte er wie ein fröhlicher Mönch mit Tonsur, der seine Kutte mit der Robe eines Richters vertauscht hatte. Er war untersetzt, hatte wenig Haare, rote Wangen und häufig ein verschmitztes Lächeln im Gesicht. Sein Äußeres schien in starkem Widerspruch zu seinem Beruf zu stehen, es sei denn, man bemerkte die tiefe senkrechte Falte zwischen seinen Augenbrauen und das durchdringende Glitzern in seinen wachen braunen Augen. Dann konnte man die hinter seiner äußeren fröhlichen Gelassenheit verborgene härtere und sehr viel berechnendere Persönlichkeit ahnen.

Richter K. war dreimal verheiratet gewesen. Jedesmal hatten ihn die Frauen verlassen, obgleich weder sie noch George jemals so recht einen Grund nennen konnten. Früher oder später trennte sich die Frau zuerst auf Probe, um dann nach einiger Zeit festzustellen, daß sie nicht zu ihm zurück wollte. Seine erste Frau, die nach der Trennung allein für die halbwüchsigen Kinder zu sorgen hatte, meinte: «Ich glaube, es ist Zeit, daß ich mein eigenes Leben führe.» Die zweite Frau war 38, als sie sich scheiden ließ, und gab einer «frühen Midlife-Crisis» die Schuld. Und die dritte sagte einfach: «Ich wußte nicht, wie wichtig mir doch mein Beruf ist.» Die drei Ehen erstreckten sich über einen Zeitraum von 25 Jahren, und Georges Ex-Frauen beschrieben ihn weiterhin als einen «wunderbaren Mann», sahen aber zu, daß sie möglichst wenig mit ihm zu tun hatten. Und seine Bekannten, die dem Scheitern seiner Ehen zugesehen hatten, hielten ihn schlicht für einen Pechvogel in bezug auf Frauen.

Seine Tochter und sein Sohn hatten auch als Erwachsene weiter ein enges Verhältnis zu ihrer Mutter, beschränkten aber ihren Kontakt mit dem Vater auf ein Minimum: eine

Karte und ein Anruf am Vatertag und zum Geburtstag, eine Einladung zur Hochzeit, kurze Besuche zu Weihnachten oder um ihm ein neues Enkelkind vorzuführen.

Auch sie schienen sich von ihm fernhalten zu wollen, obgleich George den Unterhaltszahlungen immer pünktlich nachgekommen war und auch regelmäßig sein Besuchsrecht in Anspruch genommen hatte.

George trank selten Alkohol, rauchte nicht, und obgleich er gerne aß, wirkte er beinahe puritanisch.

Er war unter Kollegen zwar angesehen, aber jeder Verteidiger war froh, wenn er nicht den Vorsitz führte. Er galt bei Staatsanwälten und Verteidigern als strenger Richter. Seine Urteile waren zwar nach dem Gesetz gerechtfertigt, aber häufig an der Grenze zu extremer Härte. «Er ist so nett, nur nicht als Richter», sagte man von George.

George war nach dreißig Jahren in seine Geburtsstadt zurückgekehrt, um an der Beerdigung von Billy teilzunehmen, seinem besten Freund aus der Kindheit. Billys Tante Hattie war die einzige noch lebende Familienangehörige. Sie bestand darauf, daß George sie vor seiner Heimreise besuchte. George war ihr vorher nie begegnet, obgleich er sich vage daran erinnerte, daß Billy einmal etwas von seiner Tante Hattie, der Schwester seiner Mutter, erzählt hatte, die in Europa als Schauspielerin lebte.

Er saß ihr dann in dem alten Haus von Billys Familie gegenüber, in dem sie nun allein lebte. George versuchte mit harmlosem Plaudern seinen Eindruck von freundlicher Würde aufrechzuerhalten, aber Hattie sah ihn so durchdringend an, daß er schließlich verstummte. Sie hatte ihm Kuchen angeboten, und während sie ihm Kaffee einschenkte, sagte sie wie nebenbei: «Hat Billy Ihnen jemals erzählt, daß ich Handlesen kann?»

George hatte den Mund voll und antwortete nicht. Aber seine Augen weiteten sich erschreckt, und er schüttelte den

Kopf. Hattie setzte sich, nahm wie selbstverständlich seine Hände und lachte leise.

«Es ist wirklich wahr. Ich war immer die Exzentrikerin in der Familie. Aber am Theater ist es wichtig zu wissen, wem man vertrauen kann und bei wem man vorsichtig sein muß. Außerdem bin ich neugierig, und es macht mir Spaß.» Sie lächelte verschwörerisch. «Jeder Schauspieler muß etwas von Psychologie verstehen. Um ein guter Schauspieler zu sein, muß man wissen, was in anderen vorgeht. Durch das Handlesen konnte ich Menschen am besten kennenlernen, und nebenbei konnte ich mir damit auch noch Geld verdienen, wenn ich gerade keine Rolle hatte.»

Sie schwieg und strich mit den Fingern langsam über seine Handflächen. Dann bog sie seine Hände sanft nach hinten und drückte mit den Fingern leicht auf verschiedene Bereiche seiner Handflächen. George fühlte sich unbehaglich. Aber er würde so nett sein und dieser alten Frau noch eine halbe Stunde ihren Spaß gönnen. Dann würde er sich verabschieden. Hattie blickte auf und sah ihn ernst an.

«Ich möchte Ihnen etwas sagen, was Sie vielleicht nicht hören wollen. Ihre Hände sagen mir, daß in Ihnen eine beträchtliche Grausamkeit steckt.» Als George sofort laut protestierte, unterbrach sie ihn mit einem sanften Lächeln: «Ja, ich weiß. Jeder, der Sie kennt, und auch Billy, wenn er hier wäre, würde sagen, daß Sie ein großartiger Mensch sind. Und selbst Ihre Hände sagen mir, daß Sie sich nach Kräften darum bemühen.» Sie sah ihm freundlich in die Augen. «Aber es ist nicht immer leicht, nicht wahr?»

George wurde rot vor Wut. Was mußte er sich noch gefallen lassen?

Da sagte Hattie: «Erzählen Sie mir doch einmal von Ihren Eltern. Was waren das für Menschen?»

George war erleichtert, daß es nicht mehr um ihn ging, und antwortete bereitwillig: «Meine Mutter war eine wunderbare Frau. Und ich war ihr Liebling. Sie versuchte immer auszugleichen, was mein Vater mir antat. Also, apropos Grausamkeit, mein Vater war ein grausamer Mann. Nicht, daß er mich geschlagen hätte. O nein. Er quälte mich ganz anders. Es war seine Idee gewesen, mich nach dem Bruder meiner Mutter zu nennen, einem vollkommenen Versager, einem Dummkopf, völlig ohne Ehrgeiz. Und nun verglich mich mein Vater dauernd mit meinem Onkel George und stellte uns auf eine Stufe. Wie sehr ich mich auch bemühte, ihm meine Intelligenz zu beweisen, trotz all meiner beruflichen Erfolge, tat mein Vater immer so, als würde ich über kurz oder lang in der Gosse landen.» George hatte sich gerade für sein Thema erwärmt, als Hattie ihn unterbrach: «Sagen Sie mir bitte Ihr Geburtsdatum.» Er tat es, und Hattie ging zu dem nahen Bücherbord und nahm ein Buch heraus. «In diesem Buch sind sämtliche Positionen der Planeten verzeichnet, für jeden Tag des Jahrhunderts», erklärte sie, während sie darin herumblätterte.

«Das habe ich mir gedacht», sagte sie schließlich zufrieden und zeigte auf eine Spalte mit winzigen Zahlen. «Mars befand sich im Sternzeichen des Stiers, als Sie geboren wurden. Bei Hitler war es ebenso. Das kann eine Anlage zur Grausamkeit bedeuten, die man übrigens auch an bestimmten Merkmalen Ihrer Hände ablesen kann. Der stark ausgeprägte untere Marshügel, Ihre breiten Daumen, die fleischigen Hände mit den kurzen, kräftigen Fingern. Und doch sehe ich auch Anzeichen für einen guten Intellekt und auch Einfühlungsvermögen. Ein Mensch kann einerseits mit einer Veranlagung zur Grausamkeit geboren werden, andererseits mit dem Bewußtsein ausgestattet sein, daß er diese Veranlagung nicht ausleben darf. Solche Menschen müssen ihr ganzes Leben lang gegen ihre eigene Natur kämpfen.» George war zornig, aber Hattie lächelte ihn nur an. «Wissen Sie, was ich glaube? Ich glaube, Sie haben sich Ihren Vater absichtlich gewählt, damit Sie in sich eine Aversion gegen Grausamkeit entwickeln können. Ich wette, Sie haben sich permanent darum bemüht, nicht so wie Ihr Vater zu sein.»

«Ja, das stimmt genau!» George schrie jetzt beinahe, so wütend war er, weil sie recht hatte. Er hatte diese Entscheidung, anders zu sein als sein Vater, so früh in seinem Leben getroffen, daß er sich nicht mehr an die Zeit davor erinnern konnte. «Und ich möchte auch gern glauben, daß mir das gelungen ist. Ich bin das genaue Gegenteil von meinem Vater. Er hat jeden schlechtgemacht, meine Schwestern und Brüder, meine Mutter, meine Verwandten, überhaupt alle. Niemand war gut oder schlau genug für ihn.»

«Und Sie tun das nie?»

«Nein, ganz sicher nicht. Es war mir immer ein besonderes Anliegen, meine Kinder und meine Frauen zu respektieren und zu unterstützen.»

«Hat man Ihnen jemals gesagt, daß Sie wenig spontan sind?» fragte Hattie.

George sah sie verwundert an. Warum wechselte diese verrückte Alte nur dauernd das Thema? «Ja, meine Kinder haben schon manchmal gemeint, daß ich das Leben etwas lockerer angehen sollte. Und jede meiner Frauen hat sich beklagt, daß man mit mir selten richtig vergnügt sein könnte. Richtig nachvollziehen konnte ich das eigentlich nie. Denn ich wollte immer fröhlich sein und nicht dauernd mit gereizter Miene herumlaufen wie mein Vater.» George schwieg und schüttelte langsam den Kopf. «Manchmal frage ich mich allerdings, warum ich mir immer soviel Mühe gegeben habe. Wer mich nicht besonders gut kennt, mag mich schon, aber die Menschen, die mir wirklich nahestehen...» Er sah Hattie an. «Es gibt eigentlich niemanden, der mir wirklich nahesteht. Ich habe das nie verstanden.»

Hattie legte die Hand beruhigend auf seine. «Ich werde Ihnen dabei helfen. Stellen Sie sich vor, es gibt eine Schule, in der man lernen kann, von Herzen gut zu sein. Dieses Wissen ist Ihnen nicht angeboren, aber Sie sind fest entschlossen, es zu lernen, auch wenn Sie sich sehr anstrengen und es dauernd üben müssen. Und stellen Sie sich vor, daß Sie, bevor Sie diese Schule besuchten, nicht nur unliebenswürdig, sondern ausgesprochen grausam und verletzend waren wie Ihr Vater, und daß das keinen besonderen Grund hatte außer dem, daß Sie eben immer schon so gewesen sind.

Jetzt aber besuchen Sie diese neue Schule. Sie gehen erst in die zweite Klasse und haben noch einen weiten Weg vor sich, bevor Sie ganz selbstverständlich gut sind und sich nicht mehr darum bemühen müssen. Vorläufig versuchen Sie immer noch, jeden grausamen Impuls, jedes häßliche Wort, Kritik, Beleidigung, selbst jede grausame Handlung in sich zu unterdrücken. Seit Sie diese Schule besuchen, haben Sie Angst, daß Sie nicht bleiben dürfen, wenn Sie diese aggressiven, verletzenden Neigungen in sich nicht verstecken. Sie versuchen also einen Teil ihres Selbst zu unterdrücken, für den Sie sich so schämen, daß Sie ihn sich nicht einmal selbst eingestehen können.»

Und George, dieser redegewandte Mann, der als junger Anwalt die überzeugende Beweisführung beinahe zu einer Kunst erhoben hatte, saß jetzt nur wie betäubt da und wußte nicht, was er dieser merkwürdigen Frau antworten konnte.

«Das Schwierigste dabei», fuhr Hattie fort, «ist, daß die Impulse, die immer noch ein natürlicher Teil von Ihnen sind, sich aufstauen, so daß ein Druck entsteht, der ein Ventil braucht. Dieses Ventil fanden Sie in Ihrem Beruf.»

George blickte vor sich auf den Boden und nickte. «Als ich Staatsanwalt war, fragte meine zweite Frau mich einmal, wie ich mit meinen beruflichen Aufgaben überhaupt emotionell fertig werden könnte. Ihr war selbst das Gerede über Brutalität und Gewalttätigkeit unerträglich, während ich täglich damit umgehen mußte.» Er blickte auf und sah Hattie an. «Aber ich liebte meinen Beruf.»

«Natürlich liebten Sie Ihren Beruf. Wenn Sie gegen die Grausamkeit der Menschen untereinander hart vorgingen, dann bekämpften Sie gleichzeitig die Grausamkeit in sich selbst. Das ist der Zweck dieses Lebens für Sie, aber...», und hier drückte Hattie ihm beide Hände, «jeder, der die eigene Grausamkeit in sich nicht zugeben kann, wird gefährlich. Denn er verlagert seine inneren Konflikte nach außen, sieht seine eigenen Eigenschaften in anderen und versucht, sie dort auszumerzen. So wie Sie Menschen, die Sie früher als Staatsanwalt angeklagt haben, jetzt als Richter vor sich sehen.»

«Aber ich bin ganz anders als diese Menschen!» Die Stimme des Richters klang ärgerlich und verzweifelt zugleich. «Ich würde niemals ein Verbrechen begehen.»

«Kennen Sie Somerset Maughams Erzählung ‹Rain›?» (1978 bei Hueber erschienen) Hattie schien schon wieder vom Thema abzukommen. «Ein puritanischer Prediger versucht darin, eine junge, unbekümmerte, sinnenfrohe Frau von ihrem Leben als Prostituierte zu erretten. Er hat sie nahezu zu einem anderen Leben überredet, als sie beide in einer einsamen Hütte von einem Tropenregen überrascht werden. In der Situation drängen all seine lange unterdrückten Gefühle und Triebe an die Oberfläche, und er vergewaltigt die Frau.» Hattie schwieg, um die Geschichte wirken zu lassen, und fuhr dann fort: «Wir werden gefährlich, wenn wir Teile unseres Menschseins leugnen und unterdrücken, selbst wenn es Aspekte unseres Selbst sind, deren wir uns schämen.»

Eine Zeitlang war es still, dann fragte George leise und niedergeschlagen: «Aber warum hat mich jede meiner Frauen verlassen? Warum wollen meine Kinder nichts mit mir zu tun haben? Ich habe niemals irgendeinem von ihnen etwas zuleide getan.»

«Ich weiß nicht genau, aber es kommt mir so vor, als ob sie Ihnen irgendwie nicht trauen. Vielleicht ahnen sie unbewußt, daß Sie dauernd irgendeinen Teil Ihres Selbst unterdrücken, und können deshalb nicht offen und natürlich mit Ihnen umgehen. Und dann könnte ich mir vorstellen, daß die in Ihnen steckende Grausamkeit sich doch unterschwellig auswirkt, allerdings nicht greifbar und von daher nicht benennbar wird. Trotzdem wird irgend etwas dadurch zerstört.»

«Dann ist es hoffnungslos!» rief George aufgebracht. «Ich kann ja sowieso nichts ändern, egal wie sehr ich mich bemühe.»

«Nein, das stimmt nicht. Sie haben schließlich schon Jahrzehnte lang gelernt, nach außen hin nicht verletzend zu sein, und haben es auch ganz gut gemeistert. Es war zwar immer ein bißchen so, als ob Sie mit angezogener Bremse Auto fahren würden, aber immerhin. Wer vorher immer nur mit 100 Meilen pro Stunde fahren konnte und dann jedesmal jemanden umbrachte, für den bedeutet es einen großen Fortschritt, mit angezogener Bremse langsamer zu fahren. Ihr Problem ist, daß Ihr Stolz Sie dazu zwingt, den aggressiven, zornigen Teil Ihres Selbst zu leugnen, der am liebsten 100 Meilen die Stunde fährt und auf die Folgen keine Rücksicht nimmt. Es wäre besser, Sie nehmen diesen Aspekt ihres Selbst an und widerstehen ihm *bewußt*. Und eigentlich sollten Sie sehr stolz auf sich sein. Für ein Leben haben Sie schon eine ganze Menge geschafft.»

George lehnte sich in seinem Stuhl zurück und starrte diese merkwürdige alte Frau an, die ihm so ungewöhnliche Dinge über sein Leben erzählt hatte. Dann schien er sich zusammenzureißen und sagte kalt: «Ich möchte nicht undankbar erscheinen für all die Zeit, die Sie sich für mich genommen haben. Aber ich muß sagen, daß ich kein Wort von dem glaube, was Sie gesagt haben. Handlesen!! Also wirklich, das ist doch nun etwas sehr weit hergeholt!»

Hattie stand auf und begleitete George zur Tür. Sie legte ihm die Hand auf den Arm und lächelte ihn freundlich an, wobei ihre leuchtendblauen Augen beinahe in den Falten verschwanden. «Ich bin nicht sicher, daß ich selbst daran glaube», sagte sie. «Aber irgendwie erklärt es doch allerlei, oder? Lassen Sie doch einfach etwas Zeit verstreichen und denken Sie dann noch einmal darüber nach, was ich gesagt habe. Das kann doch nicht schaden.»

George konnte vielleicht diese ungewöhnliche Gelegenheit, sich selbst besser kennenzulernen, nicht als segensreich erkennen. Seine Erfahrung läßt sich am ehesten mit der eines Alkoholikers vergleichen, der das erste Mal, vielleicht weil er wegen Trunkenheit am Steuer vom Gericht dazu gezwungen wurde, eine Versammlung der Anonymen Alkoholiker besucht. Der Mann wird sein Alkoholproblem möglicherweise weiterhin leugnen und weitertrinken, doch seine unbekümmerte Beziehung zum Alkohol wird sich grundlegend verändert haben. Oder, wie die Anonymen Alkoholiker es ausdrücken: «Kommen Sie herein, und wir werden Ihnen die Freude am Trinken verderben.»

Genau das geschah mit George. Sein sorgfältig aufrechterhaltenes Image des netten Menschen war von einer merkwürdigen Fremden angekratzt worden, wenn auch nur in einem intimen Gespräch. Aber seit dieser Begegnung konnte er sich selbst und andere nur schwer davon überzeugen, daß er wirklich nur ein guter Mensch war. Wie für den Alkoholiker gab es für George jetzt eigentlich nur zwei Möglichkeiten. Auf Grund von Hatties ermutigenden Worten würde er vielleicht seinen sadistischen Charakterzug anerkennen können, auch wenn er ihn sich wegwünschte. Damit würde er Energie freisetzen, die er bisher zum Aufrechterhalten der Fassade verwendet hatte, und sie *bewußt* zur Steuerung dieser negativen Impulse in sich einsetzen. Dieses Bemühen um persönliche Aufrichtigkeit in einem so empfindlichen Bereich seines Charakters würde ihn sein ganzes Leben weitaus gelassener und ehrlicher angehen lassen. Oder er könnte weiterhin die grausamen Elemente in seinem Charakter leugnen, was ihn nach seiner Begegnung mit Hattie weitaus mehr Energie kosten würde als vorher.

Georges Begegnung mit Hattie ist ein Zeichen für den Eintritt in einen Heilungszyklus. Ein solcher Zyklus bedeutet nicht notwendigerweise auch Gesundung, gibt aber Gelegenheit dazu. Wir haben die Wahl, wie wir sie nutzen. Doch mit jeder Entscheidung dagegen verstärken wir den durch den nächsten Zyklus entstehenden Druck, der somit schwerer zu ignorieren sein wird.

Eine neue Definition
von menschlichen Beziehungen

Was hat George wohl mit der Aufforderung getan, sich selbst auf einer tieferen, wahreren Ebene zu begegnen? Wahrscheinlich hat er versucht, Hattie so schnell wie möglich zu vergessen, hat die alte Dame, die ihm diese Aufforderung übermittelte, vielleicht sogar vor anderen schlechtgemacht und sein Leben äußerlich unverändert weitergelebt. So reagieren die meisten von uns auf ihre Heilungszyklen, was durchaus verständlich ist. Denn wenn es so leicht wäre, bestimmte, zutiefst abgelehnte Eigenschaften als Teil der eigenen Natur anzunehmen, dann wäre uns das viel früher und ohne den notwendigen Druck möglich.

Glauben Sie, daß Sie selbst Ihren eigenen Charakter gerne besser verstehen würden? Dann stellen Sie sich die folgenden Fragen einmal laut, denn der Klang der eigenen Stimme gibt diesen Fragen weitaus mehr Gewicht, so daß sie weniger leicht zu ignorieren sind: «Wie ist es mit mir? Hat mich das Leben jemals aufgefordert, mir die dunklen Seiten meines Charakters ehrlicher anzusehen? Wie habe ich auf diese Aufforderung reagiert, mit Ehrlichkeit oder mit Angst? Was wäre das Schlimmste, das ich über meinen eigenen Charakter herausfinden könnte? Kann ich mir vorstellen, daß es vielleicht tief in mir so wirkt, daß sich dadurch meine Angst davor und meine Abscheu und Verurteilung derjenigen, die diesen Aspekt meines Selbst nicht so gut verstecken können, erklärt? Wer hat bisher die Aversion gegen diese Eigenschaften in mir geweckt? Und kann ich heute zugeben, daß ich ihnen vielleicht dankbar sein sollte für die Hilfe, die sie mir bei meiner Bewußtseinsentwicklung geleistet haben?»

Offensichtlich gibt es auf diese Fragen keine «korrekten» Antworten, die womöglich irgendwo in diesem Buch aufgeführt sind und die Sie nachschlagen können, nachdem Sie gehörig darüber nachgedacht haben. Es sind vielmehr Fragen, die sich jeder von uns, der bewußt an seiner Entwicklung teilnehmen möchte, immer wieder stellen muß. Sie sind Beispiele dafür, wie jeder von uns das ehrlich untersuchen muß, was in und um ihn herum in diesem Leben abläuft. Wenn wir lernen, regelmäßig nach Antworten auf diese Fragen zu suchen, dann werden wir feststellen, daß wir neue Lehren daraus ziehen und so zu einer neuen Sicht der Welt kommen können, die alles vollständig verändern. Mit Hilfe dieser neuen Sicht kann man begreifen, wie alles ineinandergreift: Beziehungen, Ereignisse und Bewußtseinsevolution. Endlich *wissen* wir, daß wir in einem Kosmos leben und nicht in einem Chaos. Wir beginnen zu verstehen, daß jeder Mensch und jedes Tier ein wichtiger Teil einer größeren Ordnung ist, in der jeder von uns, einzeln und in der Gemeinschaft mit anderen, eine entscheidende und wunderbare Rolle spielt.

6

Wie bin ich bloß
zu diesen Verwandten gekommen?

*V*or zwei Jahren traf ich zufällig beim Einkaufen eine Freundin, die ich eine lange Zeit nicht gesehen hatte. Wir hatten uns vor 20 Jahren kennengelernt, und ich hatte sie immer besonders gern gehabt. Sie sprudelte damals über vor Enthusiasmus, war sehr humorvoll und hatte einen ähnlich veranlagten Ehemann gefunden. Für mich schienen sie die ideale Ehe zu führen. Beide interessierten sich sehr für die Natur und hatten mit ihren Kindern faszinierende Reisen unternommen. Sie hatten Meeresschildkröten in freier Natur beobachtet, die Nester von Papageientauchern gezählt, mit wilden Delphinen gespielt und Leguane beobachtet.

Wir setzten uns zu einer Tasse Kaffee zusammen, und ich erwartete, das Neueste von ihren Fernreisen und den erstaunlichen Leistungen ihrer Kinder zu hören. Als ich sie aber fragte, wie denn ihr Leben in letzter Zeit so verlaufen sei, verdunkelte sich ihr Gesicht. Nach kurzem Schweigen erzählte mir meine Freundin dann, wie fürchterlich das letzte Jahr für sie und ihren Mann wegen ihres sechzehnjährigen Sohns gewesen sei. Dieser ehemals fröhliche, hilfsbereite Junge, früher ein vorbildlicher Schüler, hatte plötzlich Schwierigkeiten in der Schule, geriet mehrmals mit dem Gesetz in Konflikt und hatte zu Hause fast täglich wilde Wutausbrüche. Zum ersten Mal in ihrer Ehe stritt sich meine Freundin mit ihrem Mann. Die ganze Familie machte eine gemeinsame Psychotherapie, und der Therapeut hatte vorgeschlagen, den Jungen vorübergehend zu Pflegeeltern zu geben.

«Was haben wir als Eltern bloß falsch gemacht?» fragte meine Freundin traurig. «Wie hätten wir das alles verhindern können?»

Der Trugschluß, allem vorbeugen zu können

Die Idee der Prophylaxe ist sehr verführerisch. Viele von uns, die es eigentlich besser wissen sollten, glauben, daß sie mit dem rechtzeitigen Einsatz von finanziellen, legalen, erzieherischen, medizinischen oder psychologischen Mitteln die Schwierigkeiten des Lebens von sich abwenden können. Diese Art des Denkens ist gefährlich. Wer glaubt, solange alles gutgeht, tut er das Richtige, muß sich notwendigerweise vorwerfen, das Falsche getan zu haben, wenn etwas schiefläuft.

Natürlich will ich damit nicht sagen, daß wir auf Selbstdisziplin verzichten oder rücksichtslos handeln sollen, weil wir ja doch nichts ändern können. Wenn aber Schwierigkeiten auftreten, was natürlich früher oder später passiert, dann sollten wir uns nicht automatisch Vorwürfe machen, weil wir sie nicht haben abwenden können. In Wirklichkeit handelt es sich bei Schwierigkeiten häufig um Signale, die eine Richtungsänderung unseres Weges, unserer REISE zur Erleuchtung, anzeigen, wie es auch in der Familie meiner Freundin der Fall war.

Als ich vor kurzem wieder mit ihr telefonierte, erzählte sie mir, daß sie alle aus dieser schmerzhaften Zeit viel gelernt hätten. Der Junge lebte ein paar Monate lang bei einer Pflegefamilie, beschloß dann aber, sich doch lieber den Regeln seiner Eltern unterzuordnen. Er zog also wieder zu Hause ein und machte einen ordentlichen Schulabschluß. Er hatte den Traum einer Sportlerkarriere aufgegeben und wollte statt dessen lieber Psychologie studieren, um später selbst Jugendlichen helfen zu können. Durch seine eigenen Schwierigkeiten war in ihm der Wunsch entstanden, anderen mit ähnlichen Problemen zu helfen.

Während der Familientherapie waren zum Entsetzen der Eltern auch die großen Alkoholprobleme ihrer Tochter zutage getreten. Der jüngere Bruder hatte davon gewußt, aus Loyalität seiner Schwester gegenüber aber geschwiegen. Erst als sie jetzt offen das Problem zugab, konnte sie auch behandelt werden. Sie machte eine Therapie in einem Heim für alkohol- und drogengefährdete junge Menschen, an der auch wieder die ganze Familie teilnahm. Hier konnte auch ihr Vater zum ersten Mal über seine schmerzhaften Kindheitserinnerungen an seinen eigenen alkoholkranken Vater sprechen. Und die Mutter erfuhr, daß ihre enthusiastischen Vorschläge, wie Mann und Kinder ihr Leben leben sollten, manchmal einengend und erdrückend gewirkt hatten. Heute gelingt es meiner Freundin besser, denen, die sie liebt, die Freiheit zu geben, ihren eigenen Weg zu ihrer eigenen Zeit zu finden.

Wir sehen, daß die Rebellion dieses jungen Mannes, die für alle sehr schmerzhaft war, doch schließlich bei allen Beteiligten einen Prozeß der Selbsterkenntnis in Gang setzte, der ihr Leben lang andauern wird.

Kein Wachstum ohne Anstrengung

In der Oberschule der kleinen Stadt, in der ich vor vielen Jahren lebte, wurde ein Kursus zum Thema «Schwierigkeiten in der Abschlußklasse» angeboten. Am ersten Tag sollten die Schüler folgende Frage schriftlich und anonym beantworten: «Was hat in Ihrem Leben für Sie persönlich die größte Veränderung bewirkt, wodurch sind Sie Ihrer Meinung nach am meisten gereift?»

Aus den Antworten der Schüler konnte man ersehen, daß es selten schöne Erlebnisse waren, wie eine wunderbare Sommerreise oder ein Winterurlaub, ein besonders aufregendes Erlebnis beim Surfen oder der Tag, an dem sie endlich ihren Führerschein bekamen, die sie in ihrer Entwicklung weiterbrachten. Statt dessen waren Antworten wie die folgenden viel häufiger vertreten:

Die Scheidung meiner Eltern
Der Herzinfarkt meines Vaters
Die Geburt meiner geistig behinderten Schwester
Der Tod meines Bruders
Der Tag, an dem unser Haus abbrannte
    und wir alles verloren
Die Diagnose, daß ich Diabetes habe

Während der anschließenden Diskussionen erzählten viele Schüler, wie diese schwierigen Zeiten sie Verantwortung, Geduld, Verständnis, Mitgefühl und Dankbarkeit für das, was sie hatten, gelehrt hatten.

Mein Sohn hatte an diesem Kursus teilgenommen. Über ihn erfuhr ich davon und war überrascht, welche Weisheit diese jungen Leute zeigten. Die meisten der Geschehnisse, die sie für ihre größere Reife verantwortlich machten, waren Erfahrungen, die ihnen ihre Eltern ganz sicher lieber erspart hätten. Bedeutet das aber, daß diese wohlmeinenden Eltern damit auch den Reifeprozeß ihrer Kinder unterbunden hätten? Möglicherweise, zumindest zeitweilig. Wenn sie es zu leicht gehabt hätten, dann würden junge Leute andere Schwierigkeiten gesucht oder sogar verursacht haben, gegen die sie zu kämpfen hätten. Sich selbst zu beweisen, zu zeigen, was in einem steckt, und sich dadurch zu entwickeln, ist ein natürlicher Prozeß für Jugendliche, so selbstverständlich wie das Laufen- und Sprechenlernen für Kleinkinder – und wie das Planen eines Lebens voller Aufgaben für die Seele.

Kein Baby lernt Laufen, ohne zu fallen, oder wird beim Sprechen gleich verstanden. Wenn wir unser Kind beim Laufenlernen vor jedem Fall und jeder Schramme und beim Sprechenlernen vor jedem Irrtum bewahren möchten, dann verhindern wir, daß es sich diese Fähigkeiten durch eisernes Üben überhaupt aneignen kann. Kinder können mit den Frustrationen über ein Versagen besser umgehen, wenn sie ihre Limitationen zugeben und sie schließlich überwinden dürfen.

Es ist allerdings leichter, den Anstrengungen eines Babys zuzusehen, weil man weiß, daß das Kind dabei lernt. Wenn aber unser Teenager sich mit Sex, Drogen und Gewalttätigkeit auseinandersetzt, dann wissen wir nicht, ob er sich dabei auch weiterentwickeln wird. Doch bei den meisten Kämpfen im Leben wissen wir nicht, wie sie ausgehen werden. Wir hören immer nur Schauergeschichten und haben Angst um uns und die, die uns nahestehen. Und so versuchen wir verzweifelt, unangenehmen Erfahrungen vorzubeugen, sie zu vermeiden und uns und unsere Lieben vor etwas zu schützen, das unsere Seele vielleicht absichtlich für uns auf unserem Weg zur Erleuchtung ausgewählt hat.

Sucht als Weg zur Transformation

Ich habe viele Jahre für gemeinnützige Organisationen mit Suchtkranken gearbeitet und dabei immer wieder erlebt, wieviel Hoffnung in Präventivmaßnahmen gesetzt wurde, von der Öffentlichkeit wie auch von den Geldgebern. Je länger ich aber auf diesem Gebiet tätig war, desto mehr zweifelte ich an der Wirksamkeit von Aufklärung als Allheilmaßnahme. Das Thema wurde rational behandelt, als könne man die Suchtgefahr über die Vernunft ausschalten. Dabei fiel mir auf, daß gerade diejenigen, *die am meisten über das Thema informiert waren, auch besonders suchtgefährdet* waren. Ärzte, Krankenschwestern und Apotheker waren häufig drogenabhängig und Ernährungsfachleute oft zwanghaft auf gewisse Eßverhalten fixiert. Häufig können gerade Banker, Buchhalter und Finanzexperten nicht mit ihrem eigenen Geld umgehen und machen hohe Schulden. Und Therapeuten für Beziehungsprobleme wie ich haben nicht selten unter Beziehungssucht zu leiden. Ich stellte immer wieder fest, daß wir uns genau in dem Bereich arbeitsmäßig besonders engagierten und auch erfolgreich waren, in dem für uns selbst eine Suchtgefährdung bestand. Die Berufsentscheidung machte einen inneren Zustand deutlich, der dieses Leben beherrschte. Jeder von uns, dessen berufliche Laufbahn mit seinen eigenen Süchten so eng verbunden war, hatte sich, wenn auch unbewußt, der Erforschung gerade dieses Themas in seinen vielen Aspekten gewidmet. Es handelte sich dabei um unser Lebensprojekt.

Und schließlich begann ich sogar in Frage zu stellen, ob eine Selbstverhütung überhaupt erstrebenswert war, als ich nämlich beobachtete, welcher Erkenntnisprozeß, welche Veränderung und Heilung durch die verschiedenen Zwölf-Stufen-Programme möglich war. Der Einsatz war zwar hoch und die Kosten eines eventuellen Versagens groß, doch der durch die Abhängigkeit erzeugte Druck machte letzten Endes eine persönliche spirituelle Transformation erst möglich. Ähnliches hat mir einst ein Mann gesagt, der hellseherische Fähigkeiten hatte und dessen Vater an Alkoholismus gestorben war. «Ich glaube, daß eine Sucht einem Menschen die Möglichkeit gibt, viel Karma in einem Leben zu verarbeiten. Allerdings besteht dabei immer ein Risiko, denn eine Abhängigkeit zu überwinden erfordert ein totales Unterordnen des eigenen Willens unter eine Höhere Macht. Es ist zwar eine Abkürzung auf dem Weg zur Erleuchtung, aber es ist für den Menschen in diesem Leben ein gefährliches Risiko. Häufig geht die Rechnung nicht auf. Der Süchtige kann die Sucht nicht überwinden, wie zum Beispiel mein Vater.»

Was ich bei Suchtkranken beobachtet habe und was ich über den Suchtprozeß und über die Überwindung der Sucht selbst lernen konnte (einschließlich meiner eigenen Erfahrung mit Beziehungssucht), bestärkt mich in meiner Gewißheit, daß der Mann recht hatte. Die Seele geht manchmal das Risiko einer Sucht ein, weil es der schnellste, wirksamste Weg zur Unterwerfung, der darauf folgenden Erkenntnis und der Transformation ist. Scheitert das menschliche Wesen an dieser Aufgabe, dann bieten die nächsten Leben ihm die Möglichkeit, seine REISE in langsameren, kleineren Schritten und mit Hilfe weniger drastischer Heilungszyklen zu machen. Vielleicht aber geht die Seele auch erneut das Risiko der Sucht ein, vergrößert den Einsatz und übt in jedem neuen Leben mehr Druck aus, bis eine Unterwerfung unter die Höhere Macht stattfindet. Vielleicht kann man so erklären, daß gerade die trockenen Alkoholiker und cleanen Drogensüchtigen, die sich am selbstlosesten für ihre Mitmenschen einsetzen, diejenigen sind, die durch die schlimmste Hölle gegangen sind. Wenn man mit solchen Menschen zusammen ist, spürt man oft, daß sie sozusagen «in das Licht wiedergeboren wurden», nachdem sie viele Jahre oder sogar mehrere Leben in Dunkelheit zugebracht hatten. Um diese vollkommene Umkehr zu erfahren, mußten sie ihren Willen nur einer Höheren Macht *vollkommen und freiwillig unterwerfen.*

Es ist also kein Wunder, daß Ehepartner, Kinder, Eltern, Therapeuten, Bewährungshelfer und wohlmeinende Freunde den Suchtkranken nicht heilen können. Niemand kann den Willen eines anderen der Höheren Macht gefügig machen, und deshalb kann auch niemandem die Heilung eines Suchtkranken gelingen. Diejenigen, die ihm so unbedingt helfen wollen, sollten sich vielleicht erst einmal selbst darüber klarwerden, ob sie den eigenen Willen einem höheren unterordnen könnten.

Auf jeden Alkoholiker, Drogenabhängigen, Eß- oder Spielsüchtigen kommen mindestens vier Menschen, deren Leben wegen ihres dauernden Bemühens um den Suchtkranken aus der Bahn geraten ist. Daraus folgt, daß eine Sucht ein sehr starkes, weitreichendes Werkzeug ist, durch das mehr als eine Transformation möglich ist. Eine Sucht beeinflußt zum Beispiel eine ganze Familie, deren Mitglieder alle selbst eine Abhängigkeit in sich zu überwinden haben, die mit der Situation des Suchtkranken zusammenhängt, und lernen müssen, sich zu unterwerfen, und so transformiert werden. Jedes Familienmitglied muß seine eigene Machtlosigkeit über andere, einschließlich des Suchtkranken, akzeptieren. Und allein diese Erkenntnis bedeutet schon eine wichtige Transformation.

Ein Beispiel:

Immer wenn ich Vorträge über Beziehungssucht hielt, meldete sich eine Mutter und fragte: «Wie kann ich meine Tochter davor bewahren, das gleiche zu tun? Sie hat jahrelang zugesehen, wie ich unter meiner Abhängigkeit von dieser Beziehung gelitten habe, und jetzt fängt sie an, es mir in vieler Weise nachzutun. Ich weiß jetzt, wie krank ich war, und ich möchte sie einfach vor dem gleichen Schicksal bewahren.»

Und ich konnte daraufhin immer nur fragen: «Wer hätte Sie denn davor bewahren können?»

Und dann wurde der besorgten Mutter und vielen anderen unter den Zuhörern die Unmöglichkeit bewußt, denn alle positiven Entwicklungen werden nur durch eigene Erfahrungen und Leiden möglich. Jeder andere, der sie vor dem Leiden bewahrt hätte, hätte damit auch ihren Prozeß der Erkenntnis aufgehalten.

Nicht selten konnten die Kursteilnehmer erkennen, daß Suchtkrankheiten schon seit Generationen in ihrer Familie eine Rolle gespielt hatten, nicht nur Beziehungsabhängigkeiten, sondern auch Alkoholismus, Drogensucht, Eßsüchte, sexuelle Fixierungen und so weiter. Indem sie ihre eigenen Abhängigkeiten zu durchschauen begannen, konnten sie auch die seit Generationen unbegreifliche Familiendynamik verstehen lernen. So konnten sie allmählich den transformativen Prozeß ihnen nahestehender Menschen geschehen lassen, ohne einzugreifen.

Lebensthemen, Kreisläufe und Familienkarma

Suchtexperten haben erkannt, daß jeder Suchtkranke im allgemeinen durch eine seit Generationen wirksame Familiengeschichte unterschiedlicher Abhängigkeiten belastet ist. Wird diese «Familienkrankheit» nicht behandelt, dann breitet sie sich in den kommenden Generationen weiter aus. Die klinische Erklärung dafür ist, daß die vererbten genetischen Faktoren für eine Sucht prädestinieren. Die genetischen Faktoren und die emotionale und verhaltensmäßige Konditionierung in einer Familie, in der Sucht eine Rolle spielt, garantieren nahezu, daß irgendeine Art von krankhafter Abhängigkeit immer wieder auftreten wird.

Auch wenn die Seele für uns vielleicht schwierige Eltern wählt, stellt sich einem die Frage, die mich besonders in meiner Zeit als Suchttherapeutin belastet hat: «Welche Macht kann so grausam sein und einem Kind suchtkranke Eltern geben, wo doch bekannt ist, daß die meisten Mißhandlungen und Fälle sexuellen Mißbrauchs in Familien mit Suchtproblemen vorkommen?»

Aus diesem scheinbaren Desinteresse für das Wohl des Wesens kurz vor der Inkarnation müßten wir beinahe schließen, daß es überhaupt keinen Gott gibt, daß sich im Universum keine Macht der Liebe findet, es sei denn, wir begreifen, daß *die Bedingungen und Umstände des nächsten Lebens frei gewählt werden.* Der Sinn der Inkarnation ist:

MANIFESTATION – ERFAHRUNG – ERWEITERUNG

Erst wenn wir das verstanden haben, können wir an eine gerechte Welt glauben, in der es Sinn, Ordnung und Hoffnung auf eine wahre Weiterentwicklung gibt.

Wie wäre es zum Beispiele, wenn die Tochter einer beziehungssüchtigen Mutter in eine Familie mit genau diesem Problem hineingeboren werden *wollte?* Wenn vielleicht sogar das Vorhandensein eben dieses Problems der *Haupt*grund für die Inkarnation der Tochter war, wenn sie sich gerade zu dieser Mutter *wegen* ihrer Beziehungsschwierigkeiten hingezogen fühlte, um sich in diesem Leben mit dem Thema Sucht auseinandersetzen zu können? Und wenn, um noch einen logischen Schritt weiterzugehen, diese Mutter, diese Tochter und andere, denen sie durch Ehe, Familie oder Freundschaft verbunden sind, in früheren Leben viele verschiedene Beziehungen zueinander hatten, wobei aber Sucht in all ihren Interaktionen das zentrale, bestimmende Thema blieb?

Menschen, die sich gemeinsam über viele Leben hindurch mit demselben Lebensthema beschäftigen, gehören zu einem bestimmten «Kreis». Jeder dieser Kreise ist Ausdruck für ein Familien- oder Gruppenkarma «in Aktion» und schließt den evolutionären Prozeß von Manifestation, Erfahrung und Erweiterung ein, der ein bestimmtes Problem zum Thema hat. Wenn wir innerhalb eines solchen Kreises inkarnieren, dann wollen wir damit die verschiedenen Facetten des Lebensthemas erfahren, um schließlich ein ausgewogenes Verständnis für diesen Bereich zu finden.

Diese Erfahrungen innerhalb der Kreise finden immer auf eine ähnliche Weise statt, unabhängig davon, ob mehrere Generationen ihre miteinander verflochtenen Aufgaben erfüllen oder ein Einzelwesen durch mehrere Inkarnationen hindurch. Das nächste Beispiel macht diesen Punkt vielleicht ein wenig deutlicher.

Familienkarma über drei Generationen

Im folgenden Bericht bilden Christa, ihre Mutter und ihre Tochter einen Familienkreis, in dem Alkoholismus, Ko-Alkoholismus und Selbstmord immer wieder als Lebensthemen erfahren werden müssen. Besonders an Christa wird deutlich, wie ein Mensch verschiedene Rollen einnehmen und diverse Dimensionen des Themas zu unterschiedlichen Zeiten in nur einem Leben erfahren kann. Durch ihre Beziehung erst zu ihrer Mutter und dann später zu ihrer Tochter lernt sie die verschiedensten Aspekte von Sucht, Depression und Selbstmord schließlich besser zu verstehen. Nur dadurch, daß sich dieses Lebensthema durch Generationen immer wiederholt, wird das wahre Verständnis letzten Endes möglich.

Als ich 14 war, brachte sich meine Mutter mit Alkohol und Tabletten um. Wie üblich kam ich von der Schule nach Hause. Meine Mutter lag im Bett, was nichts Besonderes war. Immer wenn mein Vater geschäftlich unterwegs war, trank meine Mutter allein in ihrem Zimmer, während ich auf Zehenspitzen durchs Haus schlich, um sie nicht aufzuwecken oder wütend zu machen. Die Abendbrotzeit war schon längst vorüber, als ich schließlich in ihr Zimmer ging, um zu sehen, ob alles in Ordnung war. Ich schaltete das Licht nicht an, um sie nicht zu blenden. Ich sagte leise: «Mama, Mama...» und hatte auf der einen Seite Angst, sie zu stören, fürchtete aber auch, daß irgend etwas mit ihr nicht stimmte. Schließlich berührte ich ihr Gesicht, und da wußte ich, daß meine Mutter tot war.

Ich schaltete das Licht an und fand einen Zettel, auf den sie geschrieben hatte: «Bitte verzeiht mir.» Aber ich konnte ihr nicht verzeihen, damals nicht und eine lange Zeit danach auch nicht. Ich glaube, ich hätte es nie getan, wenn ich nicht selbst wie sie geworden wäre.

Nach dem Tod meiner Mutter änderte sich mein Leben vollkommen. Mein Vater und ich zogen in eine andere Stadt, und ich besuchte eine neue Schule, wo niemand wußte, was meine Mutter getan hatte. Nach ein paar Monaten heiratete mein Vater eine Frau mit zwei Töchtern, die ein paar Jahre jünger waren als ich. Keiner von ihnen sprach jemals davon, was geschehen war. Sie taten so, als hätte meine Mutter nie existiert. Ich hatte nun plötzlich diese furchtbare Familie, und alles war angeblich ganz wunderbar. Ich haßte sie allesamt, besonders meinen Vater, der mir immer wieder sagte, wie gut ich es doch hätte und wie dankbar ich für meine neue Familie sein sollte. Mein Leben vorher war schon nicht leicht gewesen, aber dieses war noch viel schlimmer. Ich war ziemlich sicher, daß es die Strafe dafür war, daß ich sie hatte sterben lassen. Und auch heute noch fühle ich so, wenn irgend etwas wirklich schiefgeht und ich sehr leide.

Ich begann heimlich zu trinken und füllte die Flaschen immer mit Wasser auf. Irgendwie fühlte es sich gut an, die Familie so zu hintergehen. Es war, als täte ich es für meine Mutter, so, als könnte ich die anderen für ihr Ignorieren bestrafen.

Mit 16 war ich ziemlich wild. Mit 19 heiratete ich einen Stuntman, der doppelt so alt war wie ich. Mit 25 hatte ich einen ganz guten Job als Friseurin in einem der Fernsehstudios. Mein Mann und ich tranken viel und waren dauernd auf Partys. Er arbeitete allmählich immer weniger und ich immer mehr, um genug Geld zum Leben zu haben. Mit 32 hatte ich immer wieder Ohnmachtsanfälle wegen des Trinkens und ging schließlich zu den Anonymen Alkoholikern. Nachdem ich sechs Monate lang trocken war, reichte mein Mann die Scheidung ein. Er hatte sich in eine andere Frau verliebt. Seit Jahren schon hatte uns nur das Trinken verbunden, und jetzt gab es nicht einmal mehr das. Irgendwie konnte ich es ihm nicht übelnehmen, daß er mich verließ.

Danach war mein Leben zwar nicht einfach, aber es ging. Ich hatte meine Arbeit, meine zwölfjährige Tochter Lindsey, meine A. A.-Versammlungen und meine A. A.-Helferin, die mich unterstützte. Aber nach zwei trockenen Jahren fiel ich in Depressionen, aus denen ich mich nicht befreien konnte. Ich mußte mich beurlauben lassen und blieb im Bett, weil ich einfach zu nichts imstande war. In meinem Kopf rasten die Gedanken: Ich bin ein schlechter Mensch, ein Versager. Doch ich konnte mich kaum bewegen und brachte manchmal kein Wort heraus. Es war wie der Versuch, in nassem Zement zu schwimmen. Alles kostete mich eine so ungeheure Anstrengung.

Lindsey kam von der Schule nach Hause, und ich lag nur im Bett und wollte in Ruhe gelassen werden. Obgleich ich nicht trank, verhielt ich mich doch genauso wie meine Mutter, und Lindsey reagierte darauf wie ich damals. Sie versuchte, mich nicht zu stören, übernahm viele meiner Pflichten im Haus, stritt mit mir zwar hin und wieder, aber meistens versuchte sie das Beste aus der Situation zu machen. Ich hatte ein schrecklich schlechtes Gewissen deshalb, aber ich konnte einfach nicht anders. Mir schien allmählich Selbstmord der einzige Ausweg zu sein. Und selbst der furchtbare Gedanke, daß Lindsey dann erleiden müßte, was ich damals durchgemacht hatte, verstärkte nur das Gefühl der Wertlosigkeit und die Überzeugung, daß die Welt, meine Tochter und überhaupt jeder ohne mich besser dran sein würde.

Meiner A. A.-Helferin hatte ich es schließlich zu verdanken, daß ich diese Zeiten überstand. Ich konnte sie jederzeit anrufen, Tag und Nacht, und oft war allein das Wissen darum so tröstlich, daß ich es nicht wirklich tun mußte. Ich betete. Ich befaßte mich mit dem 12-Stufen-Programm. Ich konnte Liebe und Unterstützung von anderen bei den A. A. annehmen, obgleich ich daran zweifelte, sie zu verdienen. Und schließlich, etwa 1 ½ Jahre später, merkte ich, daß die Depressionen allmählich nachließen. Anfangs war ich schon über eine Stunde froh, dann erlebte ich hin und wieder einen ganzen Tag, an dem es mir gutging. Dann hatte ich zwei gute Tage hintereinander und dann auch eine ganze Woche. Es war, als ob ganz langsam Licht in die vollkommene Dunkelheit eindrang.

Lange Zeit hatte ich Angst, daß die Depressionen wiederkommen könnten, aber bisher ist das noch nicht eingetreten. Ich habe zwar hin und wieder mal einen schlechten Tag, aber keine schlechten Wochen mehr, und das Ganze liegt nun schon vier Jahre zurück.

Ich habe oft über den Alkoholismus meiner Mutter und

ihren Selbstmord nachgedacht. Obwohl ich es vermeiden wollte, hatte ich mich so ähnlich verhalten, hatte meine Tochter leiden lassen. Lindsey und ich haben viel darüber gesprochen, und ich habe versucht, sie dafür zu entschädigen. Aber ich weiß heute, daß ich während der Depression genauso machtlos war wie bei meiner Alkoholsucht. Ohne das Programm hätte ich es nie geschafft.

Meine Mutter hatte diese Hilfe nicht, wie könnte ich sie also jemals verurteilen?

Wenn Sucht, Selbstmord oder etwas ähnlich Einschneidendes in unser Leben eingreifen, aber nicht verarbeitet wird, dann schließen wir uns wahrscheinlich einem Kreis an, der diese Lebensthemen über mehrere Inkarnationen behandelt. Es ist gut möglich, daß Selbstmord als unverarbeitetes Problem für Christa aus mindestens einem anderen Leben mit in dieses hinübergenommen worden war. Um diese Handlung *während einer Inkarnation* besser verstehen und verzeihen zu können, mußte sie wieder mit der gleichen Situation konfrontiert werden. Sie wählte also eine Mutter, deren Alkoholismus und Suizidtendenz eine solche Situation wahrscheinlich machten. Und als sie in dem Alter war, in dem ihre Mutter sich das Leben genommen hatte, und selbst eine Tochter hatte, die so alt war wie sie selbst damals, war eine Wiederholung des alten Szenarios nahezu unumgänglich. Zusätzlich mußte sie sich noch auf dreifache Weise mit den Akteuren dieses Dramas identifizieren.

Sie fühlte, daß sie wie ihre Mutter geworden war, so voller Verzweiflung, daß sie kaum in der Lage war, ihrer Tochter zuliebe dem Verlangen, ihr Leben zu beenden, zu widerstehen. Dann identifizierte sie sich mit Lindsey und durchlitt mit ihr erneut die Qualen, die sie selbst in dem Alter allein mit einer kranken, selbstmordgefährdeten Mutter durchlebt hatte. Und drittens war sie ihr eigenes Ich, eine erwachsene

Frau, die, von Depressionen gequält, ihrem Leben ein Ende setzen wollte. Christa befand sich also sozusagen in drei Krisen gleichzeitig, die alle mit Selbstmord zu tun hatten. Es war eine furchtbare Zeit für sie, doch als schließlich alles vorüber war, verstand sie den Prozeß so gut, daß sie ihrer Mutter verzeihen konnte. Und ich bin sicher, daß sie damit sich auch selbst für dieselbe Tat in einem anderen Leben vergeben hatte.

Lindsey hatte zwar den Alkoholismus und die suiziden Tendenzen ihrer Mutter miterlebt, ebenso aber die Überwindung von Sucht und Depression. Christa hat Lindsey gezeigt, daß es Hilfe gibt, mit der man ähnliche Probleme angehen kann.

Wenn aber Lindsey leiden muß wie ihre Mutter und Großmutter und ihre Kinder und Enkel womöglich auch, wie kann dann dieser Kreislauf endlich unterbrochen werden? Um diese Frage beantworten zu können, muß man erst verstehen, daß hier nicht nur ein Karma wirksam wird, sondern mehrere. Einmal gibt es das Karma jedes einzelnen. Christa hatte sich in früheren Inkarnationen wahrscheinlich immer das Leben genommen, wenn sie in schwierigen Situationen keinen Ausweg mehr wußte. Sie muß also deshalb jetzt wieder vor einer solchen Entscheidung stehen und sich dagegen entscheiden. Dann gibt es das Karma der Familie, also das eines Beziehungsgeflechts, in dem Alkoholismus, Depression und Selbstmord immer wieder Lebensthemen sind. Die gemeinsam zu bewältigende Karma-Aufgabe besteht darin, statt zu beschuldigen und zu verdammen, verstehen und verzeihen zu lernen.

Die Geschichte dieser Familie zeigt, wie wir uns durch eine thematische Verbindung mit einer Familie oder größeren Gruppe manifestieren, Erfahrungen machen, dann Wissen erwerben und schließlich Weisheit erlangen. Tieferes Verständnis führt zu einer Liebe, die unser Karma vervollständigt. Wir haben einen Zustand erfahren, daraus gelernt und sind davon genesen. Jetzt können wir uns anderen Lektionen zuwenden. Vielleicht aber müssen wir uns auch in unserer nächsten Inkarnation wieder mit demselben Thema und Kreis auseinandersetzen, um dann nämlich anderen beizustehen, ihnen auf dem Weg zur Gesundung voranzuhelfen und mit Liebe ihre Situation zu erhellen. Eine solche Inkarnation wird als Opfer verstanden und soll die Familie oder die größere Gruppe heilen. In allem, was Existenz ausmacht, gibt es weiter und weiter gefaßte karmische Gesetzmäßigkeiten, die wie das individuelle Karma konfrontiert und geheilt werden müssen.

Was wir für die Menschheit tun können

Ich möchte mich hier nicht ausführlich mit den spezifischen Karmas von Rasse, Nation oder gar unseres Planeten beschäftigen, sondern nur darauf hinweisen, daß sie neben dem persönlichen, dem Familien- und dem Gruppenkarma vorhanden sind. Jeder von uns gehört schließlich diesen weiter gefaßten Gruppierungen an und ist daher auch großen und weniger persönlichen Mächten ausgesetzt, die das individuelle Leben stark beeinflussen. Ein Verständnis der Konzepte von Familien- und Gruppenkarma setzt allerdings voraus, daß wir uns nicht nur als separate Einzelwesen sehen, sondern uns gemeinsam mit anderen Mitgliedern unserer kleineren Gruppe auch als Teil der gesamten Menschheit verstehen, *die selbst und für sich genommen eine lebende Einheit darstellt.*

Unser eigener sterblicher Körper kann uns hier als Gleichnis dienen. Wir wissen, daß die Organe des Körpers sich aus Zellen zusammensetzen, die sich innerhalb eines Organs gleichen, und daß die Organe zwar unterschiedliche Aufgaben im Körper übernehmen, welche aber alle für die Entwicklung und Funktion des Körpers unentbehrlich sind. Auf ähnliche Weise bilden auch Einzelmenschen mit genetisch ähnlichen (ihrer Familie) oder mit anderen Menschen gleicher Interessen (ihrer Gruppe) Einheiten oder Kreise, die alle unterschiedliche Aufgaben haben, aber für die Entwicklung der Menschheit unentbehrlich sind.

Was wir als Einzelmenschen für die gesamte Menschheit leisten, geschieht entweder in enger und harmonischer Kooperation mit anderen aus unserem Kreis oder durch mehr oder weniger heftige Reaktionen auf diejenigen, mit denen wir ein Familien- oder Gruppenkarma teilen. Die Probleme im Leben treten häufig gerade auf Grund der Nähe zu anderen auf, wodurch ein Zwang entsteht, andere, vielleicht sogar entgegengesetzte Aspekte ähnlicher Lebensfragen und Situationen zu erfahren.

Wir bringen einander aber nicht nur in schwierige materielle Situationen, sondern es werden auch spirituelle Anforderungen an uns gestellt. So kann uns eine kalte, gleichgültige Mutter zwingen, Abhängigkeit und Bedürfnis nach Anerkennung abzulegen und zu lernen, auf eigenen Füßen zu stehen. Das ist dann vielleicht eine wichtige Voraussetzung für eine andere Aufgabe, die wir in diesem Leben erfüllen sollen. Die lieblose Mutter wird also sozusagen zum Werkzeug, durch das wir unser Ziel erreichen. Oder wir übernehmen Aufgaben, die wir uns normalerweise nicht zutrauen, nur um endlich von unseren ewig kritisierenden Eltern anerkannt zu werden, und stellen schließlich fest, daß wir Unglaubliches geleistet haben. Ein unterschwellig grausamer Elternteil macht uns sensibel für die Leichtigkeit, mit der ein anderer durch ein paar Worte, durch einen Blick oder eine Geste verletzt werden kann. George hatte zum Beispiel wegen seines Vaters eine Aversion gegen grausame Handlungen entwickelt und konnte bewußt daran arbeiten, ähnliche Tendenzen in der eigenen Person zu überwinden. Die meisten von uns haben sich vorgenommen, in bestimmten Aspekten ganz anders zu sein als unsere Eltern, und finden trotz aller guten Vorsätze ähnliche Tendenzen in sich selbst, die es zu überwinden gilt. Unsere Eltern haben uns also unsere Aufgaben bewußtgemacht.

Natürlich geben manche Eltern ihren Kindern Liebe und Geborgenheit, aber andere Kinder werden von ihren Eltern nur mit Haß und Schwäche, Drogen und Armut, Verrat und Erniedrigung konfrontiert. Doch gerade das eröffnet die Möglichkeit, an eigenen Charakterschwächen zu arbeiten. Für die spirituelle Entwicklung bilden Feinde und Nöte den notwendigen Hintergrund, vor dem wir uns bewähren und weiterentwickeln können.

Geteilte karmische Aufgaben

Die nahezu unerträgliche Verantwortung für die alkoholkranke Mutter, die durch das geistig gestörte Geschwisterchen heraufbeschworenen peinlichen Situationen, die Rachegefühle gegenüber dem gewalttätigen Vater, die hilflose Wut auf den sexistischen Chef und das immer verzweifeltere Bemühen, den untreuen Ehepartner zur Treue zu zwingen, lassen uns natürlich vergessen, daß wir genau durch diese Probleme in unserer spirituellen Entwicklung vorankommen sollen. Wir haben solche Konfrontationen in diesem Leben *gewählt*. Unsere Seele fühlte sich zu diesem Erfahrungsbereich hingezogen, um lernen zu können, was für diesen irdischen Abschnitt in der Schule des Lebens vorgesehen war. Eine Tochter, die mit der Auflage in ihr irdisches Leben eintritt, die Dynamik von Gewalttätigkeit verstehen zu lernen, braucht vielleicht einen brutalen Vater, durch den sie die notwendigen Erfahrungen machen kann. Es ist ihre freigewählte Aufgabe, ihre Erfahrung in dieser speziellen Manifestation zu fördern und ihr Bewußtsein auf dem Gebiet der Gewalttätigkeit zu erweitern. Vielleicht besteht sogar zwischen ihr und ihrem Vater eine uralte karmische Schuld, die beglichen werden kann, wenn sie gerade seine Mißhandlungen als Voraussetzung für ein tieferes Verständnis und eine Heilung annehmen könnte. Und wenn sie daraufhin dann später anderen helfen kann, die ähnlich mißhandelt worden sind, um so besser. Können Sie erkennen, daß dann beide, Vater und Tochter gemeinsam, Werkzeuge des Heilungsprozesses geworden sind? Ihre gegensätzlichen Beiträge sind nötig, um die Aufgabe zu erfüllen, die sie als Seelen gemeinsam übernommen haben.

Manchmal stehen Menschen gemeinsam vor einer karmischen Aufgabe, die sie nur erfüllen können, wenn sie nicht miteinander auskommen. Zu einer solchen Aufgabe gehört häufig der Dienst am Nächsten, das Aufdecken der Wahrheit, das Gründen einer wichtigen Bewegung oder Organisation, alles Handlungen, die auch auf das Leben anderer Einfluß nehmen, die außerhalb des engsten Kreises der Betroffenen stehen. Interessanterweise kann diese Dynamik der Inkarnation häufig erkannt oder bestätigt werden, wenn die Horoskope der betreffenden Menschen von fähigen Astrologen gestellt und gedeutet werden. Wenn die Horoskopdaten zweier Familienmitglieder, die eine besonders problematische Beziehung haben, verglichen werden, dann ergänzen sie sich häufig zu einem vollkommenen Bild, was bedeutet, daß diese Menschen eine gemeinsame Karma-Aufgabe haben. Der folgende Bericht gibt ein Beispiel dafür:

Helen und Lydia haben sich ihr Leben lang gestritten. Die ältere Schwester, Helen, ist groß, brünett und sexy, kleidet sich gern ausgefallen und liebt protzige Autos. Sie nimmt kein Blatt vor den Mund, verlangt viel und bekommt auch meistens, was sie will. Lydia ist zwei Jahre jünger, ist ebenfalls groß und dunkelhaarig, wirkt mit ihren großen Augen aber eher zart und ätherisch. Doch auf ihre ruhige, zurückhaltende Art erreicht Lydia genausoviel wie ihre Schwester.

Ihre Eltern ließen sich scheiden, als die Mädchen sieben und neun Jahre alt waren. Der Vater hatte viel getrunken und war seiner Frau häufig untreu gewesen, und die Mutter war jähzornig. Helen war so häufig wie möglich mit ihrem Vater zusammen, einem großzügigen, charmanten Alkoholiker, und Lydia blieb treu bei ihrer exotischen, emotionalen, abergläubischen griechischen Mutter, die das Finanzielle vorsichtig und konservativ verwaltete. Als ihre Mutter mit Mitte Fünfzig starb, wurden die Schwestern durch das gemeinsame Erbe einiger Grundstücke voneinander abhängig.

Helen war mit 16 von zu Hause fortgelaufen und hatte einen älteren Mann geheiratet. Kurz vor der Geburt des gemeinsamen Sohnes kehrte der Mann zu seiner ersten Frau zurück. Als Michael geboren wurde, war Helens Mutter außer sich, und der Vater war betrunken wie üblich. Nur die vierzehnjährige Lydia hatte ihre Schwester und den neuen Neffen im Krankenhaus besucht.

Weil sie nicht wußte wohin, zog Helen mit dem Baby wieder bei der Mutter ein, obgleich die Mutter sich monatelang weigerte, mit ihr zu sprechen. Helen arbeitete nachts, um für sich und das Baby den Unterhalt zu verdienen, und ihre Mutter arbeitete am Tag. Lydia ging zur Schule, und gemeinsam versorgten die Schwestern das Baby. Sie liebten den kleinen Michael beide, hatten aber von Anfang an ganz unterschiedliche Ansichten, was die Pflege des Kindes anging, und meinten immer, daß die andere alles vollkommen falsch machte. Aus hauptsächlich praktischen Erwägungen bestand Helen darauf, daß das Baby strikt nach der Uhr gefüttert würde. Sie holte ihn sogar aus seinem Nachmittagsschlaf, wenn Zeit für die Mahlzeit war. Aber wenn Lydia für ihn sorgte, ließ sie ihn essen, wann er wollte, was immer wieder Helens Zeitpläne durchkreuzte. Sie versuchte nämlich, ihr Baby an feste Zeiten zu gewöhnen, damit sie tagsüber ein wenig Schlaf bekommen und abends rechtzeitig zur Arbeit gehen konnte.

Die Jahre vergingen. Helen heiratete noch einmal, hatte aber keine weiteren Kinder. Lydia blieb unverheiratet und lebte friedlich mit ihrer Mutter bis zu deren Tod. Sie versuchte, die Verbindung zu Michael aufrechtzuerhalten, soweit es ihre schwierige Beziehung zu der Schwester gestattete. Als Michael Mitte Zwanzig war, diagnostizierte man bei ihm myeloische Leukämie, eine gefährliche Krebserkrankung, die im allgemeinen in drei bis vier Jahren zum Tode führt.

Von dem Augenblick an stritten Mutter und Tante, wie dem Kranken am besten zu helfen sei. Helen war eine Kämpfernatur, und für sie war die Krankheit ihres Sohnes ein böser Feind, der mit allen Mitteln der Medizin bekämpft werden mußte. Als Michael dann mit Chemotherapie und Bestrahlung begann, beides Behandlungsmethoden, die bei dieser Art von Krebs keine besonders guten Erfolge zeigen, war Lydia entsetzt. Sie glaubte, daß diese Behandlungen das Immunsystem schwächen, und beschwor Michael, sein Problem auf andere Weise anzugehen, durch einen Wunderheiler vielleicht, mit Heilkräutern und einer besonderen Diät. Helen war außer sich, daß sich die Schwester auf diese Weise einmischte, weil sie das als Unterminierung der ärztlichen Autorität betrachtete.

Ohne viel darüber zu sprechen, versuchte Michael, beide Methoden zu kombinieren, und für einige Zeit stabilisierte sich sein Zustand auch. Als es aber nach eineinhalb Jahren plötzlich schnell schlechter wurde, machte jede der Schwestern der anderen Vorwürfe.

Michael wurde immer schwächer und hatte immer stärkere Schmerzen, und Lydia versuchte Helen davon abzubringen, weiterhin alles medizinisch Mögliche zu versuchen, um ihn am Leben zu erhalten, Behandlungen, die häufig für den Körper sehr anstrengend und schmerzhaft waren. Lydia wollte, daß Michael seine letzten Wochen zu Hause verbringen konnte. Sie hatte zwei Freunde beim Sterben begleitet und wußte, was für ein friedlicher, schöner Übergang das Sterben sein konnte. Sie glaubte fest an ein Leben nach dem Tode und an die Wiedergeburt und war überzeugt, daß man nichts Besseres für Michael tun könnte, als ihn zu Hause zu pflegen, für ihn dazusein und ihm schließlich beim Sterben beizustehen. Helen nannte ihre Schwester Verräterin und bestand darauf, daß ihr Sohn in der Klinik blieb, wo alles vorhanden war, was Michael so lange wie möglich am Leben erhalten konnte. Selbst als Michael schließlich in ein Koma fiel, kämpfte seine Mutter weiter und beschwor die Ärzte, doch irgend etwas zu tun, um ihn zu retten. Sie war überzeugt, daß sie ihren Sohn verriet, wenn sie ihn sterben lassen würde.

Und so kämpfte Helen, und Lydia betete, bis Michael schließlich starb. Beide Frauen hatten in den letzten Jahren viel über die verschiedenen Aspekte von Krebs gelernt und waren nun beide, wenn auch auf unterschiedliche Weise, sehr damit beschäftigt, Aufklärungsarbeit zu leisten und Kranken und ihren Angehörigen zu helfen und beizustehen.

Heute kann sich niemand in der lokalen Krebshilfe mehr vorstellen, wie man ohne die beiden Frauen auskommen könnte. Helen organisiert Wohltätigkeitsveranstaltungen, damit neue Geräte gekauft werden können, versteht es, bürokratische Hindernisse zu umgehen, um die notwendigen Hilfsdienste für Patienten zu bekommen, und ist in unterstützenden Gruppen für Freunde und Verwandte von Kranken aktiv. Lydias Dienste sind weniger sichtbar. Sie kümmert sich um Menschen im letzten Stadium ihrer Krankheit, hilft ihnen, das Sterben zu akzeptieren und ruhig aus dem Leben zu gehen. Sie vertritt das Recht des Todkranken zu sterben ebenso energisch wie ihre Schwester das Recht des Kranken auf Leben.

Beide Schwestern sind jetzt dabei, eines der Häuser, die sie gemeinsam von ihrer Mutter geerbt haben, in eine dringend benötigte Krebsklinik umzubauen. Zweifellos werden sie auch bei diesem Unternehmen häufig unterschiedlicher Ansicht sein, werden endlos diskutieren und sich schließlich einigen. Ihre tiefe Liebe zu Michael, dem diese Klinik gewidmet werden soll, hindert sie daran, sich vollkommen zu entzweien. Aber jede von ihnen hat einen eisernen Willen. Jede hat ihre eigene tiefe Überzeugung, von der sie nicht läßt. Sie regen sich auf, beschimpfen einander, fühlen sich mißverstanden und nicht genügend respektiert, und dennoch ist das, was sie schließlich gemeinsam leisten, eine runde Sache und vollkommen.

Wer wie Helen und Lydia mit anderen eine karmische Aufgabe gemeinsam erfüllen soll, empfindet das selten als einfach oder angenehm. Häufig wird die Leistung gerade erst durch die Reibung zwischen den Betroffenen möglich. Denken Sie einmal an die Familienmitglieder, mit denen eine Beziehung für Sie immer besonders schwierig war. Möglicherweise sind es genau die, mit denen Sie gemeinsam eine karmische Aufgabe erfüllen sollen. Können sie sich objektiv vorstellen, daß Helen und Lydia in ihren Ansichten zwar sehr unterschiedlich sind, es trotzdem aber in ihrem Bestreben zu helfen ganz ernst meinen und beide Wichtiges leisten? Dann versuchen Sie einmal die gleiche Objektivität auch auf Ihre Beziehungen mit schwierigen Verwandten anzuwenden.

Überlegen Sie, auf welche Weise Sie und Ihre problematischen Familienmitglieder vielleicht gemeinsam etwas leisten. Haben Sie sich nicht gerade wegen Ihrer unterschiedlichen Ansichten, wegen der dauernden Auseinandersetzungen weiterentwickelt, sind toleranter geworden, haben dazugelernt? Vielleicht sind Sie sich auch Ihrer eigenen Überzeugungen bewußter, sind sich selbst gegenüber ehrlicher geworden, als Reaktion auf den ungeliebten Verwandten? Versuchen Sie einen Kompromiß zu finden, in dem Charakteristisches von beiden Seiten aufgenommen werden könnte. Denken Sie daran, was Ihre Seele lernen würde und in welchem Maße die Menschen um Sie herum davon profitieren könnten, wenn diese Bindung zustande käme. Behalten Sie diese neue Erkenntnis, was Familienbindungen bedeuten, fest in Ihrem Bewußtsein, und Sie werden schließlich verstehen können, warum gerade *die* Eigenschaften und Verhaltensweisen der anderen, die Sie vorher so vollkommen abgelehnt haben, *notwendig* waren.

Werden Sie, wie der Alchemist, der aus unedlen Metallen Gold zu machen versucht, nach dem suchen, was unter den deprimierendsten und entmutigendsten Aspekten Ihres Lebens doch an Edlem verborgen ist? Wenn Sie sich die Mühe machen, werden Sie es auch finden, denn es wartet nur darauf, von Ihnen bewußt entdeckt zu werden.

7

Was ist mein Ziel,
und wann werde ich es erreichen?

Märchen, Mythen, Sagen von mutigen Helden, die furchtlose Abenteuer vollbringen...

Diese vertrauten und beliebten Geschichten bezaubern in ihren phantastischen und wundersamen Einzelheiten jede Generation wieder von neuem. Wie auch unser tägliches Leben aussehen mag, sie sprechen zu uns, faszinieren uns und spornen uns an, denn sie sind in Wirklichkeit auch *unsere* Geschichten. Durch symbolische Gleichnisse beschreiben sie uns auf unserer heldenhaften Suche, unserer REISE. Getrennt von unserem Ursprung sind wir gezwungen, durch Erfahrung zu lernen, Versuchungen zu widerstehen, Illusionen als solche zu erkennen und unsere Charakterfehler zu besiegen, bis wir schließlich erleuchtet heimkehren können.

Die Hauptperson in unserem Märchen ist häufig ein durchschnittlicher, sogar schlichter junger Mensch, wie zum Beispiel Jack in «Jack and the Beanstalk», oder ein Königssohn, der erst noch zeigen muß, was in ihm steckt. Nicht selten ist er der jüngste und deshalb der unschuldigste von drei Brüdern, naiv und mit einem unverdrossenen Optimismus gesegnet. Wie der Narr, dessen unnumerierte Karte im Tarotspiel unendliche Möglichkeiten aufzeigt (die allerdings alle eigene Anstrengung verlangen), verläßt unser Held Haus und Hof, um sein Glück in der Welt zu suchen.

Manchmal tritt er seinen Weg mit dem Wunsch an, seinem Vater zu helfen, so wie wir Menschen werden, um der Seele bei der Erweiterung des Bewußtseins zu dienen. In dem beliebten russischen Märchen «Der Feuervogel» macht sich der jüngste Sohn des Königs, Prinz Ivan, auf den Weg, um den Feuervogel zu finden, der aus dem Garten des Königs goldene Äpfel gestohlen hat. Wie meistens in solchen Geschichten beginnt alles für den Prinzen, und auch für uns neu inkarnierte Wesen, ziemlich harmlos, aber bald wird er mit einer Reihe von gefährlichen Abenteuern konfrontiert. Der Prinz kommt an eine Wegkreuzung, an der ein steinerner Wegweiser sagt: «Geradeaus, um eine Frau zu finden, links bedeutet Tod und rechts der Verlust des Pferdes.» Da er sich für eine Frau noch für zu jung hält, aber auch nicht sterben möchte, geht unser Held nach rechts. Als er später von seinem Schlummer erwacht, ist sein Pferd verschwunden. Ein grauer Wolf gibt zu, daß er das Pferd getötet und gefressen hat, bietet sich aber als Reittier an und verspricht dem Prinzen, ihm treu zu dienen.

Der Wolf bringt den Prinzen zu dem Feuervogel, rät ihm aber eindringlich, nur den Vogel, nicht aber den goldenen Käfig zu nehmen, in dem der Vogel sitzt. Prinz Ivan kann jedoch der Versuchung des Goldes nicht widerstehen und ergreift den Käfig mit dem Vogel. Ein Alarm ertönt, und der Prinz wird gefangen. Der König, dem der Vogel gehört, ist bereit, dem Prinzen die Freiheit, den Feuervogel und den Käfig zu schenken, wenn der ihm das Pferd mit der goldenen Mähne verschafft. Die Schwierigkeiten des Prinzen sind ein Gleichnis für die Schwierigkeiten der Seele, die sich durch die Gefährdungen während jeder neuen Inkarnation kämpfen muß. Jede Erfahrung hat notwendigerweise ihre Konsequenzen, Karma, mit dem sich auseinandergesetzt werden muß, und die wilden Schlachten in gefährlichen Gegenden ziehen sich über eine lange Zeit hin. Immer neue Schwierigkeiten müssen überwunden werden, damit der Fleisch gewordene Teil der Seele, wie der Wanderer in unserem Märchen, endlich wieder heimkehren kann.

Prinz Ivan macht sich also auf die Suche nach dem Pferd, und als er es findet, wird er von dem Wolf beschworen, nur das Pferd zu nehmen, nicht aber sein goldenes Zaumzeug. Aber wieder kann der Prinz nicht widerstehen, ein Alarm ertönt, und der zornige König, dem das Pferd gehört, verlangt für die Freiheit des Prinzen, für das Pferd und das Zaumzeug, daß Ivan ihm die Schöne Helena als Braut zuführt.

Jede neue Hürde läßt sich mit den energetischen Kosten vergleichen, die für die Erfahrungen der Seele auf der Erde bezahlt werden müssen. Diese Erfahrungen haben Folgen, Karma, dem wir uns, wie der Prinz sich der neuen Aufgabe, stellen und das wir überwinden müssen, um auf unserem Weg voranzukommen. Viele Versuche des Prinzen, viele Inkarnationen unserer Seele, können nötig sein, bevor die Hindernisse überwunden sind.

In den meisten Märchen gerät der Held immer wieder in Versuchung, unterliegt, muß eine Aufgabe erfüllen, gerät also in die verschiedensten Schwierigkeiten, lernt, sie zu überwinden, und gewinnt dadurch Erfahrung, Selbstvertrauen und Reife, bis er wirklich zu einem echten Helden geworden ist, einem wahren Supermann. Aber gleichzeitig mit seiner Macht wachsen auch sein Leichtsinn und seine Arroganz. Auf der Höhe der Macht gerät er in eine Falle oder wird er auf eine Weise verwundet, daß nicht einmal seine außerordentlichen Kräfte und sein Mut ihn retten können. Er hat soviel überwunden, hat soviel erreicht, und ist doch vollkommen hilflos. So ergeht es auch Prinz Ivan. Er hat also den Vogel und das Pferd und die Schöne Helena gestohlen und entläßt den Wolf aus seinen Diensten. Der Wolf warnt ihn, er könne vielleicht seine Hilfe noch nicht entbehren, aber Ivan schlägt die

Warnung in den Wind. Überzeugt, daß ihm nun nichts mehr passieren könne, beschließt er, auf dem Heimweg eine Pause zu machen. Als Ivan und die Schöne Helena schlafen, kommen seine zwei Brüder zufällig vorbei und sehen den Feuervogel, das Pferd mit der goldenen Mähne und die Schöne Helena. Sie töten Ivan, ein Bruder nimmt das Pferd und den Feuervogel mit sich und der andere die Schöne Helena.

Prinz Ivan liegt neunzig Tage tot da. Dann findet ihn der Wolf und besticht eine Krähe, ihm das Wasser des Lebens und das Wasser des Todes zu bringen. Mit dem Wasser des Todes heilt er die Wunden des Prinzen, mit dem Wasser des Lebens erweckt er ihn zum Leben. «Wenn ich nicht wäre», sagt der Wolf, «würdest du ewig schlafen.»

Und der Wolf, das mächtige Wesen, das unseren Helden von Anfang bis Ende seiner abenteuerlichen Lebenssuche begleitet hat, der über ihn gewacht und ihn geleitet hat, der zuließ, daß der Prinz durch Niederlagen zur Einsicht geführt wurde, und der ihn letzten Endes wieder heilt, bringt ihn also jetzt zum Haus seines Vaters zurück und zu den Schätzen, die die Belohnung für all seine Mühen sind.

Alle diese Geschichten beschreiben unseren Weg durch die verschiedenen Inkarnationen auf der Erde unter der Leitung der Seele. In der Mystik und in der Esoterik ist die Seele weiblich. Die Hochzeit des Helden mit der schönen Jungfrau bedeutet die Vollendung des Zyklus, bei dem der Suchende mit der Seele vereint wird. Diese vollkommene Vereinigung des Männlichen mit dem Weiblichen ist durch das Bild eines tanzenden Hermaphroditen auf der letzten Tarotkarte dargestellt, die «die Welt» genannt wird. Diese Karte repräsentiert das Ende der Reise des Narren durch die Welt, das letztendliche Erreichen der vollkommenen Einheit.

Der Weg des Helden von naiver Unschuld über Mutproben bis zur endgültigen Weisheit und Vollkommenheit ist unser Weg, unsere REISE zur Erleuchtung. Es ist also kein Wunder, daß wir diese Geschichten des mutigen Wanderers immer wieder hören wollen, der nach gefährlichen Expeditionen in ferne Länder, wo er sich Feinden stellen, Kämpfe gewinnen und verlieren mußte, endlich wieder siegreich heimkehrt.

Wir sind Botschafter der Seele

Im Laufe unseres täglichen Lebens fühlen wir uns allerdings weniger wie ein unbesiegbarer Ritter mit einer gewaltigen Aufgabe, sondern mehr wie die müden Akteure in einer endlosen Seifenoper. Unsere Vorstellungskraft ist begrenzt. Während unseres irdischen Aufenthalts identifizieren wir uns fast ausschließlich mit unserem physischen Körper und seinen sechs Sinnen und interpretieren mit der uns gegebenen Persönlichkeit die Wirklichkeit. Wir sind uns nicht bewußt, daß es sich dabei nur um einen Vorposten der Seele im materiellen Bereich handelt. Unsere übermäßige Identifikation mit unserem physischen Selbst ist vielleicht vergleichbar mit folgender Situation: Man beschließt, eine Reise zu machen, nimmt sich ein Auto und fährt auf das Ziel zu. Dabei glaubt man aber nur an die Realität des Fahrzeugs, der Straße, der Landschaft auf beiden Seiten, an das, was man sieht und hört, und vergißt vollkommen, daß *man selbst* die Reise geplant hat, daß das Auto auf ein Ziel zufährt, das *man selbst* bestimmt hat und das *man selbst* schließlich auch erreichen wird. Der Input unserer irdischen Sinne verbirgt die Tatsache, daß die Seele, die uns auf die Reise geschickt hat, die eigentliche Realität ist und nicht das temporäre Fahrzeug, das wir für die Reise verwenden.

Als Botschafter der Seele auf der Erde bewegt sich das

Menschenwesen in einer von zwei Richtungen. Wie der Held im Märchen wandern wir entweder von zu Hause fort oder, wenn wir schon genügend auf unserem Weg gelernt haben, kehren nach Hause zurück. In der Esoterik spricht man von einer HINREISE und von einer RÜCKREISE. Auf der HINREISE identifizieren wir uns mehr und mehr mit der physischen Materie, erst durch unseren Körper, durch Empfindungen und Erfahrungen, die durch ihn möglich sind, und später durch das Verständnis von uns selbst als Person, die ihre Wünsche in der materiellen Welt realisieren kann. Auf der RÜCKREISE werden wir von unserem Ursprung angezogen und bringen mit uns, was wir während unserer irdischen Abenteuer gelernt haben. Um aber mit unserem Ursprung wieder vereinigt werden zu können, müssen wir das Karma, das wir hervorgebracht haben, freigeben und die Wunden heilen, die wir während unserer Abenteuer, unseren Erfahrungen auf der HINREISE erhalten haben. Die meisten dieser Wunden können geheilt und die dabei entstandenen erstarrten Energiekonfigurationen oder «energetischen Narben» durch Verständnis, Verzeihen und Dienst am Nächsten gelöst und geglättet werden.

Die menschliche Entwicklung
von der Geburt bis zum Tod

Der gesamte Prozeß von HINREISE und RÜCKREISE vollzieht sich sozusagen wie im Mikrokosmos während eines Menschenlebens. Der Mensch wird geboren und konzentriert sich anfangs auf das Erlernen und Meistern seiner körperlichen Fähigkeiten. Danach kann er seine Aufmerksamkeit allmählich seiner Umgebung zuwenden und lernt die Welt mit all ihren Verlockungen, Möglichkeiten und Herausforderungen immer besser kennen. Er entwickelt eine Persönlichkeit und fängt an, Entscheidungen zu treffen und zu handeln. Handlungen haben Folgen, und er macht seine Erfahrungen. Dieser Prozeß läuft allerdings nicht ohne Schwierigkeiten ab. Der Mensch wird herumgestoßen, holt sich blaue Flecken und ein paar ernsthafte Verletzungen, Verwundungen nicht nur des Körpers, sondern auch solche, die ihn tiefer treffen und seine Gefühle und Einstellungen beeinflussen. Diese Wunden sind ein unvermeidlicher und sogar notwendiger Teil der menschlichen Erfahrung, der ihm hilft zu lernen, zu verstehen und sich zu entwickeln. Das Leiden an den Wunden und schließlich auch ihr Vernarben beeinträchtigt oder lähmt sogar in gewissem Maße den Menschen in den betreffenden Bereichen seines Selbst. Um welche Art von Wunde es sich auch handelt, ob sie uns körperlich, geistig oder emotional leiden läßt und lähmt, wenn wir sie nicht wirklich heilen können, wird sie für die Dauer dieses Lebens schwären, wird sie uns rigider, unflexibler und intoleranter werden lassen.

Später im Leben dann findet eine Umorientierung statt. Der materielle Körper beginnt schwächer zu werden, und die Verlockungen der Welt werden weniger interessant. Mehr und mehr richtet sich die Aufmerksamkeit des Menschen nach innen oder, wenn man so will, nach oben. Er interessiert sich jetzt mehr für die sogenannten spirituellen Fragen. Plötzlich hat er den Wunsch, den Sinn des Lebens zu begreifen, hat aber gleichzeitig das Bedürfnis, sein Leben zu ordnen, langjährige Streitereien beizulegen, einen alten Groll zu vergessen und Versöhnungen herbeizuführen. Statt nach immer mehr und immer weitreichenderen Erfahrungen in der physischen Welt sehnt er sich jetzt mehr nach Frieden, nach äußerer und innerer Ruhe, und ist schließlich bereit, das aufzugeben, was diesem Frieden im Wege steht, letzten Endes auch sein irdisches Leben.

Die Entwicklung der Seele
im Laufe vieler Inkarnationen

Dieses Konzept der Entfaltung, bei dem der Mensch in seinem Erdenerlebnis immer mehr Erfahrungen sammelt, bis er sich schließlich als reifer Mensch wieder auf sein Zentrum und seinen Ursprung besinnt, kann auch auf die Entwicklung der Seele während vieler Inkarnationen angewendet werden.

Die fortschreitende Entwicklung über unzählige Inkarnationen folgt dabei einem Muster, das dem der menschlichen Entwicklung ähnlich ist. Sie beginnt mit einer ausgedehnten Periode, in der die Hauptaufgabe darin besteht, mit der irdischen Hülle, dem physischen Körper umgehen zu lernen und ihn zu beherrschen. Wenn das nach vielen Inkarnationen beendet ist, wird die emotionale Ausstattung entwickelt und verfeinert und danach die geistige. Das nächste Ziel der Inkarnation, was zu erreichen wieder viele Leben lang dauern kann, ist die Koordination der verschiedenen Elemente, der körperlichen, der emotionalen und der geistigen Aspekte (oder Körper). Wenn diese Elemente schließlich harmonieren und in energetischer Synchronisation wirken, ist eine wahrhaft integrierte Persönlichkeit geschaffen.

Diese integrierte Persönlichkeit kann jetzt der Seele als wichtiges Ausdrucksmedium in der materiellen Welt dienen, eine außerordentliche Macht *für das Gute wie für das Böse.* Genau in diesem Entwicklungsstadium beginnt sich die Seele vermehrt für ihre Manifestation auf der Erde zu interessieren. Sie hat jetzt eine integrierte Persönlichkeit als Medium zur Verfügung, das die Qualitäten der Seele in seiner materiellen Existenz ausdrücken kann. Und so versucht die Seele mit der integrierten Persönlichkeit, mit der Manifestation der Seele auf Erden, engeren Kontakt aufzunehmen, um sich durch sie auszudrücken.

Der Prozeß läßt sich mit der Situation von Eltern vergleichen, die ihr Kind vom Spiel ins Haus rufen und damit ein
Spiel unterbrechen, bei dem das Kind gerade in einer wunderbaren Rolle in einer Phantasiewelt versunken ist. Anfangs
wird das Kind das Rufen der Eltern nicht einmal hören, so
stark ist der Einfluß seines magischen Spiels. Wenn es
schließlich die Stimme vernimmt, wird es über die Störung
ärgerlich sein und absichtlich nicht gehorchen. Stärkere
Maßnahmen müssen schließlich angewendet werden, um
das Kind zu überreden, ins Haus zu kommen.

Ähnliches geht vor, wenn die Seele die integrierte Persönlichkeit «ruft», die sich im Vollbesitz ihrer irdischen Kräfte
fühlt, den Anspruch der Seele als Störung empfindet und sich
wehrt. Es kommt zu einem Kampf zwischen Persönlichkeit
und Seele. Durch mehrere Leben hindurch erfahren wir auf
Grund unserer Charakterschwächen immer stärkeres Leid,
bis wir schließlich einfach erkennen müssen, auf welche
Weise wir durch Selbstbezogenheit, Egoismus und unseren
Eigenwillen limitiert sind. Als Prinz Ivan den Wolf aus seinen
Diensten entläßt, weil er sich für mächtig und schlau genug
hält, um die Reise allein zu beenden, gerade da geschieht die
Katastrophe. Er wird ermordet und liegt lange tot da. Erst
nachdem sich der Wolf wieder um ihn kümmert und ihn heilt
und zum Leben erweckt, kann er mit seiner Hilfe nach Hause
gelangen.

Jeder von uns muß irgendwann einmal lernen, daß wir unsere REISE nicht allein schaffen können. Erst nach außerordentlichen Problemen sind wir schließlich bereit, uns einer
größeren Macht zu überlassen. Wenn wir dazu in der Lage
sind, dann können wir auch mehr oder weniger schnell von
den Wunden genesen, die uns zum Aufgeben veranlaßten.

Wenn wir uns auf der RÜCKREISE befinden, wird uns
die Führung durch unsere Seele immer deutlicher. Unvoll-
ständige Episoden früherer Leben, deren kaum vernarbte

Wunden wir immer noch mit uns herumtragen, werden jetzt als Heilungszyklen neu durchlebt. Immer mehr Druck entsteht, während wir durch schwere Prüfungen gehen. Aber wenn wir uns schließlich diesen Heilungszyklen unterwerfen, können wir durch Verständnis, Verzeihen und Dienst am Nächsten auf unserer REISE Fortschritte machen.

Je mehr wir uns dem alten Karma stellen und es bezwingen, vorhandene Wunden heilen und uralten Groll überwinden, desto stärker und bewußter identifizieren wir uns mit unserer Seele. In unzähligen Leben lernen wir, die Seele immer genauer in der irdischen Manifestation auszudrücken, bis Seele und Manifestation schließlich versöhnt und eins sind.

Junge Seelen und alte Seelen

Die REISE vom Ursprung und zurück ist ein langer Prozeß, bei dem sich Stadien und Zyklen abwechseln, die sich alle voneinander unterscheiden. So wie ein junger Mensch zweifellos ein Problem auf eine andere Weise angeht als ein älterer, so reagieren auch sogenannte junge Seelen, die sich auf der HINREISE befinden, auf ähnliche Situationen und Zustände anders als alte Seelen, die schon auf der RÜCK-REISE sind. Als jüngere Seelen brauchen wir Erfahrungen, um daran zu wachsen, und werden deshalb häufig Schwierigkeiten hervorrufen oder aufrechterhalten, indem wir uns wehren und eisern um einen Sieg kämpfen. Das ist auch gut so, denn in diesem Stadium sollen wir körperlichen Mut und persönliche Integrität entwickeln und anwenden, sollen uns behaupten und diejenigen bekämpfen lernen, die uns im Weg stehen. Die Betonung liegt ganz auf dem Ich. Als erstes wollen wir etwas für die eigene Person tun, später schließen unsere Bemühungen vielleicht den Ehepartner, die Kinder, die Familie, später unsere Gemeinde und unser Land ein. Wir wenden unsere Macht und unseren Einfluß auf Menschen an, die uns wichtig sind und nutzen unseren persönlichen Vorteil. Wir geben in diesem Stadium mutige Soldaten ab, können aber im Zivilleben in Schwierigkeiten mit dem Gesetz geraten, weil wir unseren Gegnern ausgesprochen aggressiv begegnen. Diese selbstsüchtige Einstellung, die sich nur an unserem persönlichen Leben orientiert, ob bei Diskussionen um Atomwaffen oder beim Streit um den dauernd bellenden Nachbarshund, ist gut und richtig, wenn wir uns auf der HINREISE befinden, und macht Fortschritte auf diesem Weg erst möglich. Um wahren moralischen Mut zu zeigen, müssen wir schließlich zuerst körperlichen Mut entwickelt haben. Und für die psychische Entwicklung gilt, daß sich erst ein Ego ausgeprägt haben muß, bevor es sich transzendieren läßt.

Wenn wir uns dem Wendepunkt, dem Punkt der Integration nähern, sieht unser Leben ganz anders aus als vorher auf der HINREISE, und es verändert sich ständig, wenn wir uns auf der RÜCKREISE befinden. Unabhängig von den jeweiligen äußeren Umständen ist unser Leben in den frühen Stadien unseres Weges chaotisch und voller dramatischer Abenteuer. Starke emotionale und körperliche Reaktionen spielen eine große Rolle. Es geht uns in erster Linie darum, unseren materiellen Körper zu beherrschen, unsere Stärken und körperlichen Fähigkeiten zu vervollkommnen. Unsere Emotionen aber haben wir weitaus weniger bewußt unter Kontrolle als später auf unserem Weg. Unsere geistigen Fähigkeiten sind noch nicht besonders weit entwickelt, und wir beschäftigen uns lieber mit körperlichen als mit intellektuellen Aufgaben.

Wenn wir aber den Punkt der Integration erreicht haben, leben wir weniger durch Reaktionen als durch Aktionen, die sich auf rationales Denken und bewußte Selbstdisziplin gründen. Wir können jetzt Ziele erkennen und zweckgerichtet darauf hinarbeiten. Wir nehmen unser Leben erfolgreich in die Hand, es geht aufwärts, wir fühlen unsere Macht und genießen sie.

In diesem Stadium unserer Entwicklung wird die Bestätigung durch andere sehr wichtig. Zum Zeitpunkt der Integration ist es am wahrscheinlichsten, daß unserer Macht, unseren Leistungen und unserem Einfluß Anerkennung gezollt wird. Die meisten Menschen, von denen man liest und hört, die in der Politik, in der Unterhaltungsindustrie und bei sozialen Bewegungen Einfluß haben und ihre Macht für das Gute oder auch für das Böse einsetzen, befinden sich exakt an diesem Punkt. Zwei Eigenschaften kennzeichnen alle diese Menschen: Sie haben einen starken eigenen Willen und sind sehr von sich überzeugt. Sie sind absolut sicher, daß ihre Ansicht die richtige ist, und werden alles tun, um ihr Ziel zu erreichen. Sie halten sich für einmalig und erwarten, daß andere ihre Einzigartigkeit anerkennen und bewundern. Häufig bringt uns gerade dieser Wunsch, von unserer Umgebung als überlegen und einmalig akzeptiert zu werden, in die Schwierigkeiten, die uns schließlich zwingen, den Kampf aufzugeben und uns mit unserer Seele auszusöhnen. Erst wenn wir unseren starren Willen und unsere Arroganz ablegen können, machen wir die entscheidende Wende und können unsere RÜCKREISE antreten.

Wenn der Ruf der Seele endlich wahrgenommen und befolgt wird, ändern sich alle Regeln, nach denen wir bisher gelebt haben. Gerade dann, wenn wir endlich wissen, wie wir ein erfolgreiches Leben in der Welt führen können, müssen wir feststellen, daß diese Regeln nicht mehr gelten. Für die RÜCKREISE ist es nicht mehr wichtig, körperlichen Mut zu zeigen oder im Leben voranzukommen, zu denken, zu planen und unsere Macht geschickt einzusetzen. Statt sich nur auf die persönlichen Ziele zu konzentrieren, müssen wir nun mutig und überlegt unsere Kraft für andere verwenden und uns dabei von unserem bewußten Kontakt mit der Höheren Macht leiten lassen.

Auf der RÜCKREISE stoßen wir auf mindestens ebenso viele Schwierigkeiten durch äußere und innere Hindernisse wie auf der HINREISE, doch nun können wir die Probleme nur lösen, wenn wir das Wohlergehen aller dabei berücksichtigen, nicht nur unser eigenes oder das unserer Familie oder der uns nahestehenden Gruppe. Jetzt müssen wir uns mit der gesamten Menschheit identifizieren, das Problem von einem alles umfassenden Standpunkt betrachten und alle Seiten beachten, dürfen nicht dogmatisch dafür oder dagegen sein, gleichgültig, wie edel das Anliegen sein mag. Wir sind jetzt bereit nachzugeben, zu verstehen, zu vergeben und vor allen Dingen zu dienen. Jetzt sind nur noch die Ziele der Seele wichtig und nicht die unserer eigenen Persönlichkeit.

Der gesamte Prozeß menschlicher Entwicklung, von der HINREISE über den Integrationspunkt zur RÜCK-REISE, kann auf folgende Formel gebracht werden:

Fehlende Kontrolle → Bewußte Kontrolle →
Bewußtes Ergeben
oder
Reaktion auf das Leben → Aktion im Leben →
Dem Leben dienen

Wenn sich ein Mensch an einer bestimmten Station seiner REISE befindet, erscheinen ihm die Werte, Überzeugungen und Handlungen eines Menschen an einer anderen Station vielleicht vollkommen unverständlich, ja sogar unentschuldbar. Wenn er aber auf seiner RÜCKREISE weit genug vorangekommen ist (was nur sehr wenigen vergönnt ist), dann besitzt er auch wahre Toleranz. Genau wie ein Erwachsener versteht und akzeptiert, daß das Verständnis und die Fähigkeiten eines Kindes noch nicht sehr weit entwickelt sind, so kann auch der Wanderer auf seinem RÜCKWEG die Einstellungen und das Verhalten desjenigen respektieren und akzeptieren, der in weniger Inkarnationen noch nicht so weit gekommen ist wie er.

Wie Bewußtsein
durch Erfahrung erweitert wird

Nur ein Wesen auf der höchsten spirituellen Entwicklungsstufe kann erkennen und verstehen, wie sein Weg durch die verschiedenen Leben hindurch verlaufen ist. Buddha soll bei seiner endgültigen Erleuchtung deutlich jedes seiner Leben auf Erden vor sich gesehen und in seiner Bedeutung verstanden haben. Wenn wir die Erleuchtung des Bewußtseins erlangt haben, das Ziel unserer Seele, dann werden auch wir alle unsere Leben erkennen und verstehen können.

Bis dahin glaubt das menschliche Wesen auf Grund seiner notwendigerweise begrenzten Perspektive, daß das gerade bewußt gelebte Leben ihn in seiner Gesamtheit ausmacht. Hin und wieder aber bekommt der eine oder andere vielleicht einen Hinweis darauf, daß es etwas anderes, etwas sehr viel Umfassenderes gibt, zu dem wir schon viel beigetragen haben und das uns in unserem jetzigen Leben wiederum beeinflußt.

Aus der folgenden Geschichte erfahren wir, wie eine Frau auf ihrer REISE durch verschiedene Leben Fortschritte machte und ein immer größeres Verständnis entwickelte.

Paula ist Pferdetrainerin und hat bei ihren Kollegen durch ihre humanen Methoden in einem Beruf, in dem nur zu häufig grausam mit Tieren umgegangen wird, Bewunderung und Respekt gewonnen. Paula arbeitet mit sanften Berührungen und versucht jedes Tier liebevoll zu beruhigen, auch wenn es sich noch so störrisch verhält. Sie stellt sich auf seinen individuellen Charakter ein, lernt seine Schwächen und Stärken kennen und achtet dabei immer auf mögliche traumatische Erfahrungen des Tieres in der Vergangenheit. Einige ihrer Erfolge scheinen an Wunder zu grenzen. Ich lernte sie bei einer ihrer Veranstaltungen kennen, und als ich mich später etwas ausführlicher mit ihr unterhielt, berichtete sie mir folgendes:

«Das Ganze passierte vor ungefähr sechs Monaten. Ich hatte gerade meinen Vortrag beendet, als eine Frau auf mich zutrat, sich selbst als Anna vorstellte und mir ein zusammengefaltetes Stück Papier reichte. Ich möchte es doch bitte später lesen, wenn ich allein sei. Ich dankte ihr, steckte das Papier in meine Manteltasche und vergaß es natürlich prompt. Erst als ich nach Wochen denselben Mantel wieder anzog, stieß ich wieder darauf.

Anna war Hellseherin und hatte während meines Vortrags einen großen Mann in einer Tracht des vorigen Jahrhunderts links hinter mir stehen sehen. Anna wußte, daß er einer meiner Führer war, eine Person, die ich selbst in einem anderen Leben gewesen war. Anna beobachtete ihn, während ich sprach. Sie sah Szenen aus seinem Leben vor sich und dann auch die Umstände seines Todes. Er war wie ich Pferdetrainer gewesen, ein besonders brutaler Mensch, der seine Wut häufig an den Pferden ausgelassen hatte. Er war letzten Endes an den Verletzungen gestorben, die ihm ein Pferd beigebracht hatte, indem es ihm einen kräftigen Tritt in die Nierengegend versetzte. Er hatte lange unter starken Schmerzen gelitten und dabei ausreichend Zeit gehabt, über sein eigenes Elend und die Qualen, die er Mensch und Tier angetan hatte, nachzudenken.

Anna schrieb, daß er durch sein Leiden wenigstens etwas

von dem Karma hätte abbauen können, das er während seines unmenschlichen Lebens hervorgebracht hatte. Sie fragte zum Schluß, ob ich nicht vielleicht an der gleichen Stelle meines Rückens einmal eine Verletzung gehabt hätte, ob ich vielleicht dort eine Narbe oder ein Muttermal besäße.

Ich wußte sofort, daß alles, was diese Frau gesagt hatte, wahr war. Ich wußte, wie der Mann aus dem vorigen Jahrhundert gelebt hatte und gestorben war, und ich wußte auch, daß er jetzt ein Teil von mir war und mich zu humaneren Methoden bei meiner Arbeit veranlaßt hatte. Aber vielleicht das Erstaunlichste an der ganzen Sache ist, daß ich wirklich ein großes rotes Muttermal in der Nähe meiner linken Niere habe!»

Wie in Paulas Fall gibt es oft körperliche Merkmale, die mit einem Trauma in einem vergangenen Leben verbunden sind, wie Narben, Muttermale, Mißbildungen oder körperliche Schwächen. Häufig kann man auch an den aufeinanderfolgenden Leben den stufenweisen Prozeß der Bewußtseinsevolution erkennen. Stellen Sie sich zum Beispiel vor, daß Paula in früheren Leben vor ihrer Inkarnation als brutaler Pferdetrainer schon häufig mit Pferden zu tun gehabt hatte. In einem dieser Leben war vielleicht ein geliebter Mensch durch die Unberechenbarkeit eines Pferdes umgekommen. Aus Schmerz über diesen Verlust hatte sie ihren Zorn und ihre Verzweiflung in das Leben als Pferdetrainer im vorigen Jahrhundert hinübergenommen. Sie rächte sich jetzt in der Gestalt dieses Mannes, der mit brutalen Methoden den Pferden sämtliche Launen austrieb, bis sie willenlos wie Automaten reagierten.

Als er im Sterben lag, hatte er auf Grund der Verletzung, die eine direkte Folge seiner Unmenschlichkeit gewesen war, eine Erkenntnis. Sein körperlicher Schmerz und die damit verbundene spirituelle Evolution hatten ihm das von ihm verursachte Leid bewußt gemacht.

Eine solche Erkenntnis kann stattfinden, während das menschliche Wesen sich noch im physischen Körper befindet, oder während der «Rückschau unmittelbar nach dem physischen Tod» (ein Begriff von Kenneth Ring, der sich ausführlich mit todesähnlichen Erfahrungen befaßt hat). Während dieser Rückschau werden die Geschehnisse und Erfahrungen der gerade vollendeten Inkarnation mit einer Objektivität, Klarheit und Kohärenz gesehen, zu der der lebende Mensch, gefangen in seinem physischen Körper unter dem Einfluß seiner Persönlichkeit, nicht in der Lage ist. Diese Rückschau hat immer eine Erweiterung des Bewußtseins zur Folge. Es ist stets die Aufgabe der Seele, innerhalb der Grenzen, die ihr durch Zeit, Raum und physische Materie gesetzt sind, diese Erweiterung während der nächsten Inkarnation bewußtzumachen.

Sosehr wir auch Grausamkeit verabscheuen und uns gegen Leiden auflehnen, so dürfen wir doch nicht vergessen, daß alle diese Erfahrungen notwendig sind. Während unseres Erdenlebens lernen wir gerade durch kontrastierende, durch dualistische Situationen, indem wir entgegengesetzte Seinszustände erfahren. Wir werden uns unserer Gesundheit eigentlich nur dann bewußt, wenn wir viel mit Krankheit in Berührung kommen. Wir halten Wohlstand für selbstverständlich, außer wir haben Entbehrungen kennengelernt. Und ein grausames Verhalten wird von uns vielleicht erst dann als solches empfunden, wenn wir auch wissen, was Freundlichkeit und Mitgefühl bedeutet. Bevor sich unser Bewußtsein nicht in einem gewissen Maß entwickelt hat, reagieren wir auf eigenes Leiden mit dem Wunsch nach Rache und Vergeltung. Wenn wir aber die Fähigkeit entwickeln, das Leiden anderer ebenso zu fühlen wie das eigene, erfahren wir eine Wandlung, wollen wir wie der grausame Pferdetrainer des letzten Jahrhunderts, der als Paula wiedergeboren wurde, Leiden mildern, statt es zu verursachen.

Als Trainer des vorigen Jahrhunderts war Paula noch von ihren Emotionen beherrscht, besonders von dem Rachegedanken. Zu dem Zeitpunkt befand sie sich noch auf der HINREISE. Heute baut sie Karma aus einem vorigen Leben dadurch ab, daß sie ihr Leben dem Dienst an Tieren widmet und sanfte Trainingsmethoden lehrt. Möglicherweise hat sie seit ihrem Leben als grausamer Trainer noch eine Reihe anderer Inkarnationen durchlebt, die sie an den Punkt der Integration brachten. Ihr jetziges Leben wenigstens deutet ganz darauf hin, daß sie sich auf der RÜCKREISE befindet.

Das Karma, seine Aufarbeitung und der verwundete Heiler

Als erstes müssen wir auf der RÜCKREISE daran arbeiten, das Karma abzubauen, das in dem langen Prozeß der Bewußtseinserweiterung erzeugt wurde. Auf höchster Ebene bedeutet das, daß wir uns nichts und niemandem widersetzen; wir sind nur zum Helfen da. In Paulas Fall zum Beispiel kann das Karma nur überwunden werden, wenn sie nicht nur für Tiere Verständnis und Mitgefühl entwickelt, sondern auch für die Menschen, die aus Angst oder Unwissenheit entweder absichtlich oder versehentlich zu Tieren grausam sind. Wenn sie dagegen die Einstellungen und Handlungen anderer Menschen verurteilen und entsprechend handeln würde, nähme das Karma nur zu. Aber Paula zeigt in allem, was sie sagt und tut, Akzeptanz und Liebe und begegnet Mensch und Tier mit Geduld und Respekt, ohne zu versuchen, der einen oder anderen Seite die Schuld für entstandene Probleme zuzuweisen. Sie hat sich zu einem verwundeten Heiler entwickelt, einem Menschen, der wahres Verständnis auf Grund von eigenen Erfahrungen entwickelt hat und der aus diesem Verständnis heraus heilen kann.

Verwundete Heiler findet man unter den Menschen, die ihr Leben in den Dienst am Nächsten stellen. Sie kennen die Situation, in denen sich die Hilfsbedürftigen befinden, aus eigenen Erfahrungen, die sie selbst in diesem Leben gemacht oder wie Paula in früheren Inkarnationen durchlebt haben. In jedem Fall unterscheiden sie sich von anderen durch ihr tiefes Mitgefühl und ihren außerordentlichen Respekt für den Nächsten und sind in ihrem Bemühen weitaus erfolgreicher als diejenigen, die zwar mitleidig, aber häufig etwas herablassend dem Nächsten helfen. Ihre Wunde hat sie dahin gebracht, daß sie verstehen und heilen können, eine Gabe, die ihnen selbst durch ihr eigenes Leiden gegeben wurde und die sie nun mit anderen teilen können.

Unser innerer Plan des Bewußtseins

Im Verlauf unserer REISE tragen wir schon alle wichtigen Stadien unserer bisherigen Entwicklung in uns und *machen sie gleichzeitig nach außen hin deutlich*, sowohl als Einzelwesen als auch als Gattung. Das biologische Prinzip: *Ontogenese* (die Entwicklung des einzelnen Organismus) *wiederholt sich in der Phylogenese* (Entstehung der Arten oder einer genetisch verwandten Gruppe von Organismen, zum Beispiel einer Gattung, einer Ordnung oder einer Familie) beschreibt diesen Prozeß im physischen Bereich. Wer jemals Biologieunterricht gehabt hat, wird sich zum Beispiel daran erinnern, daß Säugetiere in einem frühen Embryostadium Kiemen haben wie ihre entfernten evolutionären Vorgänger, die noch im Wasser lebten.

Dieses Prinzip der Wiederholung in der Entwicklung kann

nicht nur auf die menschliche Anatomie, sondern auch auf das menschliche Bewußtsein angewendet werden. Jeder von uns trägt schon den gesamten Plan des sich durch die Zeitalter hindurch entfaltenden Bewußtseins in sich, dessen einzelne Stadien wir im Bereich des Gefühls und menschlichen Verhaltens während unserer Entwicklung vom Säugling bis zum Erwachsenen immer wieder durchleben und rekapitulieren.

Denken Sie zum Beispiel an das Stadium, das die meisten Jungen durchlaufen, wenn es nämlich bei ihrem Spiel im wesentlichen auf Waffen ankommt, auf Schwerter und Gewehre, mit denen wilde Schlachten ausgefochten werden. Der Junge, der keine Spielzeugpistole hat, wird einen Stock zum selben Zweck verwenden. Um ihren Söhnen Gewaltlosigkeit beizubringen, versuchen Eltern häufig, diesen in Wirklichkeit gesunden Ausdruck eines normalen Entwicklungsstadiums zu unterdrücken, nämlich die Phase, in der körperlicher Mut im Rahmen der Evolution der menschlichen Spezies entwickelt wurde. Friedliebende Eltern, deren Kinder mit Begeisterung Krieg spielen, können sich damit trösten, daß selbst der altruistischste Mann ein solches Stadium in seiner Kindheit durchgemacht hat.

Aber nicht jedes Kind wächst aus diesem gewalttätigen Stadium heraus, und nicht jeder Mensch ist letzten Endes in der Lage, die höchsten Ziele der Menschheit in seiner Person zu verkörpern. Das hängt von mehreren Aspekten ab: von dem Stadium der Bewußtseinserweiterung, das er durch seine verschiedenen Inkarnationen schon erreicht hat, von den Stärken und Schwächen seines derzeitigen physischen Körpers, aber auch von den astral / emotionalen und mentalen Wesenheiten, die ihn bestimmen, und schließlich von entscheidenden Faktoren seines frei gewählten jetzigen Lebens, zum Beispiel seiner Familie, der Gesellschaft und dem Kulturkreis, in dem er lebt. Selbstverständlich kann jeder dieser Faktoren eine Manifestation dessen, was der einzelne schon für seine Seele erreicht hat, fördern oder behindern.

Ein interessantes Beispiel dafür finden wir in dem Bericht einer befreundeten Wahrsagerin, die von einem Ehepaar gebeten wurde, ihnen etwas über ihre geistig behinderte Tochter zu sagen. Hier ein Ausschnitt:

«In tiefer Meditation verschmelze ich mit dem Kind und bin überrascht, in welch einem glücklichen, friedlichen Stadium es sich befindet. Ich merke, daß mit diesem Kind eine tiefe, hingebungsvolle Intelligenz verbunden ist, die in den aufeinanderfolgenden Leben die wichtige Aufgabe hat, schwierige Botschaften verständlich zu machen und das Bewußtsein anderer zu erweitern. Die Seele hat ihm in diesem Leben gestattet, sich auszuruhen, nur zufrieden zu existieren und andere für es sorgen zu lassen. Es entzieht sich aber seinen Verpflichtungen auch in diesem Leben nicht, sondern geht die Aufgabe der Seele auf eine andere Weise an, indem es eine andere Art von Leben ausprobiert. Obgleich das Kind in seinem äußeren Leben nicht besonders viel zu leisten scheint, so ist es doch in jeder Beziehung noch der Lehrer und dient als Katalysator für die Bewußtseinserweiterung seiner Eltern, die es anbeten.

Solche Kinder sind weniger eine Reaktion auf ihr eigenes Karma als auf das Karma ihrer Eltern. Für das Kind selbst bedeutet ein solches Leben nicht unbedingt eine Weiterentwicklung, aber sein Dasein hat eine starke Wirkung auf die Menschen, mit denen es eng in Berührung kommt, und bringt erstaunliche Qualitäten an die Oberfläche.»

Die Eltern des kleinen Mädchens bestätigten, daß die Anwesenheit dieses liebenswerten Menschen ihnen soviel gegeben und verdeutlicht habe, was sie anders sicher nicht gelernt hätten. Natürlich empfindet nicht jeder ein solches Kind als einen Segen, häufig sogar als das Gegenteil, als Belastung. Aber jedesmal ist ein solcher Mensch ein Katalysator für eine Transformation.

Äußere Erscheinung und innere Entwicklung

Jede Inkarnation stellt mehr oder weniger starke Anforderungen, immer im Dienste der Transformation. Der transformative Prozeß findet laufend statt, wird aber häufig von dem täglichen Allerlei des Lebens überschattet. Er ist außerdem schwer zu verfolgen, weil wir uns nicht alle zur selben Zeit in die gleiche Richtung bewegen. Manchmal scheinen sich die äußeren Umstände unseres Lebens stark zu ähneln, aber innerlich sind wir in unserer Entwicklung Meilen voneinander entfernt. Stellen Sie sich zum Beispiel drei Männer vor, die alle wegen schwerer Verbrechen im selben Gefängnis einsitzen.

Der erste ist ein junger Mann von 22, der zusammen mit zwei Freunden einen Betrunkenen überfiel, ihn ausraubte und dann bewußtlos schlug. Alkoholismus, Drogen und Gewalttätigkeit sind in der Familie dieses jungen Mannes und in der Nachbarschaft, in der er aufwuchs, weit verbreitet. Seinen Mangel an Selbstdisziplin und gesundem Menschenverstand sowie seinen Hang zur Gewalt können wir vielleicht seiner chaotischen Kindheit und Jugend zuschreiben. Diese Eigenschaften sind aber auch ein Zeichen dafür, daß er sich noch am Anfang seiner HINREISE befindet.

Der zweite Häftling ist 35 Jahre alt, gebildet und war Vizepräsident einer großen Investmentfirma. Er hat einen Betrug sorgfältig geplant und ausgeführt, bei dem nichtsahnende Investoren Millionen verloren haben. Er hat das Verbrechen weder aus einem Impuls heraus noch aus materiellem Mangel begangen, sondern ihm gefiel das Gefühl, Macht über andere zu haben. Bei ihm handelt es sich wahrscheinlich um jemanden, der sich auf der HINREISE nicht weit vom Integrationspunkt entfernt befindet.

Der dritte Mann hat unter dem Einfluß von Alkohol einen bewaffneten Raubüberfall begangen. Auch er war jung und kam aus chaotischen Verhältnissen, in denen Armut und Alkoholismus eine große Rolle spielten. Zwei seiner Brüder saßen ebenfalls im Gefängnis, und ein dritter war umgebracht worden.

Jahre später, als alle drei ihre Strafe verbüßt hatten, kehrte der dritte Mann in dasselbe Gefängnis zurück, dieses Mal allerdings als Mitglied der Anonymen Alkoholiker und als Repräsentant eines speziellen A. A.-Programms für Krankenhäuser und staatliche Institutionen. Er lebt jetzt ein gutes Leben, hat eine verantwortungsvolle Stellung als Polier und ist verlobt. Er sieht es außerdem als seine Mission an, alkoholkranken Häftlingen zu helfen, und auf Grund seiner eigenen Erfahrungen kann er andere leichter davon überzeugen, ihn zu A. A.-Versammlungen zu begleiten. Sein Engagement ist charakteristisch für jemanden, der sich auf der RÜCKREISE befindet. Sein Verbrechen und sein Gefängnisaufenthalt waren zweifellos die Rekapitulation einer früheren, unvollendeten Entwicklungsphase seiner Seele. Und sein Dienst am Nächsten, im Gefängnis und im Auftrag von A. A., ist eine Wiedergutmachung jener Taten aus einem früheren Leben, die in diesem wiederholt wurden.

Dieses grob vereinfachte Beispiel soll aufzeigen, daß die Station, an der man sich auf seiner REISE befindet, nicht einfach daran abzulesen ist, in welches Milieu man geboren wurde, welche Erziehung man genossen hat und ob man mit dem Gesetz in Konflikt geraten ist. Jedes Entwicklungsstadium findet in jedem Teil der Gesellschaft, in allen Berufen statt. Und wie bei dem dritten Häftling in unserem fiktiven Beispiel kann es möglich sein, daß ein Mensch eine viel frühere Entwicklungsphase noch einmal in diesem Leben wiederholt, damit das Bewußtsein stärker erweitert und es möglich wird, in diesem ganz bestimmten Erfahrungsbereich zu helfen und zu dienen.

Wo befinde ich mich auf meiner REISE?

Es ist nur natürlich, daß Sie sich nun fragen, wo Sie selbst sich wohl auf Ihrem Weg befinden. Sind Sie noch auf der HINREISE, versuchen Sie sich also mit Ihrem physischen Selbst stärker zu identifizieren, entwickeln Sie körperlichen Mut und ein Gefühl für die eigene Person? Oder nähern Sie sich bereits dem Integrationspunkt, gebrauchen Sie gern Ihre Macht und genießen es, Menschen und Ereignisse zu beeinflussen? Oder sind Sie schon auf der RÜCKREISE und wollen Ihr unverarbeitetes Karma mit Verständnis und Dienst am Nächsten abbauen?

Da Sie sich mit dem Thema dieses Buches beschäftigen, kann man annehmen, daß Sie sich am oder nicht weit vom Integrationspunkt Ihrer REISE befinden. Befänden Sie sich noch in einer früheren Phase Ihrer Entwicklung, hätten Sie an diesem Thema noch kein Interesse gezeigt. Wären Sie auf der RÜCKREISE schon ein gehöriges Stück vorangeschritten, hätten Sie sich nicht mehr für dieses Buch interessiert, denn zu dem Zeitpunkt geht es weniger um persönliche als um universelle Fragen.

Wahrscheinlich befinden Sie sich am Wendepunkt Ihrer REISE, wenn Sie dieses Buch lesen. Vergessen Sie aber nicht, daß dieses Stadium der Umkehr, gemessen an der ungeheuren Länge des Gesamtweges, mehrere Leben umfassen kann. Ich werde dabei immer an den Bericht eines Lotsen über die Steuerung eines Supertankers erinnert:

«Als erstes stellt man fest, daß man die Richtung ändern muß, um nicht in Schwierigkeiten zu geraten. Vielleicht hat man den richtigen Kurs verfehlt, oder man hat plötzlich ein großes Hindernis vor sich, das man umgehen muß. Man drosselt also die Motoren. Sobald die Propeller sich nicht mehr drehen, schaltet man ihre Rückwärtsdrehung ein, damit das Schiff nicht mehr vorwärts fährt. Aber noch eine ganze Zeitlang bewegt sich das Schiff in diese Richtung, weil die Trägheit der Masse bei einem so großen, schweren Schiff beträchtlich ist. Erst allmählich kann man erkennen, daß sich der Kurs verändert, auch wenn man schon längere Zeit dagegen ansteuert.»

Vielleicht läßt sich unser Leben an dem Wendepunkt mit einem großen Schiff unter dem Befehl eines Kapitäns vergleichen. Nach außen hin sieht es so aus, als ob wir uns durch reine Massenträgheit immer weiter von unserem Ziel wegbewegen. Aber die Kräfte, die uns zum Anhalten, Umdrehen und Zurückgehen bringen, sind durch die Macht, die uns leitet, schon in Bewegung gesetzt worden.

Der Sinn der Ungewißheit

Was uns während der physischen Inkarnation immer wieder zu schaffen macht, ist die Ungewißheit darüber, wie unser Ziel aussieht, und ob wir es überhaupt jemals erreichen. An diesem kritischen Punkt, wenn wir sehr bewußt in uns hineinsehen, wenn wir das eigene und das Leiden anderer am deutlichsten empfinden, müssen wir uns nicht nur mit schwierigen Situationen in der Außenwelt auseinandersetzen, sondern auch mit inneren Zweifeln und Ängsten.

Zum Beispiel fragen Sie sich vielleicht immer wieder, warum alles so schwierig sein muß. Der ganze Prozeß wäre doch soviel einfacher, wenn man uns unsere Aufgaben gäbe und wir sie eine nach der anderen erledigen könnten. Warum muß alles so verborgen, so geheimnisvoll sein, warum müssen wir blind nach der richtigen Richtung suchen? Warum können wir nicht einfach *wissen*?

Die Mondkarte im Tarotspiel steht für die Zeiten in unserem Leben, in denen selbst Gott sein Gesicht verbirgt, in denen wir von tiefstem Zweifel heimgesucht sind, in denen unsere Seele sich in dunkelster Nacht befindet. In solchen Zeiten suchen viele von uns den Rat von Hellsehern, Astrologen und Weissagern. Ob ihre Voraussagungen und Ratschläge helfen können, hängt von verschiedenen Faktoren ab: dem Können des Hellsehers, wie sehr wir uns an diesem Tag auf die Botschaft einstellen können, der energetischen Übereinstimmung zwischen unseren Führern und den Führern des Hellsehers (für eine hilfreiche Übermittlung kommunizieren unsere Führer mit denen des Hellsehers, der dann die Botschaft an uns weitergibt), ob die spirituelle Entwicklung des Hellsehers weit genug fortgeschritten ist, um die spirituellen Botschaften an uns zu verstehen, ob wir von manchen Aspekten der Übermittlung so verschreckt sind, daß wir sie unterdrücken oder falsch interpretieren, und schließlich, ob jetzt schon die Zeit gekommen ist, mehr zu wissen und mit dem Versprechen auf bessere Zeiten gestärkt zu werden, oder ob wir statt dessen noch weiter im dunkeln bleiben müssen.

Ich war 35, als ich das erste Mal eine Hellseherin aufsuchte. Ich befand mich in der schlimmsten Zeit meines Lebens als Erwachsene. Sie legte mir die Tarotkarten, und ihre Aussagen waren erstaunlich genau. Einige ihrer Vorhersagen bewahrheiteten sich schon kurz nachdem ich sie verlassen hatte. Ich hörte mir monatelang jeden Morgen das Tonband unserer gemeinsamen Sitzung an, bevor ich zur Arbeit fuhr. Ihr Versprechen, daß sich die Dinge für mich bessern würden, half mir, diese schwierige Zeit durchzustehen, bis sich auch wirklich mein Leben positiv veränderte.

Mit 42 war ich wieder an einem Punkt angelangt, wo mein Leben keine Richtung mehr hatte. Ich hatte die meisten meiner Ziele erreicht und als unwichtig aufgegeben. Wieder suchte ich Hellseher auf, aber dieses Mal stimmten die Aussagen nicht, konnte niemand mir helfen. Verzweifelt vertiefte ich mich in Astrologie, Handlesen und Kartenlegen und hoffte zu verstehen, was mein Leben bedeutete. Mit diesen Hilfsmitteln lernte ich in Symbolen zu denken, meine Intuition zu entwickeln und begann meine Kinder und andere wichtige Menschen in meinem Leben so viel besser zu verstehen, als es mir jemals trotz meiner psychologischen Ausbildung möglich gewesen war. Allmählich begann sich meine ganze Sicht vom Leben zu verändern. Aber auf die Fragen, die sich auf mein eigenes Leben bezogen, konnte ich immer noch keine Antwort finden.

Wenn ich heute an diese Zeit zurückdenke, ist mir klar, warum ich eine so lange Zeit im dunkeln bleiben mußte. Nur so konnte mich meine Verzweiflung zu meiner Suche motivieren, während zugleich Ungeduld und der starre eigene Wille mit der Zeit gemildert wurden.

Ich kann jetzt auch verstehen, warum alle Hellseher, die ich konsultierte, mir in dieser schwierigen Lebensperiode nicht helfen konnten. Sie hätten nur den notwendigen Prozeß gestört; etwa so, als würde man junge Mohrrüben aus dem Boden ziehen, um zu sehen, wie groß sie schon sind.

Nur wenn wir den Plan unserer Seele für unsere jetzige Inkarnation besser begreifen wollen, wenn wir den Willen Gottes im Hinblick auf unser Leben besser verstehen und ihm gemäß handeln wollen, dann haben wir einen legitimen Grund, uns mit dem Okkulten zu beschäftigen oder diejenigen zu konsultieren, die mediale Kräfte haben. Wenn wir aber hellseherische oder okkulte Fähigkeiten nur zu unserem eigenen Vorteil verwenden, dann beschäftigen wir uns mit schwarzer Magie und laufen Gefahr, die eigene Erleuchtung eher zu hindern als zu fördern. Wir dürfen außerdem nicht vergessen, daß ethische Überzeugungen und auch Fähigkeiten von Hellsehern sehr variieren, wie es bei Mitgliedern eines jeden Berufsstandes der Fall ist. Wie auf jedem anderen Gebiet des Lebens müssen wir auch bei der Auswahl unseres esoterischen Beraters sehr sorgfältig sein. Wir müssen aber auch begreifen, daß manchmal selbst der begabteste Weissager uns nicht weiterhelfen kann, weil gerade die Ängste und Hoffnungen, die wir jetzt empfinden, für diesen Abschnitt unserer spirituellen Entwicklung notwendig sind. Sie formen uns, vertiefen unseren Charakter und fördern die Entwicklung unseres Bewußtseins.

Stellen Sie sich einmal vor, Sie seien ein junger Mann von 17, ein begabter und erfahrener Fußballspieler. Sie befinden sich auf dem Fußballfeld und spielen gegen Ihre stärksten Rivalen. Es handelt sich um das Endspiel, und jeder Platz des Stadions ist besetzt. Sie wissen, daß Ihre Eltern und Ihre Freundin unter den Zuschauern sind und vielleicht sogar ein paar Agenten von Profi-Mannschaften, die nach vielversprechendem Nachwuchs Ausschau halten.

Die Mannschaften sind einander ebenbürtig, und das Spiel ist lange unentschieden. Aber Ihr Wunsch zu gewinnen hat Ihre Konzentration auf das feinste geschärft. Nichts war Ihnen jemals so wichtig wie der heutige Sieg.

Wenn Sie sich ganz in diese Situation hineinversetzt haben, dann stellen Sie sich jetzt vor, daß Sie schon wissen, wie das Spiel ausgeht.

Das ändert alles, nicht wahr?

Mit der Anspannung, die daher kommt, daß man nicht weiß, wie das Spiel ausgeht, verschwindet auch jegliche Motivation. Wir zahlen zwar einen hohen Preis in Form von Streß, weil wir den Ausgang einer bestimmten Situation nicht vorhersagen können. Aber dieses Wissen hätte seinen Preis: Unsere Emotionen würden verflachen, wenn die Begeisterung, die Hoffnung, die aufregende Vorfreude und der inständige Wunsch nach Erfolg wegfallen würden. Wenn wir schon das Ergebnis einer schwierigen Aufgabe kennen, besteht kein Grund mehr sich anzustrengen, nach etwas zu streben und sich zu entwickeln. Es handelt sich dann nicht mehr um eine herausfordernde Situation, sondern nur noch um ein erwartetes Ereignis in unserem Leben, das wir durchleben.

Nun versetzen Sie sich wieder in diesen jungen Mann von 17. Aber jetzt kennen Sie nicht nur den Ausgang dieses Spiels, sondern Sie wissen außerdem, ob Sie von den Profis geworben werden, wie Ihr weiteres Leben verläuft, bis hin zu Ihrem Tod. Ihr ganzes Leben liegt vor Ihnen wie ein Buch, das Sie schon gelesen haben. Sie werden keine schrecklichen Überraschungen erleben, aber auch keine wunderbaren, Ihr Leben wird nur eine Aneinanderreihung von Geschehen sein, die Ihnen schon bekannt sind.

Können Sie die Last eines solchen Wissens spüren? Können Sie nachempfinden, wie jede glückliche Situation nicht als solche empfunden werden kann, weil man ja schon weiß, welches Unglück als nächstes folgt?

Nein, wir können unser Leben nur blind angehen, sonst würden wir uns gegen den Ablauf wehren. Wir würden die schmerzhaften Episoden unseres Lebens zu umgehen versuchen, würden die schwierigen Beziehungen vermeiden und den Katastrophen vorbeugen. Aber damit würden wir auch unserer eigenen spirituellen Entwicklung aus dem Weg gehen, sie vermeiden und ihr vorbeugen, denn sie wird genau durch diese Erfahrungen gefördert, die uns grundlegend verändern.

	• Feinstoffliches Körpergefährt
Wieder-	• Identifikation mit Höherem Geist / Seele
vereinigung	• Erforschung spiritueller Bereiche / Suche nach der Wahrheit
mit dem	• Entwicklung eines Gruppen-Bewußtseins
Ursprung	• Handeln erst nach Meditation und sorgfältiger Überlegung
	• Überwindung des Karmas durch Aufarbeitung und Dienst am Nächsten
Erhebung	• Seele wirkt durch Inspiration des Höheren Selbst
auf eine Ebene	• Altruistisches Gewissen: «Unrecht ist geschehen,
jenseits von	wenn etwas der Menschheit schadet»
physischer	• Vollkommeneres Einstimmen auf das Übersinnliche
Materie	durch das Ajna Center
	• Universelles Mitgefühl

← ← • Motiviert durch den Wunsch zu dienen ← ← ← ←

Erweiterung Erweiterung • Erfahrung

Prüfung: spiritueller Mut

Alte Seele

Rückreise

Hinreise

Junge Seele

Prüfung: körperlicher Mut

Manifestation Manifestation • Erfahrung

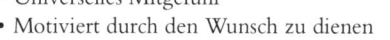

→ → • Grobstoffliches Körpergefährt → → → → →

• Identifikation mit physischem Körper / Persönlichkeit

Trennung	• Erforschung körperlicher Grenzen/Suchen nach
vom	Gefühlsmaxima
Ursprung	• Entwicklung körperlicher Fähigkeiten
	• Große Impulsivität
	• Karma entsteht durch physische Handlungen
Abstieg in	• Von anderen abhängig (guter Soldat, Teamspieler, Mitläufer)
physische	• Primitives Gewissen: «Unrecht ist nur dann geschehen,
Materie	wenn ich dabei geschnappt worden bin.»
	• Geringes Eingestimmtsein auf das Übersinnliche
	(über den Solarplexus)
	• Erste Regungen von Mitgefühl
	• Motiviert durch den Wunsch nach körperlicher Genugtuung

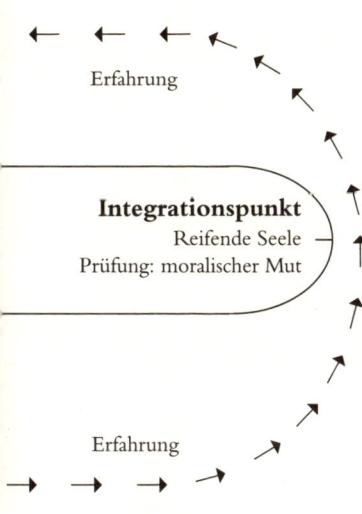

Erfahrung

Integrationspunkt
Reifende Seele
Prüfung: moralischer Mut

Erfahrung

- Ausgewogenes Körpergefährt
- Identifikation mit Persönlichkeit / Intellekt
- Erforschung der körperlichen Macht
- Entwicklung von Intellekt, Fähigkeit
  zu planen
- Fähigkeit, Wünsche nicht sofort befriedigen
  zu müssen
- Karma entsteht durch den Gebrauch der
  Macht, die Manipulation anderer
- Vom Selbst gelenkt (gute Führerpersönlich-
  keit, einflußreicher Bürger, Berühmtheit)
- Weiter entwickeltes Gewissen: «Unrecht ist
  geschehen, wenn es denen weh tut, die mir
  nahestehen.»
- Das Einstimmen auf das Übersinnliche
  geschieht nicht mehr über den Solarplexus,
  sondern vom Ajna Center aus
- Ausgeprägtes Mitgefühl
- Motiviert durch den Wunsch nach
  Anerkennung und Einfluß

Ein Held ist ein Held, weil er sich dem Unbekannten tapfer entgegenstellt, bis er schließlich nach großen Mühen Erfolg hat. Manchmal hilft ihm ein magisches Schwert oder ein Zauberpferd bei seinen Kämpfen gegen Riesen und Drachen. Und auch uns stehen hilfreiche Mittel zur Verfügung, die uns auf unserem Weg Kraft geben: Gebet und Meditation, eine spirituelle Disziplin, inspirierende Bücher, Menschen, die mit ähnlichen Problemen zu kämpfen haben.

Und wir können uns immer wieder klarmachen, daß bei all unseren Schwierigkeiten im Leben, unseren Kämpfen mit Zweifel und Furcht, uns unser stetes Bemühen, den WEG zu finden, spirituell weiterbringt und ein Beweis für unsere Tapferkeit und unseren Mut ist, selbst dann, wenn wir das Gefühl haben, daß wir jämmerlich versagen.

Wie kann ich mir selbst und anderen auf dem Weg zur Gesundung helfen?

Kennen Sie folgende Geschichte?

Ein Bauer, der in einem kleinen abgelegenen Dorf lebte, stellte eines Tages fest, daß seine Kuh nicht mehr auf ihrer Weide war. Als er nach ihr suchte, traf er seinen Nachbarn, der ihn fragte, wohin er ginge. Als er ihm sagte, daß seine Kuh nicht mehr da sei, schüttelte der Nachbar den Kopf und sagte: «Das ist wirklich Pech.»

«Glück, Pech, wer kann es wissen?» antwortete der Bauer und ging weiter. Schließlich fand er seine Kuh in den Hügeln hinter den bebauten Feldern. Sie graste friedlich neben einem wunderschönen Pferd, und als der Bauer seine Kuh nach Hause führte, kam das Pferd hinterher.

Am nächsten Tag kam der Nachbar, um sich nach der Kuh zu erkundigen. Er sah sie auf der Weide neben dem edlen Pferd grasen, und der Bauer berichtete auf seine Frage, daß das Pferd der Kuh einfach so gefolgt sei. «Was für ein Glück!» meinte der Nachbar.

«Glück, Pech, wer kann es wissen?» antwortete der Bauer und machte sich wieder an die Arbeit.

Am nächsten Tag kam der Sohn des Bauern, der Soldat war, nach Hause. Er versuchte sofort, das schöne Pferd zu reiten, wurde aber abgeworfen und brach sich ein Bein. Der Nachbar kam auf seinem Weg zum Markt vorbei und sah den jungen Mann mit seinem verbundenen Bein. Der Vater arbeitete in der Nähe in seinem Gemüsegarten. Der Nachbar fragte, was geschehen sei, und als er hörte, wie es zu der Verletzung gekommen war, meinte er: «So ein Pech!»

«Glück, Pech, wer kann es wissen?» antwortete der Bauer und wandte sich wieder seiner Gartenarbeit zu.

Am nächsten Tag kam die Einheit des jungen Soldaten die Straße hinuntermarschiert. Der Krieg war ausgebrochen, und sie mußten an die Front. Der Sohn mit dem gebrochenen Bein mußte zu Hause bleiben, und der Nachbar lehnte sich über den Zaun und meinte zu dem Bauern: «Wenigstens muß dein Sohn nicht in den Krieg ziehen. Was für ein Glück!»

«Glück, Pech, wer kann es wissen?» sagte der Bauer und wandte sich wieder seinem Pflug zu.

Als der Bauer und sein Sohn an dem Abend gemeinsam ihr Abendessen einnahmen, erstickte der junge Mann an einem Hühnerknochen. Bei der Beerdigung legte der Nachbar dem Bauern mitleidig die Hand auf die Schulter und sagte: «Das war aber wirklich Pech!»

«Glück, Pech, wer kann es wissen?» war wieder die Antwort.

Und später in der Woche kam der Nachbar zu dem Bauern, um ihm mitzuteilen, daß die gesamte Einheit seines Sohnes im Krieg gefallen sei. «Du konntest wenigstens bei deinem Sohn sein, als er starb. Das war doch ein Glück!» meinte er tröstend.

«Glück, Pech, wer kann es wissen?» Und damit schulterte der Bauer sein Bündel und machte sich auf den Weg zum Markt.

Und so weiter...

Die meisten von uns sind wie der Nachbar in dieser kleinen Geschichte. Wie wir auf eine Situation reagieren oder sie beurteilen, hängt davon ab, wo wir uns gerade auf unserer REISE befinden. Ist ein bestimmtes Geschehen ein Segen oder ein Fluch? Wir lassen unsere Emotionen entscheiden. Wenn wir uns aber auf magische Weise von unseren Gefühlen lösen könnten, und das gilt besonders für Gefühle wie Angst, dann würden wir die Situation nicht als Unglück betrachten. Wir würden ein solches Geschehen einfach als «Veränderung» bezeichnen, denn genau das geschieht ja, wenn etwa Unvorhergesehenes eintritt, wir müssen uns damit auseinandersetzen, müssen uns verändern.

Unglück ist Angst vor Veränderung

«Unglück» und «Veränderung» haben viel miteinander zu tun. Meist messen wir die Schwere eines Unglücks daran, welches Maß an Veränderung es von uns verlangt. Wir definieren uns durch Zustände und Situationen unseres täglichen Lebens, und wir sträuben uns gegen Veränderungen, weil wir grundsätzlich Angst haben, dadurch unsere Identität zu verlieren. Wer sind wir denn, wenn wir nicht mehr das tun können, was wir schon immer getan haben? Werden wir denn in der Lage sein, diese neuen Aufgaben zu meistern, neuen Herausforderungen erfolgreich zu begegnen? Wir wissen instinktiv, daß mehr Veränderung, also mehr Streß, als wir verarbeiten können, unserer körperlichen und geistigen Gesundheit schadet, uns *schwächt*.

Und doch ist Veränderung in jedem Leben wichtig, ist die Grundlage, das Wesentliche alles Lebenden. Wenn es keine Veränderungen mehr gibt, wenn sich nichts mehr bewegt in unserem Leben, kann vitale Energie nicht mehr fließen, und so kommt es zu der Apathie der Stagnation oder der erstarrten Rigidität der Kristallisation. Unglück *zwingt* uns zu Veränderungen, macht uns lebendig, läßt uns Neues probieren, fordert uns und fördert die Entwicklung vernachlässigter Teile des Selbst. Es *stärkt* uns.

Wie ist es also, stärkt oder schwächt uns Veränderung? Gibt oder raubt sie uns Energie? Veränderung kann das eine wie das andere tun. Und manchmal auch beides gleichzeitig.

Im Tarotspiel gibt es eine Karte, die die plötzliche explosive Kraft einer Katastrophe darstellt. Auf ihr ist ein Turm abgebildet, der durch einen gewaltigen Blitz in zwei Teile gespalten wird. Zwei menschliche Figuren fallen kopfüber von dem Turm zur Erde. Diese Karte soll offensichtlich für ein plötzliches Unglück, eine Katastrophe oder einen Notfall stehen, für die Situationen, vor denen wir uns am meisten fürchten. Keiner, dem die Karten gelegt werden, ist froh darüber, wenn diese Karte auftaucht. Und doch ist der Turm manchmal notwendig, denn er steht auch für Veränderung festgefahrener Zustände, das Ende von Stagnation, er weist auf ein plötzliches Geschehen hin, das gebundene Energie freigibt. Jede Notsituation verlangt, daß wir uns auf unsere heldenhaftesten menschlichen Qualitäten und Fähigkeiten besinnen und sie anwenden. Das Beste, was wir in uns tragen, muß hervorgeholt werden. Nicht selten fühlt sich ein Mensch in einer Notsituation, die unmittelbares Handeln verlangt, außerordentlich wach und lebendig und ist sich seiner inneren Kräfte und Reserven besonders bewußt. Er wird aus dem täglichen Einerlei seines Lebens herausgehoben und muß auch über seine alltägliche Identität hinauswachsen, an die sich jeder normalerweise so verzweifelt klammert. Angesichts einer großen unmittelbaren Gefahr wird die Alltagsmaske abgelegt, wird Vorsicht in den Wind geschlagen. Dadurch werden ungeahnte Fähigkeiten offenbar, die entscheidendes Handeln in diesem Augenblick der Integration,

Offenheit und Wahrheit möglich machen. Wenn wir solche Situationen auf der Leinwand oder der Bühne miterleben, sind wir oft zu Tränen gerührt oder vor Begeisterung hingerissen, weil wir erkennen, daß der Held nun auf immer verändert ist, etwas sehr Wichtiges erkannt hat und seinem wahren Selbst näher ist als je zuvor.

Das, was entscheidende Veränderungen in unserem Leben bewirkt, dauert selten länger als einen Augenblick. Aber selbst diese verheerenden Schrecksekunden wirken noch über Wochen, Monate, Jahre und Jahrzehnte nach. Und ganz anders als der stoische Bauer in unserer Geschichte reagieren wir darauf, gleichen wir uns an, definieren wir uns neu.

Katastrophale Veränderungen und Genesung

Es kann sein, daß wir während einer bestimmten Inkarnation kurz davor sind, von einer Wunde zu genesen, die wir schon seit mehreren Leben mit uns herumtragen. Und wie die folgende Geschichte zeigt, können gerade traumatische Erfahrungen oder katastrophale Veränderungen als Katalysator für eine tiefe Genesung dienen.

Barbara ist Mitte dreißig und strahlt eine ruhige Stärke aus, obgleich sie hinkt und einen verkümmerten Arm hat. Weiche Lachfältchen umgeben ihre Augen, aber ihr Gesicht ist auch von einem dauernden körperlichen Schmerz gezeichnet, Linien, die darauf hinweisen, daß sie die explosive Spaltung des Turmes aus eigener Erfahrung kennt. Hier ist ihr Bericht:

«Meine Schwester Paige und ich sehen uns heute gar nicht mehr ähnlich. Aber da wir im Alter nur sieben Monate auseinander sind, wurden meine Eltern früher oft gefragt, ob wir Zwillinge seien. Und jedesmal zuckte ich zusammen, wenn sie sagten: ‹Nein, Barbara ist adoptiert.› Und noch schlimmer war es, wenn später die Frage an mich selbst gerichtet wurde. Gab ich dann meine Adoption zu, kam ich mir wie jemand vom Mond vor. Vor allen Dingen dann, wenn der Betreffende von meiner blonden, blauäugigen Familie zu mir blickte, die ich braune Augen und Haare und einen dunklen Teint habe (ich bin halb mexikanisch), und sagte: ‹Ach so, ja, deshalb.›

Die Tatsache, daß ich adoptiert worden war, erklärte für mich sehr viel. Ich hatte immer gewußt, daß meine Eltern mit Paige endlich genau das bekamen, wonach sie sich immer gesehnt hatten. Immer wieder betonten sie, daß ich ihnen Glück gebracht hätte. Irgendwie machten sie mich dann auch für Perry, unseren kleinen Bruder, verantwortlich, der zwei Jahre nach Paige geboren wurde. Um ganz ehrlich zu sein, ich kam mir häufig vor wie eine Kreuzung aus Talisman, Promenadenmischung vom Tierhort und Besucher von einem anderen Stern, aber nie wie ein echter Teil der Familie.

Manchmal frage ich mich, ob das, was mit mir und meinem Großvater passierte, etwas damit zu tun hatte, daß dauernd betont wurde, ich sei adoptiert, und daß ich so anders aussah. Als Paige und ich 8 und mein Bruder 6 waren, holte mein Großvater uns zweimal in der Woche von der Schule ab. Wir fuhren dann zum Reitstall, wo wir Paige und Perry absetzten. Da ich eine Pferdeallergie hatte, nahm Großvater mich mit nach Hause, bis die Reitstunden um waren.

Wenn ich bei ihm zu Hause war, spielten wir immer Spiele. Großvater war Witwer, und wir waren immer allein. Die Spiele wurden etwas ungewöhnlich und bekamen eine immer stärker betonte sexuelle Komponente, aber ich war zu jung, um wirklich zu begreifen, was er mit mir machte. Heute weiß ich, daß er mich in den drei Jahren regelmäßig sexuell belästigte.

Ich entdeckte etwas, was mir die ganze Situation erträglicher machte. Ich konnte irgendwie meinen Körper verlassen, begab mich mit meinem Bewußtsein woanders hin, während mein Großvater mich berührte. Ich stieg vielleicht zur Decke auf, entschwand aus dem Fenster oder zog mich in außerirdische Bereiche zurück. Heute weiß ich, daß ich nur auf diese Weise aushalten konnte, was mein Großvater mir antat. Es war ja nur mein Körper, mit dem er sich befaßte, es war nicht ich. Ich war ja ganz woanders.

Ich konnte mit niemand darüber sprechen. Ich glaubte wohl damals nicht an mein Recht auf einen besonderen Schutz. Die Spiele hörten erst auf, als ich in eine andere Schule kam, nach der Schule noch Sport machte und mit dem Bus nach Hause fuhr. Mein Großvater begann zur selben Zeit nachmittags mit Freunden Karten zu spielen und konnte nun auch Paige und Perry nicht mehr zum Reiten bringen.

Wie die meisten Menschen, die ähnliches durchmachen, verbannte ich all diese Erinnerungen in einen tiefen dunklen Ort meines Unterbewußtseins und versuchte mein Leben, so gut es ging, weiterzuleben. Ich hatte gewisse Schwierigkeiten im Alltag. Ich war zwar gut in der Schule, hatte aber Probleme, wirkliche Freunde zu finden. Wir lebten damals während der fünfziger Jahre in einer Kleinstadt an der kalifornischen Küste. Das Hinterland bestand im wesentlichen aus Obstplantagen und Feldern, die weißen Amerikanern gehörten und von mexikanischen Arbeitern bewirtschaftet wurden. Die soziale und ökonomische Trennung entsprach also im wesentlichen auch der rassischen. Da ich aber einer weißen Familie der Mittelschicht angehörte, konnte ich nicht unbedingt mit den Kindern der Mexikaner befreundet sein, war aber wiederum ein zu dunkler Typus, um von den meist blonden, blauäugigen Freunden meiner Geschwister akzeptiert zu werden. Ich spielte gut Tennis und gewann dadurch das Gefühl einer gewissen Identität.

Schließlich ging ich zum Studieren in eine andere Stadt.

Seit der Zeit sorgte ich für meinen eigenen Unterhalt. Ich wurde Sportlehrerin und unterrichtete später in einer Oberschule. Ich fühlte mich in meinem Beruf sehr wohl, wahrscheinlich, weil ich mich nur als Sportlerin etwas wert fühlte.

Aber an einem regnerischen Sonntagabend endete dieses schöne Leben. Ich kam gerade vom Einkaufen nach Hause, als ein Auto in die Seite meines Wagens hineinfuhr.

Als der Krankenwagen beim Krankenhaus ankam, hatte man mich beinahe aufgegeben. Ein paar Minuten lang konnte man kein Lebenszeichen an mir feststellen. Aber man bemühte sich weiter um mich, und schließlich schlug ich die Augen auf.

Und nicht nur das. Ich war *zurückgekommen*, wie mir schien. Ich war ganz sicher in der Zwischenzeit woanders gewesen.

Ich mußte lange im Krankenhaus bleiben, und eine junge Ärztin, die sich für todesähnliche Erfahrungen interessierte, kam ein paarmal, um mit mir zu sprechen. Sie wußte, daß ich mehrere Minuten lang klinisch tot gewesen war, und wollte nun wissen, woran ich mich erinnerte. Ich wußte alles ganz genau, aber es dauerte eine lange Zeit, ehe ich darüber sprechen wollte. Mein Erlebnis war irgendwie so besonders, so persönlich, so überwältigend, daß ich es für mich behalten wollte. Ich hatte das Gefühl, spräche ich darüber, dann würde die Erfahrung irgendwie geschmälert werden, und ich wollte doch alles genauso erinnern, wie es gewesen war. Und selbst heute habe ich Schwierigkeiten, es genau so zu beschreiben, wie es war. Ich will es zwar versuchen, aber es hört sich so platt an.

Am Anfang war da ein ohrenbetäubendes Getöse, und ich wurde in ungeheurer Schnelligkeit durch einen Tunnel gezogen, so als ob man durch einen riesigen Staubsaugerschlauch gesaugt wird. Dann plötzlich befand ich mich in diesem unglaublich schönen Licht, das mich nicht nur umgab, sondern mich auch durchdrang und mit Wärme und Ruhe erfüllte. Es war so sanft, so tröstlich und tat so wohl!

Ich merkte, daß bei mir ein Wesen war, das mich als Ganzes liebte und mich annahm. Gemeinsam sahen wir die Geschehnisse meines vergangenen Lebens wie einen Film ablaufen. Ich erkannte plötzlich mit einer ungeheuren Klarheit, wie wichtig jeder einzelne Aspekt, selbst der schlimmste, für mein Leben gewesen war. Und dann überredete mich mein Begleiter, der mich genau kannte und akzeptierte, auf die Erde zurückzukehren.

Der Haupteindruck bei dieser ganzen Erfahrung war ein Gefühl von vollkommener Losgelöstheit vom eigenen Ich. Ich weiß, daß wir uns unter Liebe im allgemeinen etwas ganz anderes vorstellen, aber dieses Erlebnis war Liebe. Ich betrachtete *alles*, was mir bisher in meinem Leben geschehen war, mit der größten Liebe und dem tiefsten Verständnis.

Als ich wieder in diesem Körper erwachte, war in mir nur noch der Wunsch, so viel Liebe und Licht und *Erkenntnis* wie möglich mit in dieses Leben hineinzunehmen.

Es wäre stark untertrieben zu sagen, daß diese Erfahrung mein Leben verändert hat. Der Unfall hatte meine berufliche Karriere beendet und meine Identität als Sportlerin ausgelöscht. Ich will hier nicht weiter von meinem Krankenhausaufenthalt sprechen, aber es war eine lange und schmerzhafte Zeit. Aber vielleicht wurde ich durch all die Monate, die ich still im Bett liegen mußte, dazu gezwungen, mich damit auseinanderzusetzen, was mir unabhängig von meinem Körper geschehen war. Es war so, als ob das alte Ich mit seiner negativen Einstellung, seinen Ängsten, Sorgen, seiner Scham, Selbstmitleid und Bitterkeit eine ganz neue Sichtweise der Vergangenheit gewonnen hätte. Und diese neue Sichtweise trug so viel Liebe und Verständnis in sich, daß alles Negative keine Bedeutung mehr hatte. Nicht die Erinnerungen sind verschwunden, sondern nur die mit ihnen verbundenen negativen Gefühle. Alles, was ich früher in meinem Leben als tragisch bezeichnet hätte, kommt mir jetzt sinnvoll und notwendig vor. Ich weiß, es klingt unglaublich, aber so ist es.

Die junge Ärztin im Krankenhaus brachte mir das Buch von Kenneth Ring, ‹Den Tod erfahren – Das Leben gewinnen› (1988 bei Bastei-Lübbe Tb), in dem todesähnliche Erfahrungen beschrieben werden. Ich war sehr froh über dieses Buch. Es überzeugte mich, daß ich nicht verrückt war, daß ich mir das wichtigste Erlebnis meines ganzen Lebens nicht nur eingebildet hatte.

Kurz nachdem ich aus dem Krankenhaus entlassen worden war, hielt Dr. Ring einen Vortrag in unserer Stadt, und ich ging natürlich hin. Er berichtete, daß er Menschen, die eine Weile klinisch tot gewesen waren, danach befragt hatte, ob sie sich später an diesen Zustand erinnern konnten. Es schien so zu sein, daß diejenigen, die eine todesähnliche Erfahrung gemacht hatten, häufig in ihrer Kindheit mißbraucht worden waren. Ich verstand jetzt, daß der schlimmste Teil meiner Kindheit es möglich gemacht hatte, daß ich die unbeschreibliche Schönheit und den Frieden dieses anderen Ortes in mein Leben bringen konnte. Mißbrauchte Menschen lernen nicht selten, sich bewußt von ihrem Körper zu distanzieren, ihn zu verlassen, während er mißbraucht wird, um dann hinterher wieder hineinzuschlüpfen. Vielleicht haben wir auf diese Weise ein gewisses ‹Training› darin und können deshalb nach der todesähnlichen Erfahrung erinnern, wie es auf der anderen Seite war.

Heute verwende ich meine Erkenntnisse in meinem neuen Beruf. Ich arbeite als Therapeutin in einem Sterbehospiz. Wenn die Zeit gekommen ist, erzähle ich dem Sterbenden, wie es auf der anderen Seite ist, schildere ihm die heilende Liebe, die uns erwartet, wenn wir unseren irdischen Körper verlassen. Ich gehöre zu einem Team von Fachleuten, das mit Medizinern, unheilbar Kranken, ihren Familien und jedem, der sich sonst für dieses Thema interessiert, über Sterben und Tod spricht.

Manchmal werde ich gefragt, warum ich ‹mein Leben verschwende›, indem ich mich mit Tod und Sterben umgebe. Meine Mitmenschen halten das für sehr deprimierend. Aber ich empfinde es anders. Sicher, es ist nicht immer leicht zuzusehen, wie jemand sich mühsam von seinem physischen Körper löst und endlich auf die andere Seite gelangt. Wenn er aber erreicht hat, was er in diesem Leben erreichen sollte, wenn er sein Karma aufgearbeitet hat, das ihn an diesen Ort fesselte, dann ist das physische Sterben eher so etwas wie Ferien von der Schule statt ein tragisches Geschehen. Das klingt vielleicht etwas respektlos, aber aus meiner Erfahrung kann ich es nur so sehen.

Wenn ihre Zeit also gekommen ist, spreche ich mit den Kranken, manchmal wenn sie wach sind, aber lieber noch, wenn sie schlafen. Ich erzähle ihnen, was ich auf der anderen Seite gefühlt und gelernt habe, was ich über den Übergang *weiß*. Ich bin sicher, daß es ihnen hilft, und ich glaube heute, daß ich wegen dieser neuen Aufgabe wieder in das Leben zurückgeschickt wurde. Ich soll Menschen zu dem Verständnis verhelfen, daß Sterben nicht das Ende des Lebens ist. Sondern es ist die Vollendung eines Lernprozesses, auf den später ein weiterer folgen wird.»

Genesen auf mentaler Ebene

An dem letzten Beispiel werden viele der Punkte verdeutlicht, um die es in diesem Buch geht. Barbara wählte sich für ihre nächste Inkarnation eine Familie und eine gesellschaftliche Umgebung aus, in der sie sich fremd und irgendwie minderwertig fühlte. Die sexuelle Belästigung durch ihren

Adoptivgroßvater steigerte noch das Gefühl der Isolation, gleichzeitig aber auch ihre stärkste Charakterschwäche, das Mitleid mit sich selbst.

Barbara verbarg ihre Verletzlichkeit unter der streng disziplinierten Persönlichkeit einer Sportlerin, eine Rolle, die ihren Umgang mit anderen definierte. Nur auf diese Weise und später noch in ihrem Beruf als Sportlehrerin fühlte sie sich kompetent und sicher.

Barbaras Gesundung durch die todesähnliche Erfahrung fand im wesentlichen auf der niederen mentalen Ebene ihres Energiefeldes statt, wo Gedanken noch von Emotionen und Wünschen beeinflußt sind. Unsere verzerrten Vorstellungen von der eigenen Person und die Unehrlichkeit mit uns selbst, die uns von unserer Seele entfremdet, sind auf dieser Gedankenebene zu finden. Barbaras verzerrtes Selbstbild wurde von Selbstmitleid und dem Gefühl bestimmt, immer das Opfer zu sein. Diese Schwächen waren zweifellos in anderen Inkarnationen entstanden und hatten in einer Reihe von Leben immer wieder Situationen ausgelöst, in denen der Mensch Opfer war und Selbstmitleid empfand. Sie konnte sich erst von diesen Schwächen befreien, als sie während ihrer todesähnlichen Erfahrung in Kontakt mit ihrer Seele kam und ein *objektives Verständnis* erlangte.

Objektives Verständnis, wobei Gedanken jenseits von Emotionen und Wollen bestehen, ist dem höheren Mentalbereich zugeordnet, in dem sich die Seele aufhält. Wenn wir unseren irdischen Körper verlassen und objektiv Rückschau auf unser vergangenes Leben halten, begegnen wir unserer eigenen Seele. Barbaras Kontakt mit ihrer Seele konnte sie von ihren verzerrten Einstellungen befreien und ließ damit ihren Emotionalkörper gesunden. Jede Verbesserung auf den höheren Ebenen des menschlichen Energiefeldes hat aber über das Prinzip der Induktion entsprechende Verbesserungen auf niedereren Ebenen des Energiefeldes zur Folge. Barbaras Seele verlangte deshalb, daß sie auf die Erde zurückkehrte und ihre Arbeit in diesem Leben fortführte.

Barbara hatte vollkommen recht. Die Fähigkeit, ihren Körper zu verlassen, die sie als Kind entwickelt hatte, um das Verhalten ihres Großvaters zu ertragen, machte es möglich, daß sie die Erinnerung an ihre spirituelle Gesundung nicht vergaß.

Was wäre geschehen, wenn man Barbara vor dem Mißbrauch durch ihren Großvater irgendwie hätte bewahren können? Wäre sie dann auch unfähig gewesen, bewußt die Erinnerung an ihre überirdischen Erfahrungen zu bewahren, die ihr Leben so grundlegend veränderten?

Wenn wir uns mit gefühlsmäßig stark belasteten Fragen wie sexuellem Mißbrauch befassen, vergessen wir immer wieder, daß in jeder Tragödie, jedem Trauma, jedem Unglück die kostbaren Samen der Heilung verborgen sind, Heilung nicht nur von dem, worunter wir gerade leiden, sondern auch von Problemen, die wir noch nicht sehen und nicht einmal erahnen können. Vielleicht kann man ohne Übertreibung sagen, daß die wunderbare Veränderung, die Barbara durch ihre todesähnliche Erfahrung erlebte, nicht möglich gewesen wäre, wenn sie als Kind nicht ein solches Trauma erlebt hätte.

Und das bringt uns zu der Frage: Was *ist* Gesunden?

Was bedeutet Gesunden?

Wahre Heilung findet in sehr viel subtileren Bereichen statt als dem rein physischen und richtet sich auf energetische Konfigurationen, die seit vielen Leben bestehen. Die Befreiung des emotionalen Körpers von seinen verzerrenden Vorstellungen hat zwar eine stark positive Wirkung auf sein physisches Funktionieren, doch die tiefgreifendste Gesundung findet auf den beiden Mentalebenen statt.

Die Mentalebenen bilden während der Inkarnation die Grundlage für das Bewußtsein der jeweiligen Existenz. Der Mensch führt also seine Existenz auf das Vorhandensein der Mentalebenen zurück. Die auf der HINREISE erfahrenen Traumata werden dort gespeichert und zu bestimmten Glaubensgrundsätzen bezüglich der eigenen Person und des Sinns des Lebens geformt. Auf der RÜCKREISE werden dann die entstandenen Verzerrungen Schritt für Schritt korrigiert.

Stellen wir uns vor, daß Barbaras höheres Selbst vor dieser Inkarnation einwilligte, in ein Leben geboren zu werden, in dem ihre über viele Leben entstandenen Vorstellungen von Isolation und Opferdasein endlich in Frage gestellt wurden. Natürlich zog sie auch in diesem Leben nach dem Prinzip der morphogenetischen Resonanz Menschen und Ereignisse in ihr Leben, die den alten Einstellungen entsprachen. Aber dieses Mal bat ihr höheres Selbst um ein katalytisches, kataklysmisches Geschehen, was einen echten Durchbruch möglich machte. Es *verlangte* die Turmkarte.

Was mußte Barbara alles durchstehen, bevor sie ihre todesähnliche Erfahrung erinnern, in dieses Leben mit hinübernehmen konnte und dadurch verändert wurde? Zuerst wurde die strikte Trennung zwischen Bewußtsein im körperlichen und im nichtkörperlichen Zustand aufgehoben, als sie lernte, ihren Körper während der sexuellen Belästigungen zu verlassen. Dann wurde sie so schwer verletzt, daß sie ihren physischen Körper verlassen mußte. Und obgleich sie wieder gesund wurde, blieb ihr physischer Körper dauerhaft geschädigt. Auf all das aber hatte sie sich vor der jetzigen Inkarnation eingelassen, das war der Preis für die Erleuchtung und die tiefe Genesung, die sie erfuhr.

Richtlinien für die eigene Gesundung

Selbst diejenigen, die die Bedeutung der spirituellen Entwicklung erkennen, lehnen sich trotzdem häufig gegen Not und Unglück auf. Wir brauchen Richtlinien, die uns immer wieder darauf hinweisen, was wir selbst zu unserem eigenen Transformationsprozeß beitragen können:

- Achten Sie immer auf den positiven Aspekt jedes Unglücks
- Hüten Sie sich vor Selbstmitleid
- Geben Sie niemals anderen die Schuld für Ihre Probleme
- Versuchen Sie zu einer dankbaren Einstellung zu kommen
- Beurteilen Sie weder Ihre eigene Situation noch die anderer
- Hüten Sie sich vor Sentimentalität
- Machen Sie sich bewußt, daß Krankheit keine Strafe ist
- Suchen Sie nach Möglichkeiten, anderen zu dienen
- Verändern Sie Ihre Einstellung zum Tod; betrachten Sie den Tod als Heilung

Und jetzt wollen wir jede dieser Richtlinien einmal näher untersuchen.

Achten Sie immer auf den positiven Aspekt jedes Unglücks
Jede Schwierigkeit ist eine Aufgabe, die uns unsere Seele gestellt hat. Machen Sie sich deshalb bewußt, daß Ihr Problem, Ihre Not, Ihr Leiden, Ihre Behinderung, Ihre unheilbare Krankheit einen ganz bestimmten Sinn hat, und befreunden Sie sich mit diesem Gedanken. Versuchen Sie herauszufinden, was Sie dadurch lernen sollen. Denken Sie immer daran, daß aus der Sicht der Seele eine Veränderung des Bewußtseins viel wichtiger ist als eine körperliche Heilung. Folgen Sie also dem weisen Spruch König Salomons: «Mit allem, was dir beschieden ist, bemühe dich um Verstehen.» Suchen

Sie nach diesem Verstehen, und seien Sie überzeugt, daß Sie belohnt werden.

Es gibt eine hübsche Geschichte von zwei kleinen Jungen, einem Optimisten und einem Pessimisten. Der Pessimist wird in ein Zimmer voller wunderbarer Spielsachen gebracht, aber er setzt sich nur neben die Tür und sieht unglücklich aus. Als man ihn später fragt, warum er denn nicht gespielt habe, sagt er traurig: «Ich *wußte* einfach, daß gerade das Spielzeug, was ich mir zum Spielen aussuchen würde, kaputtgehen würde.»

Den kleinen Optimisten hatte man in einem Raum gelassen, in dem ein riesiger Haufen Pferdemist lag. Er nahm eifrig eine Schaufel zur Hand und begann zu graben, wobei er fröhlich vor sich hinsang. Als man ihn herausholen wollte, winkte er ab. «Ich *weiß* einfach, daß unter all dem Mist hier irgendwo ein Pony versteckt sein muß.»

Glauben auch Sie an das Pony. Glauben Sie an das Geschenk, das unter all dem Mist verborgen ist.

Hüten Sie sich vor Selbstmitleid
Vielleicht sind Sie der Meinung, es ginge Ihnen so schlecht, daß ein wenig Selbstmitleid normal und auch zu verzeihen sei. Es handelt sich dabei aber um eine Art Selbstverhätschelung, an die man sich nur zu leicht gewöhnen kann. Selbstmitleid beeinflußt unser Bewußtsein wie eine Droge, nach der wir süchtig werden. Es verführt uns dazu, unser Verhalten immer wieder vor uns selbst zu entschuldigen, und ist wie der Gebrauch von Drogen ein ernstes Hindernis auf unserem Weg zur spirituellen Entwicklung.

Geben Sie niemals anderen die Schuld für Ihre Probleme
Das Beschuldigen anderer ist wie das Selbstmitleid eine verführerische Angewohnheit, die uns davon abhält, selbst Verantwortung für unser Leben zu übernehmen. Nirgendwo

steht geschrieben, daß ein anderer für unsere Probleme verantwortlich ist, nicht in diesem und auch nicht in früheren
Leben. Wenn wir uns immer wieder daran erinnern, daß
unsere Schwierigkeiten, auch die, die wir mit anderen Menschen haben, wichtig für unsere Entwicklung sind, dann erkennen wir, daß unsere Feinde letzten Endes für unsere Erleuchtung verantwortlich sind. Das muß nicht bedeuten, daß
wir nun auch gerne mit diesen Karmaträgern zu tun haben.

Ein weiser alter Spruch sagt:

> Wenn du einem Feind begegnest,
> lobe ihn,
> segne ihn,
> und laß ihn ziehen.

Die Feinde zu segnen, ihnen all das an Gutem zu wünschen,
was wir uns selbst wünschen, ist ein wunderbarer Weg zur
eigenen Befreiung.

Ich arbeitete einmal mit einem Therapeuten zusammen,
der mich dauernd auf die Probe stellte, mich kritisierte und
meine Arbeit mit meinen Patienten unterminierte. Durch
sein Verhalten lernte ich zwar, direkter und entschiedener
aufzutreten, und ich versuchte, dafür auch dankbar zu sein.
Aber die dauernden Reibereien machten mich fertig. Also
begann ich im stillen mit der Affirmation: «Diesem Mann
wird bald etwas Wunderbares zustoßen.» Nachdem ich diese
Affirmation ein paar Wochen lang lautlos wiederholt hatte,
berichtete er mir plötzlich eines Tages, daß man ihm eine viel
bessere Stellung woanders angeboten hatte, die er auch annehmen würde.

Wenn solche Affirmationen so liebevoll wie möglich ein-
gesetzt werden, findet statt, was schon in der Bibel gesagt
wird: «Widerstehe dem Bösen nicht, sondern überwinde Böses mit Gutem.»

Die höhere Wahrheit, die hinter unseren Schwierigkeiten mit anderen steckt, besteht darin, daß wir uns auf der REISE weiterhelfen sollen. Wir brauchen nicht so zu tun, als gäbe es diese Schwierigkeiten nicht, doch wenn wir unseren Widersachern unsere besten Wünsche senden, können wir viel zur Verbesserung der Situation beitragen.

Versuchen Sie, zu einer dankbaren Einstellung zu kommen
Manchmal, wenn alles besonders schwarz aussieht, können uns Gedanken an all das Schöne und Wunderbare in unserem Leben aus Depressionen und Selbstmitleid heraushelfen. Je mehr wir uns auf die positiven Seiten konzentrieren, desto leichter wird unsere Last. Wir erkennen dann auch unsere Fortschritte, das, was wir gelernt und welche Erkenntnisse wir in der Auseinandersetzung mit früheren Problemen schon gewonnen haben. Das gibt uns wieder die Zuversicht, daß wir bestimmt auch mit den jetzigen Schwierigkeiten fertig werden und daraus lernen können.

Eine dankbare Einstellung zum Leben ist nicht einfach nur ein blauäugiger Versuch, echte Schwierigkeiten zu leugnen oder unter den Teppich zu kehren. Es handelt sich dabei um ein spirituelles Anliegen, das eine bewußte Konzentration auf die positiven Aspekte einer bestimmten Situation verlangt. Dadurch, daß man die Gedanken behutsam, aber nachdrücklich vom Negativen wegführt, gewinnt das Positive in unserem Leben mehr Gewicht.

Ein Klient von mir, ein früherer Drogenabhängiger, sagte einmal zu mir: «Die eigene Geisteshaltung ist die stärkste Droge, die es gibt.» Ich kann dem nur zustimmen. Und da wir uns unsere Einstellung ja frei wählen können, warum sollte sie nicht eher positiv als negativ sein?

Beurteilen Sie weder Ihre eigene Situation noch die anderer

Es ist so gut wie unmöglich, während unseres Erdendaseins zu ermessen, an welcher Station unserer REISE wir uns befinden. Und erst wenn wir unsere karmische Aufgabe vollendet haben, können wir erkennen, was sie uns lehren sollte. Es ist zwar wichtig, daß man sich öffnet und nach Verständnis strebt, aber es ist nicht richtig und sogar schädlich, wollte man seinen Fortschritt kritisch beurteilen. Vertrauen Sie darauf, daß Sie unabhängig von Ihren äußeren Lebensumständen immer weiter vorankommen.

Vermeiden Sie es, sich mit anderen zu vergleichen. Wir können unsere Situation niemals objektiv gegen die eines anderen abwägen, denn wir selbst können unsere Situation nicht vollständig und von allen Seiten betrachten, geschweige denn die eines anderen.

Akzeptieren Sie, was durch Ihre Gruppe und Ihre Familie aufgearbeitet werden muß, akzeptieren Sie die Aufgabe, die jeder dabei übernehmen muß, und denken Sie daran, daß wir Kontraste brauchen, um in der Inkarnation zu lernen. Manchmal entstehen Kontraste durch Konflikte, bei denen es einen Widerpart geben muß.

Erweisen Sie der REISE eines jeden Menschen den Respekt, den er verdient; und das gilt auch für Ihre eigene REISE. In der Esoterik bezeichnet man uns, die wir auf der Erde weilen, als «Herren des niemals endenden Bemühens», ein Begriff, der Mut und Ausdauer einschließt, die wir für unsere REISE hier auf der Erde brauchen. Vertrauen Sie darauf, daß wir auserwählt sind, allein weil wir hier sind.

Hüten Sie sich vor Sentimentalität

Im Zuge der spirituellen Entwicklung gelingt es uns immer besser, unsere Gefühle zu beherrschen, inneren Abstand zu gewinnen und unsere Perspektive über das hinaus zu erweitern, was offensichtlich und unmittelbar ist und uns ganz persönlich betrifft. Der sentimentale Mensch schwelgt in primitiven Emotionen und behindert dadurch seine spirituelle Entwicklung. Er reagiert auf bestimmte Ereignisse in einer seinem Kulturkreis entsprechenden klischeehaften Weise. Nehmen wir zum Beispiel einmal einen Lotteriegewinn. Der Sentimentale meint, daß hier endlich ein Traum wahrgeworden sei, der echte Freiheit und unbegrenztes Glück verspricht. Mit der größeren Freiheit durch die unverhofften Millionen ist aber auch eine größere Verantwortung verbunden im Hinblick auf das, was wir nun mit unserem Leben anfangen. Die alte Entschuldigung, nur wegen finanzieller Probleme in seinem Leben niemals glücklich gewesen zu sein, gilt nun nicht mehr. Die süße Hoffnung, irgendwann im Leben vielleicht einmal wirklich glücklich sein zu können, wird durch die harte Forderung abgelöst, jetzt gleich und auf immer außer sich vor Glück zu sein. Aus der Anzahl der Lotteriegewinner, die Nervenzusammenbrüche erlitten oder Selbstmord begingen, kann man ablesen, daß im Gegensatz zur landläufigen Annahme plötzlicher Wohlstand absolut keine Garantie für dauerhaftes Glück ist.

Wenn Sie erkennen können, daß plötzlicher Wohlstand eine ebenso große spirituelle Prüfung darstellt wie der plötzliche Verlust von allem, was Ihnen lieb und teuer war, dann sind Sie in Ihrer Entwicklung einen guten Schritt vorangekommen.

Machen Sie sich bewußt, daß Krankheit keine Strafe ist
Krankheit ist weder ein Beweis dafür, daß wir minderwertig sind, noch, daß wir nicht positiv genug denken. Körperliche Probleme deuten zwar manchmal darauf hin, daß wir uns mit unserer Psyche beschäftigen sollten, das ist aber keineswegs immer der Fall. Manchmal leiden wir körperlich, weil wir Aspekte unseres Karmas aufarbeiten. Edgar Cacye berichtet, daß viele seiner Klienten unter Krankheiten oder körper-

lichen Behinderungen litten, die anscheinend von dem höheren Selbst für diese Inkarnationen ausgewählt worden waren, um Karma aus früheren Leben abzubauen.

Manche Krankheiten sind einfach durch die körperliche Manifestation bedingt. Wir sind buchstäblich aus wiederaufgearbeitetem Material gemacht, und auf unserer Erde gibt es genug, was energetisch unvollkommen ist. Der Tibetaner, der Alice Bailey so viele Bände diktiert hat, sagt, daß wir durch Leiden rein werden. Was also auch der Grund für unsere körperlichen Schwierigkeiten ist, seien es persönliche Probleme, die wir ignorieren oder leugnen, karmische Schulden, die wir abtragen, oder planetarische Unvollkommenheiten, mit denen wir in dieses Leben geboren wurden, zu einem bestimmten Grad werden wir durch jede Krankheit und jedes Leiden in unserer Entwicklung gefördert.

Suchen Sie nach Möglichkeiten, anderen zu dienen
Etliche der hier zitierten Berichte handeln von Menschen, die durch eigenes Leiden dazu veranlaßt wurden, anderen mit ähnlichen Problemen beizustehen. Eine solche freiwillige Verpflichtung erwächst häufig aus einem größeren Verständnis und Wissen. Aber natürlich kann nicht jeder von uns als Sozialarbeiter, Berater oder Therapeut tätig werden, noch wäre das zu wünschen. Man kann auf viele verschiedene Weisen dienen. Eine davon ist ein einfaches Fortführen des Lebens mit seinen Pflichten wie bisher, nur daß wir in allem, was wir tun, unser höher entwickeltes Bewußtsein einsetzen. Die Welt braucht dringend erleuchtete Menschen in allen Lebensbereichen.

Manche können wegen Krankheit oder Behinderung nicht an den Aktivitäten der Außenwelt teilnehmen, und können doch den wichtigsten Dienst leisten, den es gibt. Thomas Merton bezeichnet den notwendigen stillen Mittelpunkt des Weltenrades als den Ort, an dem Gott gefunden werden kann. Wenn Sie Ihr körperlicher Zustand zur Ruhe zwingt, dann konzentrieren Sie Ihr Bewußtsein auf das, was Gott für Sie bedeutet, und vertrauen Sie sich ihm an. Werden Sie im Zentrum der Aktivität zu einem Brennpunkt des Bewußtseins.

Nichts kann das Gute in der Welt mehr fördern als der reine Gedanke, der frei von allem Begehren ist. Wenn Sie sich der Aufgabe widmen, bewußten Kontakt mit Ihrer Höheren Macht aufzunehmen, schaffen Sie für andere den Zugang zu den höheren Energien, die uns alle beflügeln, inspirieren und leiten. Wie ein Radiosender auf der höchsten Bergspitze strahlen Sie die Botschaft von Hoffnung und Liebe aus. Sie sind allein, und Sie sind still, und Sie leisten dennoch eine unglaublich wichtige spirituelle Arbeit für uns andere, die wir uns in der Außenwelt abplagen.

Verändern Sie Ihre Einstellung zum Tod;
betrachten Sie den Tod als Heilung
Zum Zeitpunkt des Todes wird all das, was wir in diesem Leben erworben haben, zusammengetragen. Wer einen Astrologen nach dem Tod eines geliebten Menschen aufsucht, erwartet beinahe immer die Auskunft, der Verstorbene habe zur Zeit seines Todes mit schwerwiegenden Problemen gerungen. Häufiger jedoch finden sich die erwarteten schwierigen Gesichtspunkte in den Horoskopen der Überlebenden, denn sie müssen sich schließlich mit dem Verlust und den daraus entstehenden Veränderungen in ihrem Leben auseinandersetzen. Verstorbene stehen zur Zeit ihres Todes zumeist unter günstigen Aspekten, woraus sich schließen läßt, daß es sich beim Verlassen des Körpers weniger um ein traumatisches Geschehen als einfach um einen Übergang in einen anderen Bereich handelt.

Selbst ein früher, plötzlicher oder brutaler Tod kann befreiend und heilend wirken. Der Mensch wird von seiner im besten Fall schwierigen Aufgabe, dem Leben auf der Erde, erlöst. In der Esoterik gilt Selbsttötung und Mord als Unrecht, nicht weil ein Leben ausgelöscht wird, sondern weil die Aufarbeitung des Karmas für dieses Erdenleben verfrüht abgebrochen wurde. Ein Leben wird niemals durch das, was wir Tod nennen, ausgelöscht und beendet.

Ein sehr weiser, alter Freund von mir, der gerade hundert geworden ist, erzählte mir neulich von einem Bericht, den er im Radio gehört hatte: «73 Leute hätten ihr Leben bei einem Flugzeugabsturz verloren. Wissen die Reporter nicht, daß man sein Leben nicht verlieren kann? Wir können nur unseren physischen Körper verlieren. Sie hätten sagen sollen: ‹73 Leute verloren ihren *physischen Körper* bei einem Flugzeugabsturz.›»

Richtlinien, um anderen bei der Gesundung zu helfen

Viele von Ihnen lesen dieses Buch, weil sie selbst Hilfe brauchen, aber einige auch, weil sie anderen helfen wollen. Vielleicht haben Sie gemerkt, daß Sie den eigenen Schmerz sehr viel besser ertragen können als das Leiden anderer. Wenn wir mit den Schwierigkeiten eines geliebten Menschen konfrontiert sind, brauchen wir Unterstützung und Hilfe, um nicht in Sentimentalität zu versinken, sondern einen kühlen Kopf zu bewahren. Ein solcher innerer Abstand hat auf keinen Fall etwas mit kühler Gleichgültigkeit zu tun. Es handelt sich vielmehr um ein Loslassen von eigenen Bedürfnissen in bezug auf die eigene Person oder in einer bestimmten Situation. Erst wenn wir selbst keinen Trost mehr brauchen, können wir uns dem geliebten Menschen in selbstloser Liebe zuwenden. Eine solche Liebe hat weniger mit Gefühl, mit emotionellen Regungen zu tun, sondern entspringt dem Verstehen und Akzeptieren. Und nichts fördert eine Genesung mehr als eine so geprägte Atmosphäre.

Hier folgen ein paar grundsätzliche Richtlinien für diejenigen, die diesen inneren Abstand erlangen wollen, um helfen und heilen zu können.

- Seien Sie frei von eigenen Bedürfnissen
- Seien Sie sich bewußt, daß Sie die Gesundung nur fördern, nicht aber selbst bewirken können
- Nehmen Sie sich wegen Ihrer Arbeit und Ihren diesbezüglichen Fähigkeiten nicht zu wichtig
- Seien Sie dem Menschen gegenüber, dem Sie helfen wollen, «spirituell» völlig offen
- Seien Sie sich immer bewußt, daß Familien-, Gruppen-, Rassen- und planetarisches Karma eine Rolle spielen können
- Akzeptieren Sie, daß Ihr Schützling im Unterbewußtsein den Grund für seinen Zustand kennt
- Werden Sie nicht ungeduldig, wenn die Transformation viel Zeit braucht

Seien Sie frei von eigenen Bedürfnissen
Wir dürfen keinen Lohn für unsere Fähigkeit erwarten, wie beispielsweise uns als Heiler einen Namen zu machen. Jedes selbstsüchtige Bedürfnis lenkt nur vom Leidenden ab. Erst durch die Liebe, die dem Loslassen von solchen Bedürfnissen folgt, können wir wirklich helfen.

Seien Sie sich bewußt, daß Sie die Gesundung nur fördern,
nicht aber selbst bewirken können
Je weniger wir darauf bestehen, «ein Heiler zu sein», desto wirksamer werden paradoxerweise unsere Bemühungen sein. Alles Heilen hat seinen Ursprung im Göttlichen. Wir können nicht wissen, was für eine Heilung ein Mensch wirk-

lich braucht, ob er von einer Krankheit geheilt werden soll oder ob er Hilfe braucht, um den Übergang aus diesem Leben zu finden. Je offener wir für die göttliche Führung sind, desto besser können wir helfen.

Nehmen Sie sich wegen Ihrer Arbeit
und Ihren diesbezüglichen Fähigkeiten nicht zu wichtig
Catherine Ponder, Pastorin und Metaphysikerin, sagt: «Arbeit ist sichtbar gewordene Liebe.» Jede Art von Arbeit, die mit Liebe ausgeführt wird, ist eine echte Berufung. Der Mensch, der sich dem Heilen anderer mit Liebe widmet, ist nicht automatisch weiter auf seinem WEG als ein anderer, der eine andere Art von Arbeit mit Liebe ausführt.

Seien Sie dem Menschen gegenüber, dem Sie helfen wollen,
«spirituell» völlig offen
Verstecken Sie sich nicht hinter munteren Klischees, Vorwänden, gespielter Gleichgültigkeit und unpersönlichem Verhalten. Unser Glauben wird einer Prüfung unterzogen, wenn wir das Leiden eines anderen miterleben, und wir müssen für ihn dasein, ohne eine bestimmte Reaktion oder ein besonderes Ergebnis zu erhoffen. Wir müssen akzeptieren, daß wir selbst eine Veränderung durchmachen, wenn wir an dem Leiden eines anderen, an seinem Sterben oder seiner Gesundung teilnehmen.

Seien Sie sich immer bewußt, daß Familien-, Gruppen-, Rassen-
und planetarisches Karma eine Rolle spielen können
In gewissem Sinn haben die verschiedenen Karmas immer einen Einfluß und unterwerfen das persönliche Schicksal einem größeren Zusammenhang mit weitergehenden Implikationen. Jedes individuelle Leben hat seinen Anteil an der Entfaltung dieser weiter gefaßten Karmas und trägt so zur Weiterentwicklung seiner Gruppe bei.

Akzeptieren Sie, daß Ihr Schützling im Unterbewußtsein
den Grund für seinen Zustand kennt

Wenn wir jemanden von einer Krankheit heilen oder ihm bei einem Problem helfen wollen, kann es sein, daß wir dabei mit dem Grund für die Inkarnation dieses Menschen in Konflikt kommen und damit seine spirituelle Evolution behindern. Denn die Seele hat sich nun einmal genau diese schwierigen Situationen gesucht, die zur Weiterentwicklung führen sollen. Dem anderen seine Leiden zu lassen, ist nicht leicht. Besonders schwer fällt es, wenn es sich dabei um das eigene Kind handelt. Wir müssen dem anderen jedoch sein Recht auf seinen eigenen Weg, auf sein eigenes Karma, zugestehen. Wenn eine solche Situation für Sie zu schwer zu ertragen ist, sollten Sie für sich selbst Hilfe suchen.

Werden Sie nicht ungeduldig,
wenn die Transformation viel Zeit braucht

Da wir uns im Leben im Bereich dichter physischer Materie befinden, können wahre Veränderungen nur langsam geschehen. Selbst wenn sich ganz unmittelbar eine Wirkung zeigt, dann hat sich der einzelne vielleicht schon mehrere Leben lang auf dieses «plötzliche» Geschehen vorbereitet.

Und ein Rat noch an alle, die Heilung suchen oder schenken wollen: Vertrauen Sie immer darauf, daß es vorwärts geht. Mit anderen Worten, bleiben Sie fest in Ihrer Zuversicht. Achten Sie weniger genau auf das, was abends in den Nachrichten gesagt wird, und machen Sie sich statt dessen immer wieder klar, welche Fortschritte das globale Bewußtsein allein in den letzten dreißig Jahren gemacht hat. Denken Sie daran, was vor dreißig Jahren noch nahezu undenkbar schien: Gesetzliche Gleichberechtigung für Minderheiten und Frauen, umweltbewußtes Handeln. Heute gehört das selbstverständlich zu dem Wertesystem unseres Kulturkreises. Fortschritte finden statt, global, international, auf nationaler und persönlicher Ebene. Wenn Sie einmal die Entwicklungen der letzten Jahrzehnte mit etwas Abstand betrachten, können Sie die Veränderungen bemerken und auch an sich selbst feststellen.

Gesundung und Erleuchtung

Nachdem Sie jetzt so viel über Genesen durch Leiden gehört haben, fragen Sie sich vielleicht: «Ja, aber warum kann man nicht durch Freude gesunden und auf seinem spirituellen Weg vorankommen?» Sicherlich würde jeder, es sei denn er ist ausgesprochen masochistisch veranlagt, lieber die Erleuchtung durch eine frohe Erweiterung des Bewußtseins erleben statt durch bittere Leidenslektionen. Warum haben wir dann immer den Eindruck, als würden die schlimmen Erfahrungen überwiegen? Das liegt zum einen daran, daß wir böse Zeiten viel länger und viel deutlicher erinnern als gute Zeiten. Zum anderen erstrecken sich leidvolle Perioden normalerweise über einen längeren Zeitraum, verglichen mit den anscheinend kurzen Momenten ekstatischen Glücks. In der Astrologie gilt der Planet Saturn, der auch der «Größere Böse» genannt wird, als derjenige, der uns zwingt, harte Erfahrungen zu machen. Saturn wird auch mit Kronos, dem Gott der Zeit, in Verbindung gebracht. Da Lehren und Lernen Zeit brauchen, ist Leid ein besserer Lehrer als Freude.

Und doch sind Glück und Leid weniger Gegensätze als Zustände, die einander spiralförmig ergänzen. Kummer führt zu größerem Verständnis, Verständnis bringt Freude, Freude hat wieder eine heilende Wirkung auf den Kummer, und so weiter. Wenn wir die Spirale zerlegten, könnten wir sagen, daß Erkenntnis durch Leid geschieht und Heilung durch

Freude. Aber im Grunde ist alles in einem umfassenden Prozeß miteinander verbunden, was uns unser Gleichgewicht finden und vorankommen läßt.

In diesem Buch wurde Schritt für Schritt eine neue Definition des Begriffs Gesunden oder Heilung entwickelt, die nicht notwendigerweise etwas mit Lindern oder Heilen des physischen oder psychischen Leidens zu tun hat. Gesunden wird hier als ein langer Prozeß verstanden, der über die Grenzen von Tod und Leben hinausreicht, indem jede Erfahrung der Förderung von Verständnis dient und jedes Leid der Wiederherstellung des Gleichgewichts. Aus der Perspektive dieses Buches ist jeder sich spirituell entwickelnde Mensch ein winziger, aber wichtiger und notwendiger Teil der Menschheit, die sich wiederum in ihrer Gesamtheit auch weiterentwickelt. Diese umfassendere Entwicklung kann nur geschehen, weil jeder einzelne von uns immer stärker das Licht der Erkenntnis in sich wird aufnehmen können.

Für diesen Vorgang ist ein größeres Verständnis, ein erweitertes Bewußtsein Voraussetzung. Ein stärker erweitertes Bewußtsein läßt jeden unserer Energiekörper heller strahlen, sowohl den physischen als auch den emotional / astralen, und wirkt sich auch entsprechend auf beide Mentalebenen aus. Das intensivere Leuchten ist darauf zurückzuführen, daß das größere Verständnis alle Materie, ob nun grob- oder feinstoffliche, verfeinert, wodurch nicht nur die Anzahl der Partikel, sondern auch ihre Reflexionsfähigkeit erhöht wird.

Jede Weiterentwicklung schließt auch die Fähigkeit ein, Licht zu speichern. Eine der zu bewältigenden Aufgaben während der Inkarnation ist die Weiterentwicklung der grobstofflichen Materie. Dieser Aufgabe kommen wir nach, indem wir durch unser erweitertes Bewußtsein unser physisches Selbst auf zellularer, molekularer und atomarer Ebene verfeinern. Bei größerem Einklang mit unserer Seele wird uns zunehmend bewußt werden, daß wir Teil der Brücke sind, die unsere Seele zwischen der grobstofflichen physischen Materie, in der wir leben, und dem Geist darstellt. Der Geist wiederum ist unser aller Ursprung und auch der Ursprung aller Manifestationen.

Esoterisch ausgedrückt: *Durch die Inkarnationen als menschliche Wesen kann die Begrenztheit des Bewußtseins aufgehoben werden, die dadurch entstanden ist, daß sich das Bewußtsein über die grobstoffliche physische Materie ausdrücken muß.* Wie elektrische Transformatoren mit höheren Kapazitäten notwendig sind, um größere Ladungen zu speichern und zu übertragen, so müssen auch wir die Fähigkeit der physischen Materie erweitern, mehr und mehr Licht des Universums zu speichern und weiterzugeben. Eine unserer Aufgaben hier auf Erden besteht darin, ein erweitertes Bewußtsein in der physischen Materie zu ermöglichen, sie, wenn Sie so wollen, zu erlösen.

Wenn Sie also ein Trauma erleben, wenn Sie Unglück und Not durchstehen oder an dem anderer teilnehmen müssen, sollten Sie sich fragen: «Wird diese Erfahrung letzten Endes zu einem tieferen Verständnis und damit zu höherer Erleuchtung führen?»

Und wenn Sie genug Abstand und eine umfassende Perspektive haben, dann wird Ihre Antwort immer ja sein.

Ja zum Leben
Ja zu Ihrem Leben
Ja zu Mühen und Enttäuschungen und Herausforderungen
Ja zu Ihren Lektionen, Möglichkeiten und Siegen
Ja zu Ihrer immer leuchtenderen Ausstrahlung

Ja

Nachwort

*W*ir stehen jetzt am Ende eines Jahrtausends und auch am Ende eines zweitausend Jahre dauernden Zeitalters. Während des Übergangs von dem zwanzigsten ins einundzwanzigste Jahrhundert, von dem Zeitalter der Fische in das Zeitalter des Wassermanns, sind mächtige Kräfte am Werk, die nicht nur jeden von uns persönlich beeinflussen, sondern auch die gesamte Menschheit und unseren Planeten. In diesen Jahrzehnten des Übergangs werden die Grenzen zwischen Individuen, Gesellschaften, Rassen und Nationen in immer stärkerem Maß überbrückt, niedergerissen oder gar aufgelöst. Drei Umstände, die weltweit wirksam sind, tragen beträchtlich dazu bei.

Erstens: die globale Überbevölkerung mit all ihren Folgen wie dem Schrumpfen naturbelassener Landschaften, Aussterben von Tierarten, zunehmender Verstädterung, Schwinden natürlicher Rohstoffe, Umweltverschmutzung und globaler Erwärmung. Es geht hier um Fragen, die nur in *weltweitem* Einverständnis gelöst werden können. Räumlich begrenzte Maßnahmen können die notwendigen Veränderungen für unseren Planeten nicht bewirken.

Zweitens: Die unmittelbaren, weltweiten Kommunikationsmöglichkeiten lassen die Abstände zwischen uns und unseren Brüdern und Schwestern auf der ganzen Erde drastisch schrumpfen. Wie weit können letzten Endes Ost und West und südliche und nördliche Halbkugel wirklich voneinander entfernt sein, wenn wir alle dieselben Fernsehsendungen sehen können, alle denselben Modetrends folgen und sofort und alle zur selben Zeit über nationale Krisen und Vorgänge auf der ganzen Welt informiert werden?

Drittens: Alles Leben auf unserer Erde wird durch die moderne militärische Technologie bedroht. Und obgleich Nationen weiterhin unterschiedliche Interessen haben, verbindet uns dieses gemeinsame Schicksal. Bei einer globalen Auseinandersetzung würden wir schließlich alle untergehen. Darin liegt die Hoffnung auf persönliches Überleben.

Auch wenn wir bei der Sorge um den Nächsten im wesentlichen uns selbst im Auge haben, da wir wissen, daß wir selbst nicht überleben können, wenn unser Planet zerstört wird, und wir deshalb dem Nachbarn lieber mit Wirtschaftshilfe unter die Arme greifen sollten, damit er uns nicht mit Atomwaffen erpreßt, so werden trotzdem Fortschritte erzielt. Druck von außen fördert weiterhin die Entwicklung positiver innerer Qualitäten, und allmählich wird auch eine Art selbstloser Fürsorge für den Nächsten entstehen. Spirituelle Entwicklung hat schon immer im wesentlichen durch Druck von außen auf das innere Bewußtsein stattgefunden.

Unter einem Zeitalter versteht man einen Zeitraum von ungefähr 2000 Jahren, in dem ein bestimmtes Thema innerhalb des Menschheitsbewußtseins auftaucht und entwickelt wird, ein Thema, das mit dem Sternzeichen zusammenhängt, das diesen Zyklus beherrscht und diesem Zeitalter den Namen gibt. Gruppenbewußtsein ist das Thema für das Zeitalter des Wassermanns, und die schlichte Aussage «wir sitzen alle im selben Boot» drückt genau aus, welche Lektion die Menschheit als nächstes lernen muß, eine Lektion, die sowohl für unsere spirituelle Entwicklung als auch für unser physisches Überleben notwendig ist.

Wir treten nun in das Zeitalter des Wassermanns ein. Das Zeichen des Wassermanns hat mit der sozialen Ordnung, mit Freunden, Gruppen und, wie wir gesehen haben, auch mit Gruppenbewußtsein zu tun. Die meisten von uns haben zum ersten Mal vom «dawning of the Age of Aquarius» in dem Musical «Hair» aus den sechziger Jahren gehört. Seit der Zeit hat sich der Ausdruck «New Age» weit verbreitet, auch wenn man häufig noch nicht versteht, was damit gemeint ist.

Es ist schwer zu sagen, wann das Zeitalter des Wassermanns genau anfängt, denn die Sternbilder weisen keine exakten Begrenzungen auf. Ein Zeitalter ist durch das astrologische Zeichen definiert, in das der Polarstern zur Zeit der Tagundnachtgleiche eintritt. Etwa 2000 Jahre lang steht dann der Polarstern in diesem Zeichen und fungiert als Mittler zwischen den besonderen energetischen Ausstrahlungen dieser bestimmten Sternenkonstellation und der Erde. Das Zeitalter wechselt, wenn der Polarstern langsam ein Sternbild des Tierkreiszeichens passiert hat und in das nächste eintritt. Manche Astrologen behaupten, das neue Zeitalter habe schon um 1850 begonnen, andere sagen, daß es erst weit im nächsten Jahrhundert einsetzen wird. Viele akzeptieren das Jahr 2000 als den ungefähren Wendepunkt, und alle sind der Meinung, daß wir uns zur Zeit mitten in einem bedeutungsvollen Übergangsstadium befinden.

Das Zeitalter der Fische geht seinem Ende entgegen. Über lange Zeit in den letzten 2000 Jahren haben fest strukturierte Religionsgemeinschaften das Leben einzelner auf eine Weise bestimmt, die für uns heute nahezu unvorstellbar ist. Das Ziel dieses Zeitalters war die persönliche Transformation oder Errettung durch Unterwerfung unter eine entfernte Gottheit, hauptsächlich Buddha im Osten und Jesus Christus im Westen. Diese beiden großen Lehrer verkörperten und

predigten das globale Thema des Zeitalters, die Nächstenliebe. Wir werden von dem Erlöser, der um Vergebung der
Sünden seiner Feinde bat, selbst als sie ihn kreuzigten, dazu
angehalten, unsere Feinde wie unsere Freunde zu lieben. Mitleid, Güte und Geduld werden auch immer wieder von Buddha als essentiell in seinen Lehren betont, bei denen es um die
richtige Lebensführung und endgültige Rettung durch Erlö-
sung von der Reinkarnation geht.

Wenn auch die letzten 2000 Jahre mit Kriegen, Barbarei,
religiösen Verfolgungen und Völkermord, einschließlich des
Holocaust und des Kriegs in Vietnam, eher ein Beweis dafür
sind, daß es wohl noch lange dauern wird, bis wir die Lektion
der Nächstenliebe gelernt haben, so darf man eines nicht vergessen: Heute offenbaren viele Menschen selbstverständlich
und automatisch durch ihr Verhalten eine Nächstenliebe, die
vor nicht allzu langer Zeit noch als seltenes und nahezu un-
verständliches Ideal galt. Heute sind wir nicht erstaunt, wenn
Mitgefühl für den Nächsten gezeigt wird, sondern sind
schockiert, wenn es fehlt. Die meisten von uns erkennen
heute wenigstens schon Schmerz und Leid des Nächsten, und
viele Menschen nehmen ungeheure Opfer auf sich, um Menschen zu helfen, mit denen sie nicht viel mehr verbindet, als
daß sie auf demselben Planeten leben. Nicht jeder hat bereits
die Lektion der Nächstenliebe gelernt, aber viele von uns waren ausgezeichnete Schüler. Der Weise aus Tibet sagte voraus, daß zum Ende des Zeitalters der Fische das Mitgefühl für
den Mitmenschen sogar übertrieben stark werden würde. Ist
denn das übersteigerte Mitleiden, die übertriebene Hilfe für
andere, die sich selbst helfen könnten, nicht ein Hauptmerk-
mal für viele Ko-Alkoholiker und anderer Ko-Abhängige,
die sich in einer engen persönlichen Beziehung mit einem
Suchtkranken befinden? Ist das nicht auch eine weitverbrei-
tete Schwäche heutiger Eltern und sogar mancher Therapeuten? Jetzt müssen einige von uns erst wieder lernen, wie

man dieses überentwickelte Mitgefühl durch spirituelle Eigenschaften, die im nächsten Zeitalter betont werden, wie inneren Abstand und Zurücknahme der eigenen Person, wieder abschwächt. Erst dann können wir respektieren, daß jeder einzelne selbst für seine Station auf der REISE verantwortlich ist.

Das Zeitalter der Fische gilt auch als das des Glaubens, das Zeitalter des Wassermanns als das des Menschen. Jetzt werden wir erleben, was der Mensch auch auf spiritueller Basis schaffen kann. Mit zunehmender Beherrschung unserer emotionalen und geistigen Fähigkeiten werden wir lernen, in spiritueller Gemeinsamkeit zusammenzuarbeiten, und werden bewußt die emotionalen und geistigen Bereiche prägen, in denen wir leben, so wie wir heute unserer physischen Umgebung unseren Stempel aufdrücken.

Die Betonung des Gruppenbewußtseins im Zeitalter des Wassermanns wird etwas gemildert durch den energetischen Einfluß des Löwen, dem Sternzeichen, das jetzt als Gegenstück zum Wassermann an Bedeutung gewonnen hat. Der Löwe steht für Unabhängigkeit und Individualität, für persönliche Verantwortlichkeit bei jeder Handlung. Gemeinsam leiten uns diese beiden Gegensätze zu einer tieferen Sensibilität für das Wohlergehen der Gruppe, während sie gleichzeitig verlangen, daß wir als Einzelwesen fest auf beiden Beinen stehen. Was für eine hoffnungsvolle und vielversprechende Richtung, die die Menschheit im nächsten Zeitalter einschlägt!

Auf diesem immer enger werdenden Planeten ist jeder mehr denn je für den Nächsten verantwortlich. Zum ersten Mal findet man überall auf der Welt viele Menschen, die psychologisch geschult, sich der eigenen Gefühle, Verhaltensweisen und Motivationen und der anderer sehr wohl bewußt sind. Auf der anderen Seite stellen wir uns auch im übersinnlichen Bereich besser aufeinander und auf andere

Existenzdimensionen ein. Die Zeit ist nahe, in der es nicht mehr um Einsamkeit und Isolierung, um «meinen Verlust» oder «dein Bedürfnis», «seinen Schmerz» oder «ihre Sehnsucht» geht. Wir werden immer stärker die Lasten des Nächsten wahrnehmen und werden hoffentlich bereit sein, diese Lasten mitzutragen, weil wir jetzt wissen, daß es eigentlich ja auch unsere Lasten sind. Die wunderschönen Lehren des Zeitalters der Fische, Liebe, Sensibilität, Mitgefühl und Verzeihen, werden uns bei unseren Bemühungen unterstützen, sie nicht nur bei unseren Brüdern und Schwestern anzuwenden, sondern auch jedem Menschen auf der ganzen Welt, der gesamten Menschheit, von der wir ein Teil sind, aus dieser Haltung heraus zu begegnen.

Weiterführende Literatur

Bailey, Alice, *Initiation, Human and Solar*, Lucis Publishing Company, New York 1922.
Dies ist das erste Buch von Alice Bailey. Wenn es Ihnen zusagt, werden Sie vermutlich auch ihre weiteren Werke lesen wollen.

Brennan, Barbara Ann, *Licht-Heilung*, Goldmann, München 1994.
Das Standardwerk über Heilen durch Handauflegen. Das Buch enthält schöne Darstellung der Chakren, der feinstofflichen Körper und der energetischen Konfigurationen von Gesundheit und Krankheit.

de Hartog, Jan, *The Spiral Road*, Harper & Row, New York 1957.
Mein Lieblingsbuch im Bereich der Literatur. Hartogs Buch ist eine überzeugende Studie darüber, welche Rolle das Gute und das Böse auf dem Pfad spielen, den wir hin zur Erleuchtung gehen. Darüber hinaus ist es eine aufschlußreiche Untersuchung der Spiralnatur jeglicher Art von Evolution.

Karagulla, Sharafica, *Breakthrough to Creativity: Your Higher Sense Perception*, De Vorss, Marina del Rey 1967.
Die Autorin ist Ärztin und versucht in diesem Buch, außersinnliche Wahrnehmung und Energieheilen mit traditioneller Medizin in Einklang zu bringen. Sie schreibt voller Respekt über die naturwissenschaftlichen Methoden, die ihre Ausbildung geprägt haben, und über die subtileren Dimensionen von Realität, die unser körperliches Sein so stark beeinflussen.

Meek, George W. (Hrsg.), *Healers and the Healing Process*, Theosophical Publishing House, Wheaton, Illinois, 1977.

Faszinierende Geschichten über Heiler und Heilen in verschiedenen Kulturen.

Powell, A. E., *The Etheric Double, The Astral Body, The Mental Body, The Causal Body and The Ego*, Theosophical Publishing House, Wheaton, Illinois, 1927.
Diese vier Bücher sind detaillierte Beschreibungen der feinstofflichen Körper, geschrieben vom theosophischen Standpunkt aus. Die Lektüre ist nicht ganz leicht, lohnt sich aber.

Ritchie, George, und Sherril, Elizabeth, *Rückkehr von morgen*. Francke-Bhdlg., Marburg o. J.
Die detaillierte Beschreibung einer Todesnähe-Erfahrung. Der Arzt George Ritchie hatte sie in seiner Jugend, als er bei der Armee war. Das Buch enthält faszinierende Details, die Astralebene betreffend, und ist eine spannende und inspirierende Lektüre.

Sprinks, Catherine, und Mutter Teresa, *I Need Souls Like You: Sharing in the Work of Mother Teresa Through Prayer and Suffering*, Harper & Row, San Francisco 1984.
Wenn Sie noch nicht ganz verstehen, wie das Gesetz des Opfers funktioniert, schafft dieses Buch Klarheit. Wir sind so an den Gedanken gewöhnt, daß einem anderen zu helfen handeln heißt, daß wir ganz aus den Augen verlieren, wie wertvoll unsere Gedanken sind, wenn sie sich auf einen höheren Zweck richten.

Van Gelder Kunz, Dora, *The Personal Aura*, Theosophical Publishing House, Wheaton, Illinois, 1991.
Dieses Buch enthält hervorragende Illustrationen der menschlichen Aura in Krankheit und Gesundheit, Jugend und Alter.

Wilder, Thornton, *Die Brücke von San Louis Rey*, Manesse, Stuttgart 1993.
Ein Klassiker, der beschreibt, wieviel Gutes aus einer scheinbar sinnlosen Tragödie erwachsen kann.

Robin Norwood

Wenn Frauen zu sehr lieben
Die heimliche Sucht, gebraucht zu werden

Deutsch von Sabine Hedinger
352 Seiten. Broschiert und als
rororo Band 9100

«... ist unter deutschen und amerikanischen Frauen zu einem
Kultbuch der Lebenskorrektur geworden.»   *Der Spiegel*

Briefe von Frauen,
die zu sehr lieben
Betroffene machen Hoffnung

rororo Band 9155

Tausende von Leserinnen haben der Autorin geschrieben. Es
gab Dankesbriefe, aber auch verzweifelte Hilferufe und Fragen über Fragen. In dieser exemplarischen Auswahl von 71
Briefen (darunter auch 13 von Männern geschriebenen) geht
Robin Norwood als erfahrene Therapeutin einfühlsam, liebevoll und richtungsweisend auf typische Entwicklungen
und Probleme ein.

Rowohlt

Wolfgang Schmidbauer

Einsame Freiheit
Therapiegespräche mit Frauen

256 Seiten. Broschiert.

In der Gesellschaft wächst eine Gruppe von alleinstehenden Frauen in den Jahren, die wir heuchlerisch die besten nennen. In der zweiten Lebenshälfte, die wir gerne erst um 50 beginnen lassen, die aber nach der durchschnittlichen Lebenserwartung zwischen 35 und 40 anfängt, verengt sich die Lebensperspektive dramatisch. Ungebunden zu sein wird für viele dann zum Makel – um sich frei zu fühlen, müssen sie so tun, als seien sie gebunden. Dennoch spüren sie hinter dieser Fassade ihre Bedürftigkeit, leiden unter ihr, sprechen auch über sie. Oft tun sie das nur in Situationen, in denen ihr Gesprächspartner diese Sehnsucht nicht erfüllen kann. Zum Beispiel beim Psychotherapeuten.

«Ich habe versucht, in diesem Buch möglichst genau Einzelschicksale zu beschreiben. Sie sollen nicht dazu dienen, allgemeine psychologische und soziologische Prinzipien zu illustrieren, sondern Leserinnen und Leser ermutigen, ihr persönliches Schicksal und ihre gegenwärtige Situation zugleich liebevoll und schonungslos zu betrachten – ohne falsche Hoffnungen, aber auch ohne undifferenzierte Schuldgefühle, ohne die Selbstvorwürfe dessen, der sich anklagt, durch ein Versehen die Abzweigung zum Paradies übersehen und sich in der Wüste verirrt zu haben.»

Rowohlt